U0579137

 集人文社科之思 刊专业学术之声

集 刊 名：日本文论
主办单位：中国社会科学院日本研究所
主　　编：杨伯江
执行主编：唐永亮

COLLECTION OF JAPANESE STUDIES

2021年第2辑（总第6辑）

集刊序列号：PIJ-2019-365
中国集刊网：www.jikan.com.cn
集刊投约稿平台：www.iedol.cn

COLLECTION OF JAPANESE STUDIES

日本文论

2　2021
（总第6辑）

杨伯江　主编

社会科学文献出版社
SOCIAL SCIENCES ACADEMIC PRESS (CHINA)

目　录

CONTENTS

《日本文论》（总第 6 辑）
第 1 ~ 6 页
© SSAP，2021

从"友爱"理念看"东亚共同体"构筑

〔日〕 鸠山由纪夫*

一 "友爱"的理念渊源与现实意义

我所谓的"友爱"，译自"fraternity"一词，意思与法国大革命的口号"自由、平等、友爱（博爱）"中的"友爱"如出一辙。友爱是一种理念，旨在纠正全球化进程中现代资本主义的偏执、调整同传统国民经济的关系。它意味着从"市场至上主义"转向维护国民生活和安全的政策，以及多样性经济社会的建设。①

（一）库德诺夫 - 卡勒吉的"友爱"理念

理查德·冯·库德诺夫 - 卡勒吉（Richard von Coudenhove-Kalergi），奥地利政治学家，于 1923 年出版了专著《泛欧洲主义》，并成为与今天的欧盟有密切联系的"泛欧运动"的倡导者，被称为"欧洲联盟之父"。库德诺夫是以当时的美利坚合众国为参照来改变欧洲政治制度的，他认为美国原本就是欧洲移民所建立的国家，二者之间只存在政治制度上的差别。库德诺夫认为阻碍"欧洲合众国"建立的最大障碍是德法两国之间过去长达十个世纪的斗争。但是为防止苏联入侵，必须实现德法和解，并在此基础上展开合作。因此，他提出，德国的煤炭与法国的铁矿在泛欧矿业下应该实现联合，成立关税同盟，缔结仲裁以及安全保障条约，以对抗苏联。他还希望在达成

---

* 鸠山由纪夫，日本前首相，东亚共同体研究所理事长。
① 鸠山由纪夫「私の政治哲学—祖父に学んだ『友愛』の旗印—」、『VOICE』2009 年 9 月号。

上述目标的同时，复兴欧洲的经济与财政，最终建立泛欧联邦。①但是，"政治统合优先于经济统合"的"泛欧运动"最终因英国的反对和德国纳粹的兴起而遭遇挫折，未能成功。

1935 年，库德诺夫的另一本专著《与人类为敌的集权国家》（*The Totalitarian State Against Man*）出版，其中提出了"友爱"思想。他指出："如果没有友爱相伴，自由将招致无政府状态的混乱，平等将招致暴政。"②一味追求平等的极权主义也好，放纵堕落的资本主义也罢，最终都侵犯了人的尊严，把本应该是目的的人变成了一种手段。自由和平等对人来说固然重要，但当其陷入教条主义时所造成的惨痛代价也是无法估量的。为了不让人类尊严受到侵犯，必须谋求一种均衡的理念，库德诺夫在"fraternity"（友爱）这一理念中找到了这种均衡，开始宣扬作为自由与平等之间的桥梁而存在的友爱的必要性。他还强调现在正是需要"友爱革命"的时候。正是"友爱"这一战斗理论，支撑了库德诺夫与极权主义的争斗。最终，"泛欧运动"被希特勒政权逼至崩溃，库德诺夫的泛欧思想反而因此愈加深刻。

库德诺夫是欧洲统一运动的实质创始人，这一点是毋庸置疑的。他以深厚的历史与哲学思想为根基，坚信过于强大的国家主义将扰乱和平，唯有把欧洲统合起来形成一个共同体才能克服这种国家主义。高举"人类尊严"旗帜的库德诺夫，其"友爱"理念事实上成了支撑整个欧洲统一运动的思想基础。

（二）鸠山一郎的"友爱"理念

鸠山一郎于 1952 年以《自由与人生》③为日文译名翻译出版了库德诺夫的《与人类为敌的集权国家》。在书中，他将库德诺夫提出的"fraternity"翻译成"友爱"，并对其理念产生了深刻的共鸣。鸠山一郎认为，库德诺夫的著作在抵御战后迅速抬头的日本马克思主义势力（社会党、共产党以及工人运动）、建立健全议会制民主主义等方面是最能引起共鸣的理论体系。

此后，鸠山一郎便把"友爱"作为自己毕生的政治哲学来提倡。他认为，友爱是一种既尊重自己的自由与尊严，又尊重他人的自由与尊严的思想；友

---

① 李维：《欧洲合众国——库登霍夫 - 卡莱基"泛欧"思想研究》，北京大学出版社，2017。
② 李维：《欧洲合众国——库登霍夫 - 卡莱基"泛欧"思想研究》，北京大学出版社，2017。
③ クーデンホフ・カレルギ『自由と人生』、鳩山一郎訳、乾元社、1953。

爱是连接自由和平等的桥梁。换言之，友爱就是"自主与共存"思想。"自主"精神就是要维护自己的尊严，这正是友爱所追求的。与此同时，要尊重、信赖他人，因此与他人互相帮助的"共存"精神，也是友爱所追求的。"自主与共存"思想不仅适用于人与人之间，也适用于国家建设。让日本成为一个"自主"的国家就是鸠山一郎追求的政治目标。为了向日本青年推广"友爱"理念，他成立了"友爱青年同志会"，并邀请库德诺夫担任名誉会长。鸠山一郎始终对共产主义持强烈的批判态度，但在担任日本首相期间亲自促成了日本与共产主义国家苏联的邦交正常化，也想为中日邦交正常化尽一份力。这可以说都是他提倡"友爱"理念带来的结果。

（三）我的"友爱"理念

我继承了祖父的思想，"友爱"一词也成为我的政治哲学。1996年，组建民主党就是希望在冷战结束后的新时代背景下，发挥"友爱"的政治作用。

我认为，冷战的结束消除了资本主义国家对共产主义化的恐惧，结果是，在美、英等西方国家，以追求经济合理主义而非社会公正为首要目标的彻底的市场竞争思想、新自由主义开始抬头，而且掀起了将美国奉行的彻底的市场竞争原理作为普遍经济原则推向世界的政治、经济潮流，即"全球化"。全球化破坏了各国以国家为基础的国民经济的传统性，使社会阶层的分化显著加大，还导致作为民主政治象征的中产阶级的衰落和解体，危及国家在政治上的融合。更有甚者，在激进的民族主义支配下的民粹主义者作为一种政治和社会方面的调节手段走到时代的前沿。总而言之，全球化已成为民族主义和民粹主义的温床。冷战结束后，日本不再受到共产主义的威胁，与此同时全球化思潮不断渗透，保守政治中的友爱精神迅速消失。一方面，日本的阶层分化急剧扩大；另一方面，日本社会中排外主义的言行日益增多。日本和欧美国家一样，正处于全球化背景下的民族主义和民粹主义的急剧扩张期。

在2009年的日本大选中，民主党公布的"政权公约"明确提出"通过自主外交为世界做贡献"，"建立紧密而对等的日美关系"，"以构筑东亚共同体为目标，强化亚洲外交"等。公约进一步阐释了"向美国提出修改日美地位协定""争取重新定义驻日美军基地的存在方式"等内容，还规定了重新考虑邮政民营化改革以及禁止在制造业实行派遣劳动制度，特别强调了"进行自由贸易协定谈判之际，要照顾到安全及环境，绝不能影响国内农业发展及农村振兴"。① 总之，小泽一郎和鸠山由纪夫领导下的民主党试图改变全球化背景下日本的内外政策。

我认为，渴望自立是主权国家的本能，不论经济活动的全球化如何发展，这种渴望非但不会消失，反而会更加强烈。这一点在冷战结束后历经30年曲折发展的全球化中已经得到充分印证。因此，必须结合主权国家的传统来推进区域一体化，这是推进区域一体化时应遵循的重要经验。换言之，尊重各个民族国家尊严的友爱精神是区域一体化的必要条件。与此同时，为了使作为主权国家集合体的区域一体化富有意义，构成区域一体化的人民最好是由某种共同的感情联结在一起。

二 "东亚共同体"构想提出的背景

首先，区域一体化可以作为全球化发展缓冲带。亚洲金融危机后，东盟各国摸索出尊重不同国家的发展阶段和历史文化传统，共同应对全球化的区域一体化构想（"东盟模式"）。而"东亚共同体"构想就处于其延长线上。

其次，通过推动区域一体化来消除东亚的战争危机。正如欧盟的建立消除了欧洲各国间的战争，化解了领土纷争，取得了伟大的历史性成功。全球化导致国家间产生巨大的贫富差距，对社会阶层化的反抗又导致逆全球化浪潮的兴起，从而引起了民族主义的抬头。民族主义引发的排外政策进一步加剧了国家间的紧张关系。为避免东亚民族主义的对立，一方面应该抑制全球化带来的危害，另一方面要重视同周边国家的合作，区域主义（开放的区域主义）则不失为一种有效的合作方式。而且，日本应该在推动"东亚共同体"构想的发展中发挥主导作用。

再次，在中国快速发展的背景下，构筑一个弱化军事影响力的国际体系至关重要。日本过度渲染"中国威胁论"，将中国作为当今的"假想敌"，试图强化日美同盟，不断增加防卫经费，这已经成为日本现行亲美保守路线的共识。然而，依靠军事力量是不能实现真正和平的。如何在中美之间保持政治、经济的独立以及维护好本国国家利益，是韩国、澳大利亚、菲律

---

① 「政権交代—民主党の政権政策—」、民主党アーカイブホームページ、http：//archive. dpj. or. jp/special/manifesto2009/pdf/manifesto_ 2009. pdf ［2021 – 03 – 10］。

宾以及日本等美国的盟友面临的共同难题。美国的这些盟友在军事上依赖美国，而在经济上则越发依赖中国。东亚各国间只有建立多边安全保障框架，才能缓和东亚地区的紧张局势、抑制区域霸权国家的行动，进而确保包含日本在内的中小国家的独立自主。支配亚洲的不是美国模式，也不是中国模式，而应该是被称为"亚洲新模式"的东亚秩序。

三 后疫情时代"东亚共同体"的构筑

安倍晋三政权一直致力于构筑名为"价值观外交""自由且开放的印度太平洋构想"的"中国包围圈"，但未能改变其自身对邻国扭曲的历史认知。美军基地以冲绳为中心，仍在日本保有过多势力，而日本政府却甘心接受与美国之间的不平等地位协定。

如今，新冠肺炎疫情在全世界范围内蔓延，中美博弈也加大了国际局势的不稳定性。日本也面临人口减少与经济低迷并存的艰难局面，坚持以"政治大国""经济大国"为目标的"大日本主义"难以为继。在当前严峻的国际形势下，日本要摆脱"大日本主义"，实现世界尤其是东亚地区的稳定，必须重新评估对亚洲主义的初衷。

回望历史，欧洲统一的道路未必完全如库德诺夫最初所构想的一样，但是，正如使欧洲共同体得以实现的最大要素之一——"德法和解"所象征的那样，在推进欧洲联合运动的背后，"友爱"理念必定发挥了重要作用。而在东亚地区，战后并没有形成像欧盟那样的共同体。在东亚无法实现德法那样的和解，这表明"友爱"理念未能在东亚贯通。但正因为我们身处一个艰难的时代，才更要努力实现"东亚共同体"的伟大构想，恢复"健全的亚洲主义"。

将防止新冠病毒扩散纳入考量的"东亚防疫共同体"、将致使自然环境恶化的全球气候变暖纳入考量的"东亚环境共同体"、努力打造年轻人不受国界限制的学习环境的"东亚教育共同体"、以完善送电网的亚洲超级电网构想为核心的"东亚能源共同体"等，亚洲各国已经在不少领域开展广泛合作，疫情结束后，涵盖诸多内容的"东亚共同体"构想将迈入正轨。这样的共同体绝不能有排他性，而应坚持不分地域，对所有愿意加入的国家保持开放的立场。在中美博弈的背景下，以中、日、韩为轴心积极推进非军事方面的合作，将有利于区域乃至世界范围的稳定。能否成功，其关键就在于中、日、韩能否共享"友爱"精神。

围绕此，欧盟的成立过程具有很大的参考价值。基于"友爱"理念，德法两国达成和解，西欧成功构筑欧洲联盟。同样，日本积极主动构建国家之间的自立、共生的友爱之路时，理想化的状态是构筑一个与现在的联合国处于完全不同层次的世界共同体。但若作为亚洲的一员来建构，那么"东亚共同体"必须在中、日、韩三国完全和解才能真正实现。客观上说，从根本上克服以往的"恶疾"，实现"脱美入亚"，才是21世纪日本唯一的生存之道。为实现"重回亚洲"，日本必须清算军事侵略亚洲邻国并实施殖民统治的历史，特别是对中国和韩国，必须一直抱有谢罪意识，直到获得被奴役、饱受战火之苦的被侵略国家的国民宽恕。日本政府只有基于"友爱"精神，真正理解无限责任论时，才能重新取得亚洲各国对日本的尊重。

在新冠肺炎疫情期间，中日之间相互提供口罩等抗疫物资，在民间外交上中日关系不断回暖，如果因疫情而延期的习近平主席作为国宾的访日活动能够尽早实现，中日关系朝着命运共同体发展也并非天方夜谭。

结　语

在21世纪的时代大潮流中，日本必须矫正二战以来长期实行的过度亲美政策，努力推动日美关系朝着对等、平等的正常化关系发展，同时有必要在东北亚构筑积极和平的外交关系。

21世纪的日本，不仅要作为东亚的一员获得应有的地位，而且要在包括东北亚和东南亚的整个东亚地区建立如欧洲共同体——欧盟一般，超越国家利益、以反战和平与经济融合为目标的广域共同体积极发挥主动作用。日本应该从成功建立的东盟经济共同体出发，学习其思想和实践，谋求广域的合作，建立具有东北亚和东南亚双重视角的"东亚"多角度安保对话机制。这就是我要为其实现贡献全部支持与精力的"友爱共同体"！

（审校：常思纯）

《日本文论》（总第 6 辑）
第 7 ~ 26 页
© SSAP，2021

日英同盟形成过程中日本的积极外交活动

张艳茹*

内容提要： 1895 年"三国干涉还辽"后，加藤高明、林董、小村寿太郎等日本外交官像提出与英国合作的主张。尽管当时"对俄协商"外交理念仍占主流，但加藤高明、林董等人开始积极与英国政要接触，这些势力在日英同盟的提出、交涉以及缔结过程中起了关键作用。1900 ~ 1901 年，日俄利益之争加剧，日本凭借自身实力难以取得对俄优势。在分析大量情报的基础上，日本认为日英两国在中国的利益冲突不大，英国在朝鲜半岛几无利害关系，而且有明显的遏制俄国意向，日本与英国结盟利大于弊。基于此判断，在中国问题上，日本积极主动配合英国的外交行动，反复强调两国利益及外交理念一致，并将收集的相关情报分享给英国以获取信任，为建立同盟做铺垫。尽管日方在推动缔约方面更主动，但在具体条文的交涉中，日本隐藏了自己的侵略意图，紧扣并利用英俄矛盾，通过巧妙的外交手段、辞令，达成了对己方有利的协约条款。《日英协约》认可日本在朝鲜的优势地位及在朝鲜和中国东北采取一定军事手段的"合理性"，为日本预留了解释空间，体现了日英同盟的军事色彩。

关 键 词： 日英同盟　外交官　英俄矛盾　朝鲜半岛　军事同盟

1902 年 1 月 30 日，日本与英国签订《日英协约》，结成了通常所谓的

---

* 张艳茹，历史学博士，中国社会科学院世界历史研究所研究员、中国社会科学院大学教授，主要研究方向为日本近代史、史学史。

"日英同盟"①。第一次《日英协约》签订是日本近代外交史上极为重要的事件，也改变了当时东亚政治格局，更成为日俄战争的重要背景之一。鉴于日英同盟的重要性，学界对此有翔实的资料整理及丰富的研究积累。

日本外务省编纂的《日本外交文书》第 34 卷刊载了第一次《日英协约》交涉过程中日本驻英公使林董同政府间的重要往复电文②；《日本外交文书》第 35 卷刊载了两国各自提出的协约草案、往返修正案，日英同盟缔结后林董汇报交涉经过的报告、外务省整理的交涉始末，以及当时游历海外的元老伊藤博文与政府、井上馨的往返电文等③。日本外务省外交史料馆藏《第一次日英协约缔结一件（松本记录）》收录了石井菊次郎书记官整理的《日英协约交涉始末》稿本④（《日英协约》交涉相关原始资料大多已烧毁），这是重要史料。鹿岛守之助所著《日本外交史 6：第一次日英同盟及其前后》和《日英外交史》参照并汇总了前述部分史料，其中《日本外交史 6：第一次日英同盟及其前后》对第一次《日英协约》的形成背景、交涉过程、其间元老伊藤博文的外交活动等做了系统梳理。⑤另外，有关日英同盟与日俄战争、第二次《日英协约》的修订背景以及日英同盟的破裂等诸方面的专题研究也较多。

2000～2001 年，在即将迎来第一次《日英协约》缔结 100 周年之际，东京大学出版会出版了 5 卷本的论文合集《日英交流史 1600～2000》⑥。2000 年，平间洋一所著《日英同盟——同盟选择与国家盛衰》⑦ 一书出版。2002 年，在英国格拉斯哥大学举办了纪念日英同盟缔结 100 周年国际学术研讨会。学界开始出现重新认识日英同盟的趋向，甚至出现了缔结"新日英同盟"的呼声。近年来，藤井信行利用英国、德国等的外交档案，写作

---

① 此处所说的"日英同盟"指以《日英协约》为基础的日英间攻守同盟，《日英协约》于 1905 年和 1911 年两次改订，该同盟一直维持到 1923 年。
② 外務省編纂『日本外交文書』（第 34 卷）、日本国際連合協会、1956。
③ 外務省編纂『日本外交文書』（第 35 卷）、日本国際連合協会、1957。
④ 「松本記録　第一回日英協約締結一件　日英協約交渉顛末」、アジア歴史資料センター、Ref. B06150007200。
⑤ 鹿島守之助『日本外交史 6　第一回日英同盟とその前後』、鹿島研究所出版会、1970。
⑥ 平間洋一、イアン・ガウ、波多野澄雄［ほか］編『日英交流史 1600‒2000』（全 5 卷）、東京大学出版会、2000‒2001。
⑦ 平間洋一『日英同盟―同盟の選択と国家の盛衰―』、PHP 研究所、2000。

《"日英同盟"协约交涉与英国外交政策》①一书及若干篇论文,探讨了第一次《日英协约》签订前后英国的外交政策、外交理念及日英同盟形成过程中英方的外交活动。中国学界对日英同盟也颇为关注,研究日本外交史的著述大多会论及这一问题,探讨的议题集中在日英同盟与日俄战争、日英同盟的缔结与解体、日英同盟与日本在东亚的侵略扩张、日英同盟与日俄协商两种外交思路的交锋等方面。②

尽管既有研究已比较丰富,但纵观中国学界的研究,详细梳理日英同盟缔结过程的成果不多;日本学界虽然对缔约过程的研究比较充分,但对日本采取何种外交策略达成缔约目的及在协约交涉中如何实现自己利益诉求的分析不够深入。本文拟援用部分既有研究,结合日本外交文书及亚洲资料中心公开的相关资料,着重探讨以下几方面问题:日本主张与英国合作的政治势力的外交思路;日本对英国等欧洲列强的情报收集、研判,以及在此基础上开展的主动接近英国、推动协约缔结的外交活动;修约交涉过程中,日本是如何打消英国疑虑,将对朝鲜半岛、中国东北地区的"利益诉求"写入协约的。本文尝试通过分析日本缔结日英同盟的目的及采取的积极主动的外交活动,揭示《日英协约》的实质,以便理解在这一反复强调"和平性"的同盟协约下,日本为何迅速走向了日俄战争。

在第一次《日英协约》交涉过程中,日英双方采取了严格的保密措施。日本方面,内阁成员、元老及部分外交官参与了决策,天皇在咨询元老的基础上做出最终裁决。从历史资料来看,与同盟相关的重大决策均是在小范围的内阁会议及元老大臣会议上做出的,当时正游历海外的元老伊藤博文也就此事与内阁等保持密切联络。从1901年4月驻英公使林董发回第一封是否就建立日英同盟进行交涉的请示电报始,至1902年1月30日协约缔结,日本经历了第四次伊藤博文内阁和第一次桂太郎内阁两届内阁。除两届内阁阁僚外,元老中的山县有朋、伊藤博文、井上馨三人的主导力也较强。正因为参与决策者少,这些核心人物的意见及行动就尤为关键。林董1901年4月

---

① 藤井信行『「日英同盟」協約交渉とイギリス外交政策』、春風社、2006。

② 相关研究参见段廷志《日本结盟战略与实践研究》,军事科学出版社,2013;张健《日英同盟与日俄战争的爆发》,载中国国际关系史研究会编《国际关系史论文集》,中国国际关系史研究会,1984;李广民《小村寿太郎与日英同盟》,《日本研究论集》1999年第2期;张艳茹《伊藤博文与日英同盟》,《日本问题研究》2009年第3期;等等。

发送电报时还是第四次伊藤内阁，当时外相为加藤高明；同年 6 月 2 日，伊藤内阁垮台，第一次桂内阁上台执政，曾祢荒助暂时兼任外相；同年 9 月 21 日，驻清公使小村寿太郎回国任外相。加藤高明、林董、小村寿太郎都是长期主张与英国合作的外交官僚，山县有朋和桂太郎主张对俄强硬论，也非常重视同盟交涉；伊藤博文、井上馨则态度比较谨慎，对能否与英国达成协约及协约的效力存在疑虑，特别是井上馨主张对俄协商优先。最终《日英协约》得以签署、日英同盟能够推进，除了有国际形势发展的大背景外，也和主张与英国合作的人占据关键职位有直接关系。

一　"三国干涉还辽"后日本主张与英国合作的政治势力及其外交思路

中日甲午战争后俄、法、德"三国干涉还辽"，日俄矛盾迅速扩大。面对此种形势，日本国内出现两种外交思路：一种主张与俄国协商，通过谈判，承认俄国在中国东北侵略权益，换取俄国对日本在朝鲜侵略权益的认可，即所谓"满韩交换论"；另一种外交思路是鉴于俄、法、德三国联合干涉还辽，日本凭自身力量难以与俄国抗衡，故应谋求与其他国家联盟，联盟的首选国即英国。持第一种外交主张的主要是伊藤博文、井上馨等人，主张与英国合作的则主要是当时正在成长、活跃在外交一线的加藤高明、小村寿太郎、林董、西德二郎等实力派外交官僚。这两种主张虽然并非针锋相对，但确实体现了不同的外交思路。

1895 年"三国干涉还辽"时，德国曾通过意大利斡旋，希望英国也加入，但英国未同意。当时日本对欧美列强间的关系做了一定分析："三国干涉还辽的结果，彼我之利害判然分明，列强在东洋有利害关系者中，俄、德、法三国为一方，日、美、英三国有反对之趋势。由此官民间渐生主张日英同盟之论。"[①] 于是，时任驻英公使加藤高明、外务次官林董、驻俄公使西德二郎等人开始呼吁与英国合作。西德二郎在 1895 年 5 月向政府汇报三

---

① 「松本記録　第一回日英協約締結一件　日英協約交渉顛末」、アジア歴史資料センター、Ref. B06150007200。

国干涉始末的报告中，提出将来有必要与英国合作①，1898 年又在《远东论策》中明确提出应与英国结盟②。林董在题为《日英同盟由来》的回忆文章中，也称"日英同盟说在我国萌芽是在日清战争末期三国干涉之时"。③他还提到，甲午战争爆发前，日本曾担心英国和清政府签订援助密约而有所顾虑，在了解到两国没有密约后才做出开战决定。"三国干涉还辽"时，林董意识到日本的力量不够强大，"日本不能孤立于世界风潮之外，须思考合纵之策"。他当时写了一篇主张与英国合作的文章，向福泽谕吉征询意见，福泽认同林董的观点。该文刊登于 1895 年 6 月 21 日的《时事新报》上。文章刊登时，林董已转任驻中国公使，后于 1896 年转任驻俄公使，1900 年又转任驻英公使。林董在回忆中称："陆奥宗光外相等人当然也同意我的看法，我无论在北京还是在俄都，头脑中都有此念头，因此特意与英国公使、大使等保持特别密切的交往。"④如是，林董积极与英国相关人士接触，探听口风，密切关注英国方面的外交动向，也向国内政要提出相关建议。

甲午战争时任驻英公使、日英同盟交涉前期任外相的加藤高明也坚决主张与英国合作。1897 年他开始提议与英国联合应对俄国在中国东北的扩张。林董的回忆录中也有记载："1898 年 3 月前后，在某个宴会上，当时的英国殖民大臣张伯伦与我国驻英公使加藤闲聊，谈到关于'远东问题'⑤日英两国对话的益处，加藤深为赞同，为此给当时的大隈重信外相发了一封长文公信禀报此事。"⑥但当时的伊藤博文内阁对日英同盟持质疑态度，加藤高明的汇报未得到回应。不过，加藤高明认为："亲俄主义、日俄协商都是徒劳无益的，日本最终会和俄国争夺满洲"，"因此主张日英合作，虽然不得已要单独对俄，但幸好对于俄国在满洲扩张这一点，感觉英国是和日本有相近利益关系的强国，与英国合作制约俄国是最聪明及具可能性的途径。"⑦加藤分

---

① 鹿島守之助『日本外交史 6　第一回日英同盟とその前後』、42 – 43 頁。

② 吉川万太郎『近代日本の大陸政策』、東京書籍、1991、289 頁。

③ 「松本記録　第一回日英協約締結一件　日英協約交渉顚末」、アジア歴史資料センター、Ref. B06150007200。

④ 「松本記録　第一回日英協約締結一件　日英協約交渉顚末」、アジア歴史資料センター、Ref. B06150007200。

⑤ 此处主要指俄国在中国东北地区活动的动向。——作者注

⑥ 「松本記録　第一回日英協約締結一件　日英協約交渉顚末」、アジア歴史資料センター、Ref. B06150007200。

⑦ 加藤伯伝記編纂委員会編『加藤高明』（上）、原書房、1970、404 頁。

析："俄国的野心是将西伯利亚铁路的终点延长至远东的不冻港（指旅顺），并由那里出海。因此，俄国在军事控制满洲问题上是不可能让步的，无论采取何种和平外交手段，俄国都不可能抛弃此野心。日本一定会与俄国争夺满洲。"①他对日俄关系的预判是："对俄外交采取和平协商的方式，结果只会败北，只能凭借实力，武力威慑，强压推进，别无他途。"②伊藤博文等人的外交理念是避免与俄国开战，而加藤高明大力倡导与英国合作的外交理念背后是对俄强硬论，他预设日俄终有一战，即所谓"对俄一战论"③。这种对俄观在当时有一定代表性。后来在《日英协约》交涉时担任外相的小村寿太郎甚至比加藤高明更鲜明地表示亲英反俄。"众所周知，小村是亲英美主义者、日俄战争时的主战论者。换言之，他是反俄主义者，是反对与俄国协商路线的头号人物。另外，他是大陆论者、陆军主义者，无疑也是名副其实的帝国主义者。"④

尽管当时林董等外交官僚主张日英结盟，但日本政府内部在外交方面拥有话语权的伊藤博文等人对与英国结成同盟的可能性存疑，对与英国结盟会不会触怒俄、法进而引祸上身，以及英国能够给予日本多大支持等也深为忧虑。实际上，在中日甲午战争后，俄、德、法三国结成干涉还辽的外交联合之时，伊藤博文内阁曾尝试拉拢英、意、美三国，寻求后援。当时外务省分别电告驻英公使加藤高明、驻美公使栗野慎一郎、驻意公使高平小五郎，让他们探听情况并进行相关交涉。同时，外务省通过驻在国公使分别照会俄、英、美（与前述电告几国公使是并行的外交行动）三国，告知日本对辽东半岛的诉求，并试图通过满足它们的某些要求，以利益交换的方式来创造对自己有利的外交局面。但结果是，"虽博得了英、意、美三国之好意，但也明了实际不能指望它们做后援，并确知俄国终究不能接受我国的诉求"。⑤正因为有此种经历，伊藤博文、井上馨等人多次表达了对日英能否结成同盟的担心和顾虑。

---

① 加藤伯伝記編纂委員会編『加藤高明』（上）、403－404 頁。
② 加藤伯伝記編纂委員会編『加藤高明』（上）、403 頁。
③ 加藤伯伝記編纂委員会編『加藤高明』（上）、456 頁。
④ 内山正熊「小村外交批判」、慶応義塾大学法学研究会編『法学部政治学科開設七十周年記念論文集』、慶応義塾大学法学研究会、1968、705 頁。
⑤ 明治期外資料研究会編『日清講和関係調書集：明治期外務省調書集成』（第 1 巻）、株式会社クレス出版、1994、736 頁。

据林董回忆，1900 年他曾在帝室制度调查局官舍向伊藤博文、井上馨提议应重视和英国的关系。"1899 年，我休假回国，在灵南坂的帝室制度调查局官舍拜访伊藤侯爵时，井上伯爵正好也来了，问我是否愿意作为公使赴英国，我回答赴英国为我所愿，时机也非常好。伊藤说：'你力陈日英同盟的必要性，对能否结成同盟你怎么看？我也认同日英同盟的必要性，能够结成的话当然好，但所谓同盟是陷入困境的双方各自拿出东西来合作，如果俄国一方为交好英国拿出的东西比日本多，它们两方就会结成同伴。即使结不成同伴，也会妨碍我方，使同盟难以形成。据我在俄国的见闻，俄国亲英之望也颇为恳切，日英同盟短期内难以结成。'"[1]从此段描述可以看出，伊藤博文、井上馨等对于能否结成日英同盟有很深的疑虑，也提到日本具备哪些条件可以吸引英国与自己结盟。当时林董实际上拿不出具体方案。

日英同盟和日俄协商反映了两种外交观，其背后是对自身定位、东亚形势、欧洲各强国间关系的不同判断。主张日英结盟的加藤高明、林董、小村寿太郎等人是日本在对大国的外交实践中锻炼成长的新一代外交官僚，他们对欧美强国间关系有较为充分的了解，认为欧洲各国利益诉求各异，日本有跻身其中的可能性。他们对东亚局势的判断也体现了更大的野心，日本侵略目标不仅是朝鲜，还有中国大陆；他们认为与俄国的冲突难以通过两国协商解决，即使能够协调，也意味着要放弃在中国东北扩张的权益，这是日本无法接受的。伊藤博文等人则对英国始终有一种不信任，认为英国可能只是想利用日本，同时他们担心日英同盟会刺激俄国，造成俄、德、法三国结成同盟，使日本陷入大规模战争的危境。[2] 1895～1900 年日本的外交实践仍以对俄协商为主，《山县－罗拔诺夫协定》（1896 年）、《西－罗森协议》（1898年）先后签订，协调两国在朝鲜半岛的利益冲突。应该说在中国爆发"义和团运动"、俄日两国大规模出兵中国之前，日本通过对俄外交交涉虽未达到在朝鲜取得优势地位的目标，但也与俄国维持了一定的稳定关系。

八国联军出兵中国引发东亚形势剧变，面对俄国势力的急剧扩张，在多种外交尝试中，日本能够抓住机会推进日英关系，与前述日英同盟论者当时

---

① 「松本記録　第一回日英協約締結一件　日英協約交渉顛末」、アジア歴史資料センター、Ref. B06150007200。

② 到《日英协约》条文交涉阶段，井上馨还多次表达了他的这种顾虑，参见外務省編纂『日本外交文書』（第 35 卷）、74－77 頁。

占据决策及外交要职不无关系。特别是 1900 年转任驻英公使的林董在日英同盟形成过程中起了至关重要的作用。1901 年 4 月，林董开始就英、德、日之间能否达成某种协约一事频繁与英国政要接触并发电回国询问意见，当时的外相是加藤高明。1901 年 5～6 月，日本内阁更迭，加藤高明也卸任外相，同盟交涉一事暂时放缓。同年 6 月桂太郎内阁成立后，对此事颇为重视，特别是 9 月主张对俄强硬、与英国合作的小村寿太郎从中国回国任外相后，迅速推进了日英两国间的正式交涉。①

二 1901年前后围绕中国问题日本积极与英国接近

尽管伊藤博文等部分政界上层对是否与英国合作顾虑重重，但并未动摇活跃在一线的主张与英国合作的外交官僚的意志，他们之间保持密切交流，并不断将收集的信息传回国内，亦在各方面争取与英国接近。也是出于这种意识，在 1900～1901 年八国联军出兵中国及其后各国围绕中国问题进行的交涉中，特别是在应对俄国借机出兵中国东北及清俄关系日益密切的问题上，日本分析英国诉求，积极配合英国的相关外交动向，在一些关键问题上实现了与英国的合作，为同盟形成做了铺垫。

1900 年中国发生"义和团运动"，英、俄、法、德、日、美等八国联合入侵干预。在这一事件中，就是否让有地缘优势的日本大规模派兵及如何处理善后赔款、事件平息后采取何种对清政策等问题，日本和英国之间保持了密切沟通。特别是日本作为主力出兵为各国驻清公使馆解围的行动博得了英国的极大好感，以至于在英国国会上还曾商讨向日本支付适当军费作为补偿。

日本还通过大量的情报收集、分析活动，了解英国在中国问题上的态度。这一时期，日本各驻外使节密切关注驻在国对中国问题的反应，并随时向国内汇报。亚洲历史资料中心有一份名为《义和团事变关系一件：英、法、德各国之态度》② 的文书，汇总了当时驻英临时代理公使松井庆四郎、

① 关于小村寿太郎在《日英协约》缔结中的主张及作用，参见李广民《小村寿太郎与日英同盟》，《日本研究论集》1999 年第 2 期。
② 「松本記録 義和団事変関係一件 各国ノ態度/英・仏・独」、アジア歴史資料センター、Ref. B02031935500。

驻英公使林董、驻德公使井上胜之助、驻法公使栗野慎一郎汇报给外务省的部分情报。关于英国的情报，包括《英国国内舆论》（1900 年 6 月 23 日记录，外务省 6 月 24 日接收）、《英国政府在议会中关于清国事件的答辩》（1900 年 8 月 13 日记录，外务省 9 月 16 日接收）、《英国议会和清国问题》（1900 年 12 月 15 日记录，外务省 1901 年 1 月 18 日接收）、《英国议会中的清国问题》（1901 年 3 月 27 日记录，外务省 4 月 9 日接收）、《英国议会中的清国问题》（1901 年 4 月 2 日记录，外务省 5 月 7 日接收）等多份文件。这些文件内容十分详细、具体，不仅有对英国舆论的分析，也收录了部分英国议会中与东亚相关的重要答辩记录。综合这些情报，大概可判断英国对所谓"清国事件"① 善后的主张和态度。

林董在 1900 年 8 月 13 日发回国内介绍英国议会召开情况的报告中，收录了英国外务次官布罗德里克（音译）就所谓"清国事件"答辩时的演说全文。内容包括：俄国对朝鲜内政的控制情况；日本在八国联军出兵时与英国合作，利用地缘优势协助英国的情况，并提出应给日本一定军费补偿；维持清政府的统治、不分割中国对英国更为有利，可以避免情况进一步失控。该演说还涉及英国对清及对俄政策建议。林董在报告中称，这一演说在当时产生了不小的影响。② 在之后的情报中，林董也着力分析了英国在中国问题上的主张和态度。在 1900 年 12 月 15 日撰写的报告中，林董记述了英国第 15 次议会对在南亚及中国问题上追加军费的审议，着重提到英国政要主张在远东问题上与德国协商。林董还提到在英国议会拟定的对女王敕语的答复中有如下内容："英国为保护在中国商业上、政治上的巨大利益，有必要采取适当之手段。"③ 如何保护英国在中国的商业利益，如何应对俄国侵占"北清铁路"、占领牛庄等是重点议题。林董在报告中反复指出英国主张"保全中国领土"及维持清朝统治，对俄国在中国的行动采取何种政策是重要议题。

可见，日本政府通过情报活动，详细了解英国在东亚的利益诉求及外交目标，并做出判断，认为英国对占领土地的要求不强烈，主要看重在华经济

---

① 此处指中国发生义和团运动、八国联军侵华以及此后列强围绕如何处置中国问题的交涉。
② 「松本記録　義和団事変関係一件　各国ノ態度/英・仏・独」、アジア歴史資料センター、Ref. B02031935500。
③ 「松本記録　義和団事変関係一件　各国ノ態度/英・仏・独」、アジア歴史資料センター、Ref. B02031935500。

利益以及保障在扬子江流域的势力范围，因而希望维持中国现状；英国对俄国在中国的行动极为关注，警戒、抑制俄国扩张的意向很明显。

同时期，日本对俄国的中国政策及俄国对日态度也进行了调查和分析。当时的驻俄公使小村寿太郎在 1900 年 10 月 19 日发给外相青木周藏的秘信中，分析了俄国对中国政策。他指出，俄国所持政略的两大要点是：试图维持对清朝的影响力；希望迅速平息事态，以防其他国家插手中国事务，避免出现各国协同解决问题的状况。①在中国东北问题上，小村寿太郎认为，俄国虽然答应事态平息后正式撤兵，但实际是想将"满洲全境置于俄国兵力之下"变为既成事实。小村寿太郎认为俄国明了日本一定会插手中国事务，"俄国在远东陆军部署尚不完备，远东海军对日本海军亦不占优势，故在此次清国问题上能与俄国兵力抗衡的国家只有日本"，因此俄国对日本十分戒备。②日本分析，在中国问题上，日俄两国是利害关系最深、影响力最大的国家，也是实力接近的竞争对手。

日本认识到俄国的策略是尽量排除其他国家干预，而单凭日本实力尚不足以抑制俄国，因此日本在这一时期采取了寻求同盟的策略。从国际影响力、利害关系、海军力量、欧洲国家间的传统关系等各方面来看，英国都是最合适的选择。因此，在处理中国问题上，日本表现出积极、主动附和英国政策的态度。具体体现在：主动提出加入《英德协定》；极力宣传俄国的威胁及日英利益的一致性；将收集的与俄国、中国相关的情报及时通报英国，获取其信任；在处理清政府赔款、防止俄清签订密约等问题上与英国密切沟通，拉近合作关系。

此时，英国感受到俄国在中国东北的势力扩张及对清政府影响力增强，也在调整其外交政策。英国首先在欧洲内部寻找盟友。1900 年 10 月英德两国签订了宣称"保全中国领土"的《英德协定》，该协定的一个意图即警戒俄国势力在中国南下。"对日本来说这是未曾想到之福音，加藤高明伯爵不仅认同其主张，而且想充分利用这一协议，使其成为自己对俄外交的一大助力。"日本积极响应，申请加入《英德协定》，并主动承诺分担相应责任和

---

① 「義和団事変ニ於ケル露国ノ態度/2 明治 33 年 7 月 24 日から明治 33 年 10 月 19 日」、アジア歴史資料センター、Ref. B02031972900。
② 「義和団事変ニ於ケル露国ノ態度/2 明治 33 年 7 月 24 日から明治 33 年 10 月 19 日」、アジア歴史資料センター、Ref. B02031972900。

义务。"双方交涉数次后，英德两国终于允诺了我之请求（12 月 29 日）。"①虽然《英德协定》得到了日本、美国等的应和，但迫于俄国压力，在 5 个月后的 1901 年 3 月 15 日，德国首相在德意志帝国议会上宣布"《英德协定》不适用于满洲"②。这样一来，该协定制约俄国的色彩淡化了，英国对此非常失望，对日本来说该协定也成为一纸空文。

在申请加入《英德协定》的同时，日本也积极采取行动，直接拉拢英国共同对俄。1901 年 1 月，针对俄国迫使盛京将军增祺签订所谓"增阿密约"（《奉天交地暂且章程》）一事，日本决定对俄发出抗议。时任外相加藤高明让驻英公使林董向英国委婉询问："（贵国）没有向俄国提出和日本同样的质疑的想法吗？"日方将其"就阿列克谢耶夫－增祺密约及增兵驻垒的情况向俄国提出质疑的内容告知英国，暗中怂恿英国采取一致行动"。③但英国的态度并不如加藤高明预料般积极，结果只有日本一国发出质疑抗议。当然，日本除策动英国外，还采取了其他外交手段，如极力游说清政府不要签订此类条约等。尽管此次行动未能获得英国的支持，但加藤高明等人并未气馁。"加藤伯爵并未放弃与英国合作的想法，而是将日本得到的情报、观测及日本的态度一一明确告知英国，促其注意。另外，又向英国提出对清国进行共同警告的方案，同时对小村公使下达了常和驻北京的英国公使协商的训令，始终在为与英国结为盟友努力。"④

随着日本的外交努力及俄国对清朝的影响加深，英国也逐渐重视日本的意见。1901 年 1 月 29 日，英国外交大臣兰斯多恩对林董说了如下一席话：日本政府对英国给予很深的信任，英国政府准备以同样的信任回应日本政府。⑤2 月上旬，对于加藤高明提出的共同对清政府发出警告的建议，英国欣然允诺，后日本又通过英国策动德国发出了同样的警告。3 月初，英国与日本先后再度对清政府发出警告，英国还通过各种途径向清政府施压，劝其不要和俄国签订密约。"英国就满洲问题抑制俄国野心的这些举措，并非仅出于维护本国利益，英国在满洲的利害与日本有天壤之别，应无如此与俄国

---

① 加藤伯伝記編纂委員会編『加藤高明』（上）、406 頁。
② 加藤伯伝記編纂委員会編『加藤高明』（上）、406 頁。
③ 加藤伯伝記編纂委員会編『加藤高明』（上）、421－422 頁。
④ 加藤伯伝記編纂委員会編『加藤高明』（上）、423 頁。
⑤ 加藤伯伝記編纂委員会編『加藤高明』（上）、424 頁。

对抗的必要。英国之所以显示出这样的热心态度，实际上是在某种程度上确立了'就满洲问题与日本合作'的方针的结果，即伯爵不倦的日英合作主义的效果，这在他第一次任外交大臣时就显现出来了。"①加藤高明传记中的这种判断虽有夸耀其功绩的成分，但也反映了日本的外交努力开始获得英国方面的积极回应。

从林董发回日本国内的密电来看，最晚自 1901 年 4 月德国驻英临时公使提出缔结英、德、日协约开始，林董就不断通过与英国外交大臣兰斯多恩等人的交流探听英国意向，并将情报以密电等形式发回国内。②在与兰斯多恩的多次交谈中，林董强调中国形势的紧迫、渲染俄国的威胁，屡次谈到俄国在占领中国东北后不会就此罢手，一定会向南扩张势力，届时会威胁英国利益，同时打破各国在中国势力的相对均衡，并反复重申日本与英国的观念及利益一致。例如，在 1901 年 4 月 19 日发回国内的密信中（外务省 6 月 1 日接收），林董称，他与兰斯多恩交谈时提到中国情况，认为清政府已不能指望，中国南部虽然有张之洞这样的人物，但他年事已高，也不足倚信，混乱短期内无法结束，因此日英两国应考虑如何保障各自利益，维持"东洋和平"。③类似内容在 1901 年 4～5 月林董发回国内的汇报中多次出现。在 5 月 16 日、18 日林董发回国内的两封密电中，均着重汇报了他向兰斯多恩建议缔结日英协约的事。他反复重申日本与英国利益一致，"日本政府的对清政略如屡次宣言所说，是维持门户开放和领土保全，在韩国是保持帝国已有利益。本使相信英国和日本在清国有一致的利害关系，两国应考虑合作，遏制其他国家联合，这是紧要之事"。④

尽管英国在对清政府进行警告等问题上和日本采取了一致行动，也拉近了两国关系，但对于与非欧洲国家的日本结盟一事还是相当谨慎的。"1901 年 4～5 月，驻英公使林董在英国就两国缔结长期协约展开交涉，但英国政府一方几乎不关注此事，再加上日本国内政变（5 月 10 日伊藤内阁解散，6

---

① 加藤伯伝記編纂委員会編『加藤高明』（上）、425 頁。
② 外務省編纂『日本外交文書』（第 34 巻）、1 頁。在林董 1901 年 4 月 9 日发回日本的电报中，记载当时德国驻英代理公使向他提议日、德、英组建三国同盟，以维持远东势力均衡，并认为由日本首倡比较合适。尽管在同盟交涉过程中，日本屡次谈及是否邀德国加入，但英国的态度不是十分积极。日本最终将是否邀德国加入的决定权交给了英国。
③ 外務省編纂『日本外交文書』（第 34 巻）、13 頁。
④ 外務省編纂『日本外交文書』（第 34 巻）、18 頁。

月 2 日桂内阁成立），两国间的交涉几乎没有进展。"①实际上，英国也并非完全未考虑此事。英国曾长期实行"光荣孤立"政策，但到 19 世纪末，国际关系日益复杂，英国也开始调整外交策略。特别是 1901 年 1 月 22 日维多利亚女王去世、爱德华七世即位之后，英国开始考虑与其他国家联合。不过，英国也遵循了欧洲强国一贯的外交思路，首先是在欧洲国家中寻找盟友。"1901 年 4 ~ 5 月，几乎看不到英国有与日本缔结协约的意思。或者不如说，这一时期，就缔结何种协约、选择哪个对象国等问题，还没有哪个英国人（政治家）认为应首选东洋的日本。"② 1901 年初，英国开始与德国、俄国就中国问题进行协商，但俄国的要求超出了英国的接受范围，德国则不愿因亚洲问题招惹法、俄，二者都试行无果。

至于日本方面，虽然 1901 年 4 月林董就发电报回国请示是否就日英签订某种协约进行交涉，外相加藤高明指示可以开展行动，但此后不久第四次伊藤博文政权倒台。因政权更迭，日本无暇顾及此事，日英交涉停滞，直到同年 6 月桂太郎内阁成立。桂内阁成立时制定的外交政策有两项："因独立支撑远东大局甚为困难，应留意寻找机会与欧洲一国缔结某种协约；实现让韩国成为保护国之目的。"③这里虽然并未指明是英国，但桂内阁成员中对俄强硬论者居多。

一方面，到 1901 年 6 月，英国与德、俄的协商未见效果；另一方面，在久拖未决的清政府赔款问题上，日本与英国合作再次取得了成效。"6 月 15 日，在北京商讨义和团战后处置的日本全权公使小村寿太郎就赔偿金问题向英国提出了新方案。26 日，英国与日本就日方建议中提出的被称为'损失金'的新解决方案达成了一致。义和团战后处置的进展极大地拉近了日英关系，也让英国感觉到在东亚与日本合作是有效的。"④ 7 月初，英国在内阁会议上开始正式讨论和日本订立某种协约一事。7 月 10 日，英国外交大臣兰斯多恩和林董公开就缔约一事商谈。日英结盟向前推进了一大步。

---

① 藤井信行「『日英同盟』協約交渉（1901-1902）と日本政府（後）」、『川村学園女子大学研究紀要』第 23 卷第 1 号、2012、46 頁。
② 藤井信行「『日英同盟』協約交渉（1901-1902）と日本政府（後）」、『川村学園女子大学研究紀要』第 23 卷第 1 号、2012、46 頁。
③ 德富猪一郎編『公爵桂太郎伝 乾卷』、故桂公爵記念事業会、1917、1003 頁。
④ 藤井信行「『日英同盟』協約交渉（1901-1902）と日本政府（後）」、『川村学園女子大学研究紀要』第 23 卷第 1 号、2012、46 頁。

　　从各种档案资料来看，1901 年前后日本围绕中国问题对相关欧美列强的利益诉求及它们的关系进行了充分分析，抓住英俄矛盾，反复强调日本在对清、对俄问题上和英国利益一致。日本还认为德国主要利益不在亚洲，因此不会特别积极，德国陆军虽然实力强大，但不会大规模派兵至亚洲。而日本在亚洲的最大竞争对手是俄国，日本尚无单独对抗俄国的实力，即使与俄国谈判，也难以有效抑制俄国。在此种意识下，1901 年前后，日本主动拉近与英国的关系，特别是 1900 年 10 月加藤高明任外相后，与当时的驻英公使林董、驻清公使小村寿太郎配合，推动了日英两国关系的深入发展。在日英协约交涉前期，也是日本方面更主动积极。一直对签订《日英协约》有疑虑的井上馨在 1901 年 12 月 7 日发给伊藤博文的电报中称，他详细调查了林董和内阁等的往返电信及相关文件，认为"多少有我方催促英政府的成分"。[①]"日英同盟形成的诸多原因中，虽然大家都传最重要的原因是在远东事件背景下，日本陆军在北清事变中显现出的威力，但我们据上述经纬来看，加藤伯爵在对俄交涉中与英国接近及对俄外交胜利是不逊于前者的一大因素。"[②]结合诸多资料来看，此语并非夸张。

三　协约条文交涉中日本力争达成对己方有利的条款

　　1901 年 9 月 21 日，日本驻清公使小村寿太郎回国任外相。这一关键性人事变动大大加快了日英协商的步伐。10 月 8 日，日本内阁赋予林董就协约交换意见的权限。10 月 16 日，林董拜访兰斯多恩，提交了日方拟定的协约草案，两国正式进入协约条文交涉阶段。在条文交涉中，日方也抓住英国在朝鲜半岛基本没有利害关系及其缔约目的在于抑俄、维护在中国利益及影响力等，通过多轮外交交涉，在朝鲜半岛问题、中国问题以及确立以海军为基础的军事同盟方面，实现了自己的缔约目的。

　　在协约交涉中，双方有几轮交换草案及修正案的过程：1901 年 10 月 16 日，日本向英国提交草案；11 月 6 日，英国向日本提交英方草案；12 月 12

---

① 　外務省編纂『日本外交文書』（第 35 卷）、77 頁。
② 　加藤伯伝記編纂委員会編『加藤高明』（上）、450 頁。

日，日方提出对英方草案的修订案；1902 年 1 月 14 日，英国针对日方提出的修订案再次提交修订案。

1901 年 10 月 16 日，林董在向英国递交协约草案时，就缔结协约问题和兰斯多恩进行了所谓"个人"① 交流。在两人谈话中，兰斯多恩直接指出："为确定协约的性质和范围，首先有必要了解当事者的期望。"就此林董回答道："日本的期望是维持在韩国的利益，他国不能妨碍。"兰斯多恩进而询问日本对清朝的政策，林董回答："日本对清政策完全与英国政府声明的政策一致，即保全清国领土及门户开放。"对于同盟性质，林董回答："两国或两国以上的国家同缔约一方开战时，缔约另一方直接出兵援助。"② 从林董的回答来看，日本抓住英国在朝鲜半岛基本无利害关系、主要利益诉求在中国这一点，着重强调同意英国的对清政策，直接表明日本利益重点在朝鲜半岛，希望将承认日本在朝鲜半岛的绝对优势地位写入条款。

日本虽然不断向英国表明其对清政策与英国一致，目标是维护远东势力均衡、遏制俄国势力扩张，但实际上隐藏了自己的侵略意图。日本对日英同盟的利益诉求集中体现在 1901 年 12 月 7 日外相小村寿太郎提交给元老会议的关于日英协约的意见书中。该意见书强调可利用同盟巩固日本在朝鲜半岛的特殊利益，同时扩大在中国的权益，二者对日本来说同等重要。

> 清、韩两国与我国关系颇为紧密，其中韩国命运是关系我邦死活之问题，片刻不能等闲视之。故帝国先前屡次尝试就韩国问题与俄协商，但遗憾的是俄国以与韩国接壤且经营满洲为由，常反对我国之希望，因此至今未见韩国问题得到满意解决。
>
> 然而，俄国在满洲的地位日益巩固，纵然此次撤兵，彼尚有铁道，可在护卫铁道名义下行驻兵之权。若任由时势推移，满洲无疑终被俄国事实上占领，满洲既为俄国所有，韩国亦不能全。故我邦宜速商讨解决之途，实十分迫切。③

---

① 实际上早在同年 4 月，林董已就协约内容等多次请示过政府，林董多是按政府指令行事，参见外务省编纂『日本外交文书』（第 34 卷）、10 - 12 页、15 - 16 页。

② 鹿岛守之助『日本外交史 6 第一回日英同盟とその前後』、84 頁。

③ 外务省编纂『日本外交文书』（第 34 卷）、66 頁。

意见书同时分析了日本与英国缔结协约的益处，既可防俄国势力扩张，也可防英俄接近共同干涉日本的行动，同时能够利用英国的国际影响力及海军力量，至少可以在日俄交涉或发生冲突时，使英、美等国保持中立。①

从小村寿太郎的这份意见书来看，实际上当时日本政府所面对的最迫切问题还是中国东北问题。自中日甲午战争后，日俄间已就朝鲜半岛问题进行过多轮磋商，日本虽未达成独占朝鲜半岛的目标，但俄国也没有取得绝对优势，而真正比较紧迫的是中国东北问题。实际上这一时期日本的侵略目标远不止朝鲜半岛，早已扩张到中国大陆。在日本加入八国联军出兵中国时，山县有朋和桂太郎就明确称要利用此机会在中国大陆培植日本势力。"明治政府的领导者认为中国发生义和团事件是'掌握东洋霸权'、着手侵入中国大陆的好机会。"② 但在与英国的磋商中，日本巧妙隐藏了其对中国领土的侵略野心。

最初英国政府对日本在中国东北的意图是心存疑虑的。1901 年 8 月林董和英国方面会谈时，英方屡次向林董确认日本在中国东北有何种利益。林董回答，"日本在满洲仅有间接利益，对日本来说最紧要的是朝鲜问题，是关系日本存亡的问题"，并称日本担心俄国在占领"满洲"后直入朝鲜。③ 日本对中国问题的所有表态均是声明与英国的中国政策一致，但实际上，无论是哪次交涉，日本均将朝鲜、中国东北、俄国势力扩张问题关联在一起阐述，即反复申明朝鲜问题重要性的同时，也表明"满洲"问题和朝鲜问题不可分割，为后来日本在中国东北的诸多行动的所谓"合理性"预留解释空间。

1901 年 11 月 6 日，英国方面将拟定的草案交给林董。英方协约草案没有明确日本在朝鲜具有优势地位，对中国问题也着重强调"维持清国之独立和领土保全"，在商业及工业方面各国享有均等的企业权。在"别款"中，虽然约定"两缔约国海军在平时可协同行动"，但并未规定两国在东亚保有优势海军力量。④ 兰斯多恩还告诉林董，有阁僚指出协约中存在利益不对等。"内阁会议在讨论协约时，一二阁员提出英国在中国扬子江流域的利

---

① 小村寿太郎意见书全文，参见外务省编纂『日本外交文书』（第 34 卷）、66 – 69 頁。
② 吉川万太郎『近代日本の大陆政策』、279 頁。
③ 鹿岛守之助『日本外交史 6　第一回日英同盟とその前後』、30 頁。
④ 外务省编纂『日本外交文书』（第 34 卷）、40 頁。

益并没有像日本在韩国利益那么重大，为了使双方在协约中获得一样的利益，应在其他方面也可适用协约，如必须适用于英国在印度的布防。"① 兰斯多恩让林董好好考虑一下这些问题。

日本接到英方草案后，在元老会议、内阁会议上进行了多轮审议，并多次发电报征求正在外游历的元老伊藤博文的意见。在充分商讨后，11 月 28 日的内阁会议确定了日方修改后的协约草案。与英国提出的草案相比，这一修订案最重要的变化是在"别款"中增加了两条，分别是第二条和第三条。"别款"第二条规定："两缔约国须在东洋保有与东洋拥有最强大海军的任何其他国家的海军力量相比在实力上占优势的海军力量。""别款"第三条规定："英国承认日本为保护及增进其当前在韩国保持的优势利益可采取被认为适宜及必要之措施。"这两条读起来非常拗口，但确实凸显了日本的主张。在条文交涉过程中，耗时最久、争论最为激烈的也是这两条，"自我修正案提出到协约缔结用了一个半月时间，皆因这两条"。②

对于这两条"别款"，日本做了一定解释，也做了最固执的坚持。围绕"别款"第二条，1901 年 12 月 19 日，兰斯多恩在内阁会议结束后，对林董说："英国内阁断然反对通过协约制约英国海军力量的配置，无论在世界上哪一地域。作为实际问题，英国又不得不维持占优势的海军力量。为什么呢？一是为了保护既有利益，二是舆论不允许减少海军力量。"③英国内阁会议上的这种论调显示了其矛盾心态，既认为协约对英国形成了束缚，又觉得保持海军优势有一定必要性。对此，林董称，日本政府认为："英国一直以来在东洋都保有与其他欧美各国相比占优势的海军力量。日本也持同样的政略。这一条款只不过是声明日英两国要继续保持上述共同的政略。且要实现上述意志，日本的负担反而比英国重。为什么呢？英国有预备海军可供征召，而日本则没有这样的预备力量。但日本痛感在东洋保有海军优势对两国同盟至为重要，故有承受这种负担的觉悟。"④经过数次交涉，除更改了个别表述外，英国还是接纳了该条款。

至于"别款"第三条中承认日本在朝鲜的优势地位问题，英国部分政

---

① 鹿岛守之助『日本外交史 6　第一回日英同盟とその前後』、86 頁。
② 外務省編纂『日本外交文書』（第 35 巻）、40 頁。
③ 鹿岛守之助『日本外交史 6　第一回日英同盟とその前後』、96 頁。
④ 鹿岛守之助『日本外交史 6　第一回日英同盟とその前後』、96 頁。

要认为有助力日本侵略之嫌，也显现出条款中双方利益的不均衡，因此英国主张把印度纳入协约适用范围。日本的反驳是："这一协约案的主旨是保护协约当事国在各自国境外的共同利益，若将其扩展至各自国境内的话，就完全改变了这一协约的性质，使其变为另一事物。并且，英国在中国扬子江流域的利益极为重大，其领域广大、人口众多，韩国是无法与之相比的，这样看来，很难判断日英两国在这一协约中得到的利益孰薄孰厚。"①虽然这种辩解有些牵强，但英国方面也未过于坚持，还是做了让步。关于朝鲜问题，英国还提出日本在采取对朝措施时应提前和英国政府协商，但日本称"英国政府据此认为是援助日本侵略政略完全是杞人忧天，这一条款最终也只是和《西－罗森协议》一样。且韩国屡次发生骚乱，在应对这些骚乱时必须灵活迅速，若事先和他国协商，不仅会错失时机，还会受俄国等强邻制约而引发重大事态……"②于是，最终英国也接纳了这一条款。

前已述及，在推动两国走向同盟的过程中，日本方面的外交活动更显积极主动，但从条文交涉过程看，似乎英国方面做了更多让步。这可能与两国缔约目的有别及条约对两国的重要程度不同有关。两国缔约目的虽然都是针对俄国，但日本的核心利益在亚洲，而对于英国来说亚洲仅是其世界战略中的一部分。日本试图利用英国在欧美大国中的影响力及其强大的海军力量，使其成为自己与俄国在亚洲竞争的重要砝码。英国的目的则主要是通过日本牵制俄国，因为这一时期，不仅在东亚，英俄在中亚也处于紧张的对峙状态。"英国缔结《日英协约》是在其对俄外交延长线上的，与其一系列对俄政策目标一致。"③日本在推动缔结同盟的过程中充分认识并利用了这一点，抓住英国对日俄间达成某种协约的忧惧，借机促英国加快协商进度。在同盟交涉处于停滞状态、日本希望重启交涉的1901年7月16日，林董发回国内的极密电报中称："当前是日本提出与英国结盟的好时机，乘英国忧惧日俄协约之机，可以有利条件缔结同盟。"④7月18日林董发给曾祢外相的详细

---

① 鹿島守之助『日本外交史6　第一回日英同盟とその前後』、98頁。
② 外務省編纂『日本外交文書』（第34卷）、84頁。
③ 藤井信行「『日英同盟』協約交渉とランスダウン外相」、『川村学園女子大学研究紀要』第17卷第2号、2006、70頁。
④ 外務省編纂『日本外交文書』（第34卷）、20頁。

汇报文件中，再次提到可做出日俄和谈的样子刺激英国政府。①这两份文件都强调这是最高机密，绝不可泄露。在日英交涉的关键时期，日本拥有极大政治影响力的元老伊藤博文于 11 月 27 日抵达俄国，并频繁与俄国政要接触，这引起了英国的警觉。在伊藤博文到达俄国前的 11 月 20 日，英国外交大臣在与林董会面时，就曾诘问日本是不是想和俄国订立协约、日本是不是在进行两面外交。伊藤博文在俄国期间，英国也就其访俄目的向林董进行了质询。林董虽然回答称伊藤博文访俄仅是个人行为，但并未打消英国的疑虑。②直到 12 月初伊藤博文从俄国赴英国，并在 12 月 2 日和 6 日与英国外交大臣进行了两次会谈，才打消了英国的顾虑。无论伊藤博文赴俄目的为何，就其实际效果来说，都对英国形成了一种刺激，变相加快了日英协约条文交涉。

如上所述，日本紧扣英俄矛盾，利用巧妙的外交辞令，将一些对日本单方面有利的条文以看起来对两国均有利的形式写入了协约文本，如在朝鲜半岛、中国东北及两国在东亚保持海军力量优势等问题上，均采取了此种形式。最终英国基本接受了日本提出的修改要求，虽然具体条文措辞略有修改，但内涵及解读空间并未改变。为淡化军事同盟的色彩，日英两国只正式对外公布了协约正文，"别款"则采取秘而不宣的形式，仅在两国间进行了交换。

结　语

1895 年"三国干涉还辽"事件后，日本外交官僚中的加藤高明、林董、小村寿太郎、西德二郎等部分少壮派基于他们的外交经验，意识到欧洲列强间存在利益冲突及长期积累的矛盾，开始主张与英国合作抑制俄国等在东亚的势力扩张，扩大日本在东亚的侵略权益。尽管当时伊藤博文、井上馨等对此说疑虑重重，日本政府在外交领域的活动还是以传统的日俄协商模式为主，但这些外交官僚已开始积极收集相关情报，有意识地接近英国政要。从日英同盟提出到交涉、缔结的过程来看，虽有中国的形势变化及列强争锋这

① 外务省编纂『日本外交文书』（第 34 卷）、24 页。
② 外务省编纂『日本外交文书』（第 35 卷）、73 页。

一背景，但不可否认，上述政治势力的周密准备，以及在与英国的外交接触中不断渲染俄国的威胁，大力推动双方联合行动，也是促成日英同盟的重要因素。比如，林董在与英国外交大臣兰斯多恩等人的会晤中，就屡次谈到俄国在占领中国东北后不会就此罢手，一定会向南扩张势力，届时将威胁英国利益，同时会打破各国在中国势力的相对均衡，并反复重申日本与英国观念及利益一致，寻求在对俄问题上开展联合行动。

1900～1901 年，中国发生义和团运动，八国联军侵华。此时，日本上述政治势力逐渐占据外交要职。在急速变化的外交形势中，特别是俄国大规模出兵中国东北后，日本根据情报分析，认为英国在朝鲜基本没有利害关系，在中国问题上侵占领土的要求不强烈，也无法投入过多军事力量，主要看重在华商业利益，希望保障在扬子江流域的势力优势，因此与日本利益冲突不大，日英合作对日本有诸多益处。基于此种判断，日本有意识地与英国接近，在参与八国联军侵华及之后处理清政府赔款、阻止俄清签订密约等问题上，积极配合英国行动，并将与俄、清相关的情报分享给英国以获取信任。同时，抓住英俄矛盾，不断宣扬俄国的威胁性，反复阐述日英两国在中国问题上的利益及外交理念一致，目标都是维护远东势力均衡，特别是在对俄问题上和英国立场一致。这些积极主动的外交活动有效推动了日英关系的接近。

日本在缔结同盟方面积极主动，在具体的协约条文交涉中，又利用英俄矛盾，隐藏自己的侵略意图，最终达成了对己方有利的协约条款。在英国怀疑日本对中国领土有扩张野心时，日本将中国东北问题解释为与朝鲜问题有关联，强调自己的利益重点在朝鲜，日本在中国的目标与英国一致，仅为遏制俄国势力的过度扩张。通过《日英协约》正文及"别款"第二条、第三条，英国实际上认可了日本在朝鲜的优势地位及在朝鲜和中国东北采取一定军事手段的"合理性"，为日本后续采取的一系列行动预留了解释空间，强化了日英同盟作为军事同盟的色彩。与日俄协商注重亚洲区域内的协调相比，日英同盟体现了另一种外交思路，既利用西方列强间的矛盾，运用结盟战略形成与俄抗衡之势，又利用身在亚洲的地缘优势，逐步扩大在东亚的侵略势力。日英同盟的缔结将日本外交带入了一个新时期，此后的很长一段时间里，日本外交呈现出一定程度的基于与英美协调在亚洲扩张的势态。

（审校：叶　琳）

《日本文论》（总第 6 辑）
第 27～45 页
© SSAP，2021

日本对轴心国政策与对苏政策的关联和演变[*]

——从"防苏反共"到"联苏容共"

〔日〕 田岛信雄/著　李若愚　韩美怡/译^{**}

内容提要：20 世纪 30 年代后期至 1945 年，日本对苏联的态度经历了由"防苏反共"到"联苏容共"的 180 度转变。如果把日本的对苏政策与日本的对轴心国政策作为一个整体加以考察，就会发现日本对外政策的调整与亚欧大陆的国际格局变化密不可分。亚欧大陆战略在日本的对外战略中占有相当重要的地位，日本原本计划与德国分头并进、会师中亚，划分势力范围，但苏联因素带来的变数最终迫使日本放弃了这一计划。日本转而希望拉拢苏联共同对抗英、美，这一企图的破产实际上宣告了日本对外战略的全盘失败。

关　键　词：日本　苏联　对外政策　日德关系

从冷战期间日本的"反苏"立场回溯到二战前日本陆军的"防苏"态度，二战后的日本现代史学界曾长期存在一个盲区，即认为"反苏"是日本外交中一以贯之的基调。因此，关于日本对苏政策变化的研究并不多见。有鉴于此，本文重点关注 20 世纪 30 年代后期到 1945 年日本对轴心国政策与对苏政策的相互影响及演变。

实际上，后冷战时期的日本史学界已经对太平洋战争时期（尤其是战争末期）日本陆军对苏联的"调和"性加以关注。近年来，明石阳至与波

＊ 本文系江苏省重点高端智库课题"日本学者对和平学的认知：危机时代的和平学"（编号：
19YJY011）的阶段性成果。

＊＊ 田岛信雄，日本成城大学法学部教授、图书馆馆长，日本和平学学会会员。李若愚，四川大学
历史文化学院副研究员；韩美怡，日本成城大学民俗学研究所研究员。

多野澄雄更是尝试将"容共"概念带入日本的轴心国同盟政策以及对苏政策的研究。[①]本文将基于上述学术创新，尝试考察特定时段内日本的轴心国同盟政策以及对苏政策变迁。本文的独创之处在于：第一，在把日本的轴心国同盟政策以及对苏政策视为一个整体的基础上，对二者的相互影响与演变进行立体分析；第二，日本对苏政策变化的主要原因，除了日本在诺门坎战役中败北以及签订《苏德互不侵犯条约》造成关东军和参谋本部对苏观念发生变化之外，还需要重视亚欧大陆国际格局的变化，尤其是阿富汗、伊朗、印度和中国新疆地区的政治形势变化；第三，借用孙中山先生提出的著名概念"联俄容共"，以期更好地理解日本陆军对苏政策的变化。

一　日本陆军亚欧大陆政策的历史起源

探讨日本的对轴心国政策与对苏政策之前，笔者拟简要回顾一下第一次世界大战后日本陆军的对俄政策与对亚欧大陆政策。这也是本文要探讨的20 世纪 30 年代以后日本对轴心国政策与对苏政策的前提。

1910 年 1 月 25 日，当时负责情报收集的参谋本部第二部部长宇都宫太郎起草了《日土同盟论》《穆斯林控制论》两份备忘录，标志着日本陆军已经将中亚地区和居住在此地的穆斯林纳入战略视野。作为总体战略方针，宇都宫太郎认为："与今日被穆斯林普遍视为最具影响力的伊斯兰国家奥斯曼帝国搞好关系，无疑有利于日本控制居住在中亚和印度、俄国、清国等诸国，以及东印度诸岛和北非的穆斯林，乃至在必要时对其势力加以利用。"进而，宇都宫太郎又提出《小亚细亚殖民论》作为这一方略的具体执行方案："设法在波斯湾的'湾头'，也就是预想中的巴格达铁路的终点取得一块'租界地'，殖民于小亚细亚的沃土。将孟买航路延伸至此、出资修建巴格达铁路、取得底格里斯河和幼发拉底河的航行权、在红海沿岸建设港口作为日欧航路的停泊点。"其中最有意思的是，宇都宫太郎试图连接象征德国介入中东的"巴格达铁路"，与德皇威廉二世一样，把"与穆斯林交好并加以利用"作

---

① 　明石陽至「太平洋戦争末期における日本軍部の延安政権との和平模索―その背景―」、『軍事史学』第 31 巻第 1・2 号、1995、175 – 185 頁；波多野澄雄「国共関係と日本―戦争末期の『容共』をめぐる葛藤―」、黄自進・劉建輝・戸部良一編『「日中戦争」とは何だったのか』、ミネルヴァ書房、2017。

为战略目标。这就意味着，德国的"东进战略"（Drang nach Osten）将与日本的"西进战略"（Drang nach Westen）交汇于中亚、中东的伊斯兰世界。这一战略构想基本被一战后的陆军参谋本部第二部和关东军参谋部第二科继承。因而，可以将宇都宫太郎的设想视为当时日本中亚政策与伊斯兰政策的原型。[①]

第一次世界大战后日本陆军的亚欧大陆战略正是基于其对伊斯兰世界的构想。此外，1922年谷寿夫作为武官派驻印度期间提出的一份意见书也十分重要。谷寿夫注意到一战后伊斯兰世界的局势变化，并指出："中东各民族在一战后的活跃将使日本与这一地区的关系变得前所未有地紧密。"为监控中东地区形势，他提出"日军谍报机关可大致做如下部署"："第一，派驻印度的武官，除印度（包括缅甸和锡兰）外，也要留意收集中国西藏和新疆地区、阿富汗以及波斯的情报。定期到阿富汗访查之时，还要着重收集苏联南方的相关情报，此点至关紧要。第二，派驻土耳其的武官，在收集土耳其情报的同时，还要收集阿拉伯、高加索地区的情报，并且到波斯进行实地访查。第三，（略）。第四，仅凭上述两处情报据点，要覆盖广大中东地区仍有不足，需要每隔一年向这一地区派遣军事联络官作为补充。"[②]其中"着重收集苏联南方的相关情报，此点至关紧要"表明，谷寿夫构想的中东谍报网的假想敌是苏联。

二　日本陆军的亚欧大陆谍报与谋略构想

上述中东谍报网构想后来与欧洲谍报网建设合二为一，形成了日本陆军所谓的"亚欧谍报网"。1932年10月8日，参谋次长真崎甚三郎就谍报计划对驻派法国的武官做出指示，其中明确提出要推进"亚欧谍报网"构想。一是加强对苏联乃至第三国际在远东推进"赤化"的日常宣传，并使各方周知日本帝国反对苏联"赤化"政策的立场。一旦对苏开战，要确保日方获得战争的"正义公道"。二是保证在开战后有尽速摧毁苏联方面的战力，

---

① 島田大輔「明治末期日本における対中東政策構想—宇都宮太郎『日土関係意見書』を中心に—」、『政治経済史学』第578号、2015、27－61頁。

② 谷壽夫「意見具申　中東方面情報収集機関の配置と印度駐箚武官たる地位の将来」、『日阿修好条約締約一件』、アジア歴史資料センター、Ref. B06150026600。

应做到以下几点：第一，资助乌克兰、格鲁吉亚、阿塞拜疆的分裂势力，扰乱当地秩序；第二，协助流亡海外的白俄团体联络苏联境内的反动势力，在苏联掀起"反战"暴动，颠覆无产阶级政权；第三，对法国、波兰、波罗的海诸国、土耳其等各方开展亲善外交，换取它们在前述事项上对日本的支持，并希冀各方能在日本开展相关行动时协助。①

日本这一"亚欧谍报网"构想与其在中国东北的对苏战略是一体的。关东军的神田正种于 1928 年 2 月提出《对俄特务活动大纲》，强调"谋略"在未来战争中的重要性。"谋略在未来的战争中将发挥重要的作用。其中对俄战争将以武力来宣告最终对决。根据情况，绝大多数战争始终采取谋略战方式。"神田正种认为对苏谋略应是全球性的，具体来说，"要在南满、朝鲜和库页岛等地组建反共团体，伺机入侵北满和苏联的远东领土，掣肘苏军的作战部署。随着战局发展，还应在苏联境内建立反共政权，与西伯利亚和高加索遥相呼应，以彻底颠覆苏维埃政权"。②如此，日本在东亚地区的对苏谋略与在西伯利亚、高加索的谋略衔接起来。

在九一八事变、伪满洲国成立等一系列重大历史事件发生之后，关东军的松室孝良以神田正种的对苏谋略网构想为蓝本，抛出了所谓"环状同盟"论。松室设想建立一个受日本控制的"蒙古国"，这个新的"蒙古国"不但能在当下"起到牵制苏联的作用"，还可以为"帝国未来对苏联和中国的军事行动提供便利"；新的"蒙古国"一旦成立，日本还可以进一步挑动中国甘肃、新疆等地的回族群众成立"回回国"，和"蒙古国"、西藏地区一同与日本遥相呼应，形成"环状同盟"。"环状同盟"还可以成为日本连接中亚、波斯的纽带。这样，日本在中国东北和内蒙古的情报网就会延伸到中亚、波斯，触及苏联在亚欧大陆腹地的领土。③

"亚欧谍报网"构想所涉及的地域过于广袤且多为荒无人烟的沙漠和山地。关东军计划用飞机来连接在亚欧大陆星罗棋布的各个谍报据点，1932

---

① 粟屋憲太郎・竹内桂編集『対ソ情報戦資料　第 2 巻　関東軍関係資料(2)』、現代史料出版、1999、453 頁。

② 神田正種「対露謀略の大綱」（Doc. 2460A）、『A 級極東国際軍事裁判記録（和文）』、アジア歴史資料センター、Ref. A08071279300。

③ 松室孝良「蒙古国建設に関する意見」、島田俊彦・稲葉正夫解説『現代史資料 8　日中戦争(1)』、みすず書房、1964、449 - 463 頁。

年 9 月 25 日成立了满洲航空株式会社。倘若对苏战争爆发，这些为情报机构建设的机场都可以成为空袭苏联本土的基地。日本陆军对利用情报据点空袭苏联的计划做出很高的评价："如西欧列强那样国家组织稳固的国家，其国民在对敌斗争中的意志也会更为坚固，非空袭可轻易动摇。然而，苏联政权与国民的结合并不稳固，尤其是驻扎在资源贫乏的远东地区的苏军，其给养要通过漫长的补给线来维系。在战争初期利用空中优势对其实施毁灭性打击，使其从内部崩溃瓦解，战争势必迅速进入收尾阶段。"①

在上述战略方针指导下，松室孝良筹划的亲日"蒙古国"计划付诸实践，1936 年 5 月 12 日，关东军扶植德王成立"蒙古军政府"傀儡政权。日本参谋本部为进一步推进"亚欧谍报网"整体构想，先后于 1932 年 5 月派遣神田正种至土耳其的伊斯坦布尔、1933 年 9 月派遣上田昌雄至伊朗的德黑兰、1936 年 11 月派遣宫崎义一至阿富汗的喀布尔担任驻外武官，具体开展谍报据点的建设工作。

三　日德两国针对苏联的军事情报合作

日本陆军驻德武官大岛浩促成了 1936 年 11 月 25 日签署的《日德防共协定》，这背后得到了参谋本部的支持。《日德防共协定》被认为是当时日本陆军奉行"防苏反共"路线的标志性产物。②其中两点或许最能体现《日德防共协定》"防苏反共"的本质。第一，《日德防共协定》秘密附属协定第一条明确规定："当缔约国任何一方并非因苏联挑起而受到攻击或威胁时，另一方不得对苏联施以援助。"这一协定表明两国已经预设好在日苏或德苏之间进行正面作战或发动正规战，还规定了日德两国的战略性合作。第二，协定正文中出现的"情报交换""破坏活动""防卫"等情报术语，规定了日德两国将针对苏联在情报与谋略战领域开展合作。③尤其是对于第二

---

① 「航空視察団報告　第二巻」、『国防上の大局の考察（1）』、アジア歴史資料センター、Ref. C15120576600。

② 外務省編『日本外交年表竝主要文書』（下）、原書房、2007、352 - 354 頁。

③ 有学者认为《日德防共协定》在签订之初具有"反英"的性质，笔者对此难以苟同。这也是笔者反复强调该协定具有"反苏"性质的原因。上述观点最典型的例子可参见 Wolfgang Michalka, *Ribbentrop und die Deutsche Weltpolitik 1933 - 1940*, München：Wilhelm Fink Verlag, 1980。

点的 "针对苏联在情报与谋略战领域开展合作"，日德双方又进一步达成了多项具体协议，作为对《日德防共协定》的补充。

首先，1937 年 5 月 11 日，大岛浩与德国军事情报机构 "阿勃维尔"（德语 Abwehr，有 "防谍" 之意）的负责人威廉·卡纳里斯签署了《对苏军事情报交换协定》及《关于对苏谋略的日德附属协定》，明确日德两国对苏谋略战的分工。根据《关于对苏谋略的日德附属协定》的附件《五年计划》，日德双方约定，1937～1941 年两国在与苏联东部接壤的东亚、与苏联南部接壤的近东及中亚、与苏联西部接壤的欧洲地区分别承担情报与谋略战任务，而土耳其、伊朗及高加索则作为日德双方的 "共同管辖地域"，由双方协作开展相关活动。1938 年 10 月 8 日，大岛浩又与德国国防军最高统帅部参谋长威廉·凯特尔签署了上述协定的 "升级版"，将日德两国针对苏联的合作从军事情报机构层面上升到全军层面。[1]

其次，1936 年 12 月 18 日，日本主导的满洲航空与德国汉莎航空签订了《日德满航空协定》，这是在航空政策这一具体领域对两国有关军事情报合作总方针的完善。[2] 前文已指出，日德要在广袤的近东、中亚地区开展军事合作，飞机是不可或缺的交通工具。为此，以德国航空部为后盾的汉莎航空与以关东军为后盾的满洲航空达成协议，将开设连接罗德岛（当时被意大利占领）—伊朗—阿富汗—新疆—甘肃—绥远—伪满洲国的航线，并积极修建无线电联络站、气象观测设施、机场等硬件设施，还计划使用驼队来运输航空汽油。总而言之，《日德满航空协定》作为日德对苏谋略战的一部分，其目的不只是单纯的开设航路，还涉及硬件层面的航空基础设施建设，战略意图显而易见。1937 年 3 月 20 日，林铣十郎内阁更以阁议决定的形式提出，希望把此前汉莎航空与满洲航空签订的民间航空协定正式升格为德日两国间的官方航空协定。[3]

---

① 防衛省防衛研究所「対『ソ』情報交換及謀略ニ関スル日独両軍部ノ取極主文」、アジア歴史資料センター、Ref. C14061021200；田嶋信雄『ナチズム極東戦略』、講談社、1997、198 – 199 頁。

② 永渕三郎「空の『シルクロード』」、満洲航空史話編纂委員会編『満洲航空史話』、満洲航空史話編纂委員会、1972、167 – 175 頁。

③ 「日満独連絡航空路設定に関する件」、アジア歴史資料センター、Ref. A03023592000。

四　亚欧大陆腹地战略意义的强化与反苏谋略战的失败

随着日本在亚欧大陆战略中稳步推进谍报活动和谋略战，伊朗、阿富汗和中国新疆成为日本势力范围与德国势力范围的交汇地，这些地区的战略意义显著增强。确保这些地区处于轴心国的控制之下成为日德两国至为重要的课题。然而，伊朗和阿富汗一带原本属于英、俄两国的势力范围，并在 19 世纪中叶到 20 世纪初大英帝国与沙皇俄国争夺中亚控制的战略冲突中，成为国际关系史上"大博弈"的中心地。1907 年 8 月 31 日在圣彼得堡签订的《英俄条约》划定了两国在波斯、阿富汗与中国西藏地区的所谓势力范围。尽管该条约没有得到作为当事国的波斯、阿富汗和中国的承认，但英、俄两国仍极力在相关地区巩固自身的存在。"大博弈"因第一次世界大战和十月革命而走向终结，但自 20 世纪 20 年代中期起，随着苏维埃政权强大并日益"帝国化"，"大博弈"又再次复活。而日德在中亚推动战略合作，意味着两国将分别从"大博弈"的东西两面切入这一敏感地区。①

为此，日本陆军在 1935 年策动"华北五省自治"，要求国民政府保障日军"在华北上空自由飞行"的权利，同时唆使德王在内蒙古发动"自治运动"，要求在沙漠中建设供日本特务机构使用的飞机场。然而，由于在"绥远事件"中遭到来自国民政府的强硬反击，这些尝试最终宣告破产。②关东军也希望向新疆地区渗透，并在那里开设特务机构。但当时控制新疆地区的盛世才一方面与南京国民政府若即若离，保留一定的独立性；另一方面，为了稳固统治又积极向苏联靠拢，聘请了大量的苏联顾问。盛世才十分重视防谍体制的建设，而苏联也通过扶植盛世才强化了自身在新疆地区的影响力。因此，关东军虽然多次向新疆派遣密使交涉在新疆地区建立特务机构事

---

① Rudolf A. Mark, *Im Schatten des "Great Game": Deutsche Weltpolitik und Russischer Imperialismus in Zentralasien 1871 – 1914*, Paderborn: Schöningh, 2012. 关于德国的阿富汗政策参见 Inge Kricheisen, "Afghanistan — umkämpftes Vorfeld Indiens", in Johannes Glasneck, Inge Kircheisen, *Türkei und Afghanistan: Brennpunkte der Orientpokitik im Zweiten Weltkrieg*, Berlin: VEB Deutscher Verlag der Wissenschaften, 1968, pp. 161 – 169。

② 秦郁彦「綏遠事件」、『国際政治』第 15 巻、1961、87 – 102 頁；宝鉄梅「綏遠事件と華北分離工作」、『現代社会文化研究』（新潟大学）第 27 号、2003、203 – 214 頁。

宜，但一直未能如愿。①这一计划的失败与日本发动全面侵华战争不无关联，战争的爆发令中国烽烟遍地，日本建立从中国华北经绥远、甘肃、新疆直到阿富汗的空中航线计划最终化为泡影。

阿富汗是日德两国势力交汇之地，又与中国新疆接壤，可以成为自西向东渗透新疆地区的战略据点，其重要性非同小可。所以，早在 1934 年 1 月，日本陆军参谋本部就派遣下永宪治少佐到阿富汗开展实地考察。1936 年 11 月，被派往喀布尔的宫崎义一少佐后来成为首任驻阿富汗武官。宫崎义一的任务主要有两点：一是在当地收集有关苏联和英国的情报，并开展谋略战（包括煽动阿富汗境内少数民族从事反政府活动）；二是要为日德开通空中航线做切实的准备。不过，宫崎义一的谋略活动始终被密切监控，阿富汗政府（及与阿富汗政府保持密切合作的苏、英两国政府）知晓他的一举一动。1937 年 7 月 7 日，日本发动全面侵华战争，阿富汗的战略价值进一步提升。有鉴于此，苏联政府与英国政府同时向阿富汗政府施压，要求驱逐宫崎义一。为此，日本和阿富汗的关系急剧恶化，甚至面临断交的危机。同年 10 月，日本政府及陆军参谋本部被迫接受阿富汗政府驱逐宫崎义一的要求。② 1938 年 4 月 5 日，时任驻阿富汗临时公使的桑原鹤亦不得不承认日阿关系已陷入危局："阿富汗的国际地位因'卢沟桥事变'的爆发而陡然一变。事变前，对英苏两国来说，强化同阿富汗的关系并不急迫。我国尚有空间结好阿富汗，以便监视苏联在新疆方面的活动，探寻苏联内部的局势。现下国际局势变化，不得不说我国已经很难继续利用阿富汗来完成大陆政策了。"③

此后，1938 年 10 月由驻德武官转任大使的大岛浩向德国国防军军事情报局提议日德协作，派遣力量推进从乌克兰经高加索到苏联的破坏活动。1938 年冬，大岛浩与持有阿富汗国籍的高加索独立运动分子巴马特共谋，协助 10 名携带炸弹的独立运动成员，从土耳其边境经高加索向苏联内部渗

---

① A. M. ナイル『知られざるインド独立闘争』、風濤社、2008、147 – 192 頁。

② 关于日本陆军参谋本部在阿富汗的谋略工作及驱逐宫崎义一的内容，参见田嶋信雄「アフガニスタン駐在日本陸軍武官追放事件 1937 年」、『成城法学』第 85 号、2017、95 – 121 頁。

③ 参见臼杵陽「戦時期日本・アフガニスタン関係の一考察—外交と回教研究の間で—」、『日本女子大学紀要 文学部』第 57 号、2007、110 頁；「AF 阿富汗斬旦/1 アフガニスタン英国間」、アジア歴史資料センター、Ref. B0203860000。

透，最终到达位于索契的斯大林避寒地执行暗杀计划。[1]但是，由于消息走漏，这些人在国境线上便遭到射杀。[2]

到 20 世纪 30 年代末期，日本陆军已经清醒地认识到其在中国新疆、阿富汗、高加索的图谋均宣告失败，并深刻意识到中国新疆、阿富汗已经被苏联势力所渗透，是日本势力无法突破的铜墙铁壁。这种挫败感对日本陆军的亚欧大陆战略产生了巨大的影响。

五 日本陆军对苏战略的转向

在诺门坎战役中的败北与《苏德互不侵犯条约》的签订，对充斥着闭塞感的日本陆军来说可谓"决定性的打击"。诺门坎一役，日本陆军在正规战、正面战中惨败于强大的苏军之手。作为苏联势力范围的蒙古人民共和国成为日本无法突破的铁壁，使日本陆军的"北进"计划破产。诺门坎战役后，日本陆军罹患了难以治愈的"恐苏症"。

《苏德互不侵犯条约》的签订，不仅让《日德防共协定》中有关"对苏战争爆发时日德互助"的条款成为一纸空文，还让日本陆军参谋本部与关东军长期执行的"西进战略"和 20 世纪 30 年代后期发端的日德在欧亚大陆的军事情报合作都失败了。对于已经同苏联缔约的纳粹德国再谈"对苏谋略"，无异于缘木求鱼。

围绕未来的对苏方略，因诺门坎战役与《苏德互不侵犯条约》而茫然自失的关东军内部出现了 180 度转弯的声音。1939 年 8 月 27 日，在诺门坎战役进入收官阶段之际，时任关东军司令官植田谦吉向东京的参谋本部提议："争取在诺门坎对苏军进行决定性打击，同时应通过德国和意大利向苏联提出停战协议，尽快同苏联缔结互不侵犯条约。下一步应与德、意、苏结成反英同盟，在东洋完全根除英国的势力。"[3] 也就是说，在此

---

① 关于巴马特其人其事，参见 Politisches Archiv des Auswärtigen Amts（Berlin），R261174，"Turanismus"，Bl. 77。

② 参见 Nürnberger Dokument 2195 – PS，"Der Prozess gegen die Hauptkriegsverbrecher von dem Internationalen Militärgerichtshof Nürnberg"，Bd. XXIX，1948，S. 327 – 328；『朝日新聞』1946年 9 月 24 日朝刊；『読売新聞』1946 年 9 月 12 日朝刊。

③ 角田順解説『現代史資料 10　日中戦争（3）』、みすず書房、1964、133 頁。

时的关东军高层眼中，苏联已经从必须打倒的假想敌转变为潜在的结盟对象。

六　《日德意轴心协定》与苏德战争

根据 1940 年 9 月 27 日缔结的《日德意轴心协定》，日、德、意三国今后在遭受"此刻尚未卷入欧洲战事或日中战争"的国家袭击时，应履行互助之义务。乍看之下，该条约似乎把美国和苏联都视为假想敌，但协定第 5 条实际上确认了"要以《苏德互不侵犯条约》为前提维持对苏现状"，就把苏联排除在所针对的目标之外。换言之，日本、德国和意大利三国同盟的防范对象就只剩下英国和美国。此外，附件规定，德国将促进日本和苏联双方的"友好谅解"，并承担"周旋的工作"。因此，该条约的战略意图是促成日本、德国、意大利和苏联之间的四国合作。①

接纳上述四国合作构想，日本外务省于一周后的 1940 年 10 月 3 日起草了一份文件，名为《日苏外交调整大纲草案》。其中第 7 条内容如下：

（一）苏联承认日本在内蒙古以及东北三省之既得利益，日本承认苏联在外蒙古以及新疆之既得利益。

（二）苏联容许日本在未来进入法属印度、荷属东印度地区；日本容许苏联在未来进入阿富汗、伊朗地区（视情况可包括印度）。

（三）日、德、意三国愿协助苏联建设世界新秩序。在三国统一立场的基础上，日本愿促成苏联加入，组建四国同盟。②

以下两点值得注意。第一，日本将苏联视作潜在同盟国的态度更加清晰；第二，从本文的研究视角来看，颇耐人寻味的是，为促成对苏结盟，日本拟容许苏联的势力进入外蒙古、阿富汗、伊朗、印度和中国新疆。如前所述，日本陆军受到诺门坎战役以及《苏德互不侵犯条约》带来的政治、军

---

① 外務省編『日本外交年表竝主要文書』（下）、459－562 頁。
② 转引自「日ソ国交調整要綱案」（1940 年 10 月 3 日）、細谷千博「三国同盟と日ソ中立条約（1939－1941 年）」、日本国際政治学会太平洋戦争原因研究部編『太平洋戦争への道　別巻資料編』、朝日新聞社、1963、266－268 頁。

事层面的双重打击后，基本打消了"西进"的念头。反过来说，这意味着日本陆军已经在政治、心理两方面做好了把这些区域拱手相让的准备。《日德意轴心协定》以及日、德、意、苏四国同盟构想实际上就是对《日德防共协定》（以及日本的"西进战略"）的否定。1941 年 4 月 13 日，日苏缔结《日苏中立条约》也可归为上述后果之一。

然而，日本对苏联的期待在 1941 年 6 月 22 日苏德战争爆发后又发生了动摇。是参与对苏作战（"北进论"），还是利用处于后方的战略安全地位向自然资源丰富的东南亚进军（"南进论"），日本亟须做出抉择。在 7 月 2 日的御前会议上出台的《伴随情势变化的帝国国策要领》提出，在做好对苏作战准备的同时，为实现向南方挺进的目标应不惜与英美一战。主张"北进论"的松冈洋右在决意"南进"的近卫文麿内阁中遭到了孤立，被排除在 7 月 18 日组建的第三次近卫内阁之外。由是，日本坚定了"南进"的决心，与反对日本"南进"的美国之间的政治对立也进一步加深。①

另外，日本陆军一度把苏德战争视为良机，并根据之前的对苏战略重新检讨对苏战争的可能性。这就有了所谓的"关东军特别大演习"（"关特演"）。由于日本陆军发布了协助德国攻击苏联的动员令，关东军军力激增，兵力超过 74 万人。与此同时，1941 年 7 月 28 日日军入侵法属印度支那南部，南线局势陡然紧张，陆军最终同海军达成妥协，关东军与陆军参谋本部不得已在 8 月 9 日打消了 1941 年对苏开战的念头。②根据新的计划表，发动"北方战争"（对苏战争）的时间定于 1942 年春天。③

1941 年 9 月 6 日，御前会议通过《帝国国策实施要领》，计划在 10 月下旬完成对美、英、荷开战的准备。④此时日本对美交涉已走入死胡同，日方原本寄望于 10 月 18 日成立东条内阁来打破僵局，但在 11 月 5 日的御前会议上还是通过了对美、英、荷开战的新版《帝国国策实施要领》。⑤

对美开战方针已成定局，1941 年 11 月 15 日的日本大本营政府联席会

① 外務省編『日本外交年表並主要文書』（下）、531 - 532 頁。
② 大木毅「ドイツと関特演」、『軍事史学』第 25 巻第 3・4 合併号、1990。
③ 波多野澄雄「開戦過程における陸軍」、細谷千博・本間長世・入江昭・波多野澄雄編『太平洋戦争』、東京大学出版会、1993。
④ 外務省編『日本外交年表並主要文書』（下）、544 - 545 頁。
⑤ 外務省編『日本外交年表並主要文書』（下）、554 - 555 頁。

议通过了《关于促进终结对美英荷蒋战争的草案》。文件提出："与德意合作首先胁迫英国屈服，从而使美国丧失继续战斗的意志"，也就是将德国对英战争的胜利作为战争终结的前提。进而就苏德战争提出："依据苏德两国的意向，促成两国媾和，将苏联吸纳进轴心国。并根据日苏关系调整的情况，考虑协助苏联进入印度、伊朗。"表明此时日本乐于见到苏德实现和解。日本依旧将终结战争的希望寄于日、德、意、苏四国合作之上。[①]关于"接受苏联的势力进入印度、伊朗"的提案，实际上与 1940 年 10 月 5 日正式出台的《日苏外交调整大纲》并无二致。当日本陆军和外务省做出对英美发动战争的决定时，包括印度、伊朗以及阿富汗在内的中东地区在日本的战略中占据了重要的地位。

七　太平洋战争下的日、德、意、苏关系以及意大利的败北

1941 年 12 月 8 日"珍珠港事件"爆发后，德、意、日三国缔结"绝不单独媾和"的《德意日联合作战协定》，至此轴心国成为"命运共同体"。[②]

日军偷袭珍珠港后不久，12 月 14 日，希特勒便与大岛浩会谈。会谈中，希特勒表示，德军当前的作战目标是歼灭苏军有生力量与挺进高加索。在希特勒看来，"占领莫斯科并无意义"，德军的目标是在 1942 年春"能够攻击苏联南部从而进逼高加索至伊拉克、伊朗、印度"。大岛浩也表示，日军希望能够在"占领新加坡之后向印度行进"，并提出"若日德两国自东西两翼包抄印度，将对战局非常有利"。[③]德日两国会师中亚的战略意图已经非常清晰。

1942 年 1 月 18 日，日德意缔结军事协定，确定了以东经 70 度为界（大体上位于巴基斯坦卡拉奇的印度河河口所在地）划分势力范围。该线以

---

① 大本営政府連絡会議「対米英蘭蒋戦争終末促進に関する腹案」（1941 年 11 月 15 日）、日本国際政治学会太平洋戦争原因研究部編『太平洋戦争への道　別巻資料編』、583 - 586 頁。

② 参见「日独伊共同行動（単独不講和其他）協定」、外務省編『日本外交年表並主要文書』（下）、574 頁；義井みどり「日独伊共同行動協定の締結とドイツの対米宣戦布告」、『国際政治』第 91 号、1989、86 - 100 頁。

③ Undatierte Aufzeichnung Hewel, in *Akten zur Deutschen Auswärgigen Politik 1919 - 1945*, Serie E, Bd. 1, Dok. 12, S. 17 - 21.

西属德、意作战范围，以东则为日本的作战范围。① 尽管如此，这并不意味着日方对印度有政治野心。所谓的"大东亚共荣圈"最初并不包括印度，"自由印度临时政府"的代表苏巴斯·钱德拉·鲍斯也只是以观察员的身份列席"大东亚会议"，并未在《大东亚共同宣言》上签字。②然而，太平洋战争爆发后，外务省却考虑依照两个月前的《关于促进终结对美英荷蒋战争的草案》将印度"献给"苏联。譬如，1942 年 1 月 10 日的联席会议上，日本外相东乡茂德提出"对印度策略渐进开展，即便计划把印度内部局势搅乱之后再出手，也必须注意避免被棘手的问题捆住手脚"，强调审慎推动对印工作，更表示"有必要把苏联插手印度等情况列入今后对苏政策的考量"。③

此前日本陆军内部除上述"南进论"之外，还有"北方战争"主张，但是在太平洋战争已经打响的 1942 年春天，"对苏作战论"已经在日本大本营政府联席会议上彻底消失。为了打开战局，"推动苏德两国和解"反而成为此后日本一贯的方针。④倘能通过苏德和平来实现日、德、意、苏的军事合作，日本便可在对英、美的战场上倾尽全力。日本外交部门也同样对苏联抱有期待。然而，日本并无法说服希特勒放弃被称作"人种灭绝战争"的对苏作战计划。⑤

1943 年 9 月 8 日意大利投降，日本关于日、德、意、苏四国联盟的想法发生了改变。日本外相重光葵在 9 月 20 日提出："如果能以保证苏联在地中海以及小亚细亚地区获得出海口为前提缔结苏德和约的话，德

---

① 「日独伊軍事協定」（1942 年 1 月 18 日）、日本国際政治学会太平洋戦争原因研究部編『太平洋戦争への道　別巻資料編』、616 頁。Militärische Vereinbarung Zwischen Deutschland, Italien und Japan vom 18. Januar 1942, in *Akten zur Deutschen Auswärtigen Politik 1919 – 1945*, Serie E, Bd. 1, Dok. Nr. 145, S. 265.

② 「大東亜共同宣言」（1943 年 11 月 6 日）、外務省編『日本外交年表竝主要文書』（下）、593 – 594 頁。

③ 「第七八回連絡会議」（1942 年 1 月 10 日）、日本国際政治学会太平洋戦争原因研究部編『太平洋戦争への道　別巻資料編』、358 – 364 頁。

④ 波多野澄雄「開戦過程における陸軍」、細谷千博・本間長世・入江昭・波多野澄雄編『太平洋戦争』、東京大学出版会、1993。

⑤ 参见大木毅「独ソ和平工作をめぐる群像」、近代日本研究会編『年報・近代日本研究 17—政府と民間—』、山川出版社、1995；大木毅「独ソ和平問題と日本」、細谷千博・後藤乾一・入江昭・波多野澄雄編『太平洋戦争の終結—アジア・太平洋の戦後形成—』、柏書房、1997。

国的军事以及政治力量将极大地增强"，即剔除意大利的"日、德、苏联合构想"。①

1944 年 7 月 22 日，小矶国昭内阁取代东条英机内阁上台执政。在 8 月 19 日的御前会议上，"万一德国从内部崩坏或单独媾和"的担忧开始冒头。②至此，第二次世界大战已经发展到日本不得不设想德国败北的局面。基于此判断，日本在 9 月 21 日的最高战争指导会议上制定了《关于德国急变情况下对外应对措施的草案》。这意味着日本已着手应对德国发生"急变"的可能。③

对于德国可能发生的转向，日方设想了以下四种情况。第一种情况是，德国遵守《德意日联合作战协定》，就求和事宜与日方协商。此时，日方应"尽最大可能促成苏德之间的妥协，并且竭力诱导德国继续对英美作战"。第二种情况是，德国抛开日本单独与美、英、苏三国讲和。此时，日本应"停止一切对德国的协助"。第三种情况是，德国同英、美讲和，而与苏联继续作战。此时，日本应"努力促成日苏合作。在可能的情况下，日苏要结盟共同对抗英、美"。第四种情况是，德国愿意与苏联讲和。此时，日本应"进一步巩固与德国的合作关系，并努力推动日苏合作，尽可能促成日、德、苏三国同盟共同对抗英、美"。总结来说，此时日本的战略仍以对抗英、美为主轴，积极争取日、德、苏三国结盟，万一遇到德国退出的最坏情况，日本设想的最低限度是确保缔结日苏同盟。

八 日本陆军的"容共化"

与上述对德方案同时推进的是，日本陆军省和外务省还在尝试通过苏联与中国的国、共两方进行和谈。日本陆军省在《以战争指导大纲为基础的未来对外政略指导要领》（1944 年 8 月）中建议向苏联派遣特使，希望通过苏联的斡旋实现"帝国与重庆（包括延安方面）结束战争"，"退一步也要与延安停战"，同时鼓励苏联对德妥协。为达成此目的，日本需要考虑在以

---

① 参见伊藤隆・渡邊行男編『続　重光葵手記』（上）、中央公論社、1988、174 頁；波多野澄雄『太平洋戦争とアジア外交』、東京大学出版会、1996、245 – 274 頁。
② 参謀本部『敗戦の記録』、原書房、2005、47 頁。
③ 参謀本部『敗戦の記録』、184 – 186 頁。

下方面对苏联做出让步：①废弃《日德防共协定》，②让渡南库页岛一带，③对满洲（中国东北）地区进行非武装化或让渡北满地区，④将重庆地区划为苏联的势力范围。①

此时，延安的中国共产党在中国的影响力以及控制范围都日益扩大。受此影响，日本陆军内部出现了暂缓对重庆国民政府的谈判转而向共产党妥协的呼声。1944 年 7 月，《宣传要领》在大本营政府联席会议上通过，其中包括"称中共根据地为延安政权"、避免使用"反共、剿共、灭共"等说法。中国派遣军总司令官畑俊六一语道破其中玄机："虽然说起来正当，这也属于'容共政策'，具有讨好苏联的意味。"②陆军参谋本部第 20 班种村佐孝大佐、田中敬二中佐等人基于此考量，拜托莫洛托夫将数名居住在莫斯科的日本籍共产党员送往延安，试图同中国共产党讲和。种村、田中一伙还吸纳了锅山贞亲、佐野学等日本共产党的变节者，之后把锅山送往北京刺探中国共产党的情况。③

在这种情势下，日本外相重光葵也成了"容共政策"的支持者。他在 1944 年 12 月 12 日发给驻苏大使佐藤尚武的电报中表示："今日之中国，共产党事实上居于强势的地位，帝国出于现实考量不得不默认这种情况，在某种意义上也就是'容共'。"而且，这样的"容共"态度是"强化《日苏中立条约》乃至以安全保障为目的订立日苏新约"的基础，也事关苏德和平斡旋。④也就是说，重光葵的构想是在强化日苏关系、促成苏德和平之外，尝试摸索中日讲和的可能，特别是谋求与延安方面实现和平。

与日本陆军此时"联苏容共"路线相近的还有尾崎秀实主张的"亚洲亲善"⑤。尾崎秀实在 1942 年 2 月 14 日接受司法警察询问的笔录中陈述了自己"通过日、苏、中三国友好合作来谋求东亚各民族解放"的政治理想。他希望"从英、美、法、荷等国解放出来的印度、缅甸、泰国、菲律宾、

---

① 参謀本部『敗戦の記録』、35 - 38 頁。
② 波多野澄雄『太平洋戦争とアジア外交』、251 頁。
③ 明石陽至「太平洋戦争末期における日本軍部の延安政権との和平模索—その背景—」、『軍事史学』第 31 巻第 1・2 号、1995、175 - 185 頁。
④ 波多野澄雄『太平洋戦争とアジア外交』、256 - 257 頁。
⑤ 尾崎秀実（1901 年 4 月 29 日—1944 年 11 月 7 日），身兼记者、中国问题评论家、共产主义者、苏联谍报人员、近卫内阁智囊多重身份，后因协助苏联特工佐尔格收集日本对苏政策情报，于 1941 年 10 月 15 日被捕，1944 年 11 月 7 日被绞死。

法属印度支那、荷属东印度等诸民族各自形成一个民族共同体……并且与日、苏、中三个民族共同体开展政治、经济、文化上的合作"。谈到各国应采取的政体，尾崎认为："不必强求这些解放的民族马上走上共产主义国家的道路。作为一种过渡，只要能维持各民族的独立与东亚世界的互助，各民族可以自由选择最适合自己的政体"。换言之，在尾崎秀实看来，即便在未来要与奉行共产主义的苏联和中国同舟共济，日本依旧可以保留天皇制。这当然是一种"奴隶之言"。但是，尾崎秀实的"联合东亚"论与战争末期日本陆军的"联苏容共"论有共同之处，这一点值得关注。对当时日本陆军而言，似乎也就失去了对尾崎秀实（恐怕还有佐尔格）执行极刑的理由。

另外，近卫文麿也意识到上述日本陆军上层与外务省内部分人有"联苏容共"的倾向。1945 年 2 月 14 日，近卫文麿上书天皇，即"近卫奏折"。①近卫提醒要关注苏联在东欧诸国与伊朗开展的扶植"亲苏容共政权"的工作，并对日本陆军的"联苏"路线做出判断："军部的一部分人主张不惜一切代价同苏联合作，也有考虑同延安方面合作的声音。"围绕陆军的"容共化"问题，近卫指出："多数的少壮军人认为我国的国体同共产主义可以并存。"近卫还注意到陆军的"联苏容共"路线在外务省、大东亚省也得到了共鸣。"外务省、陆军省、大东亚省都充满了亲苏的气氛。只要能结好苏联，各部门几乎都在竞相谄媚。"②

"近卫奏折"对现状的分析流露出一种"戏剧性的不切实际的过剩反共意识"。然而，近卫所言也折射出临近战败时期日本陆军的"联苏容共"态度已经具象化，近卫的"危机意识"在一定程度上是有现实依据的。近卫文麿认定陆军之所以变得"联苏容共"，"在背后对此事进行煽动的人是那些想以此扰乱国内进而达成革命目的的共产主义分子"。近卫把一切归因于共产主义者在陆军内外进行煽动，不得不说这是杯弓蛇影的妄想。

进入 1945 年，德国投降的趋势日益明显。1945 年 4 月 24 日，内政部部

---

① 参见木戸日記研究会編『木戸幸一関係文書』、東京大学出版会、1966、495－498 頁；庄司潤一郎「『近衛上奏文』の再検討—国際情勢分析の観点から—」、『国際政治』第 109 号、1995、54－69 頁。

② 参见「近衛日記」編集委員会編『近衛日記』、共同通信社、1968、104 頁；庄司潤一郎「『近衛上奏文』の再検討—国際情勢分析の観点から—」、『国際政治』第 109 号、1995、59 頁；細川護貞『細川日記』、中央公論社、1978、283 頁。

长兼党卫队首领希姆莱提议同英、美单独媾和；4 月 30 日希特勒自杀后成立的卡尔·邓尼茨政府同意把对英、美投降作为隐秘的前提，而继续将对苏战争进行到底。半年前日本最高战争指导会议假设的第三种情况应验，日本面临务须"尽一切可能缔结日苏同盟来对抗英、美"的事态。但是，日本的指导层也必须面对这一选项在现实层面的困难。正如 4 月 25 日日本陆军发表的《世界情势判断》做出的分析："随着欧洲战局的变化，英、美、苏之间或许会逐渐产生隔阂，但不会立即对东亚局势产生重大影响"，实现日苏关系的改善还面临诸多现实困难。①

1945 年 4 月 26 日，日本陆军参谋本部接获"苏军被部署到远东"的情报。这是斯大林准备对日开战的明确信号。对此，参谋本部次长河边虎四郎在日记中写道："斯大林终于下定决心了吗？对于斯大林做出这样的决定，我有些难以置信。我并不寄望于斯大林对日抱有好感以及对英、美不信任，但根据精细分析做出的私下判断，现阶段他应该不会寻求在东方开辟新的战场。这可能只是我自己的一厢情愿吧。"② 1945 年 5 月 7 日（日本时间 5 月 8 日）德国宣布无条件投降后，日本陆军省与外务省的部分官僚仍抱着如此惊人的不现实的对苏观念，把最后的希望放在对苏谈判上。

即便在这个阶段，日本方面仍在期待通过印度问题与苏联达成妥协。6 月 3 ~ 4 日，前首相广田弘毅与苏联驻日大使马立克在临近东京的疗养胜地箱根举行会谈。会谈中，广田弘毅以"伊藤（博文）公、后藤（新平）伯这样的对俄亲善论者"自居，其"对苏媚态"展现得淋漓尽致。③谈话言及苏联在旧金山会议上的立场，广田弘毅抛出"苏联在旧金山会议上对印度等独立的主张，与日本在东方推行的政策可以归为同一轨道"的言论，意图以此来拉拢苏联。④关于苏联表现出的对印度的兴趣，广田也表示认同。"我方十分理解南方热带圈对苏联经济的重要意义。为了在东洋实现真正的

---

① 防衛庁防衛研究所戦史室『戦史叢書　大本営陸軍部　第 82 巻』、朝雲出版社、1975、188 頁。

② 防衛庁防衛研究所戦史室『戦史叢書　大本営陸軍部　第 82 巻』、192 頁。需要指出的是，每日新闻社在 1979 年出版的《河边虎四郎回忆录》（『河辺虎四郎回想録—市ヶ谷台から市ヶ谷大台へ—』）中虽然收录了河边虎四郎在二战结束前后的日记，但不知何故把这部分谈话内容删除了。

③ 外務省欧亜局東欧課編集・改題、竹内桂『戦時日ソ交渉史』、ゆまに書房、2006、908 頁。

④ 外務省欧亜局東欧課編集・改題、竹内桂『戦時日ソ交渉史』、908 頁。

和平，日本真诚期待日苏两国能在未来的亚洲世界中确立一种相互照拂的合作关系。"①继而，日方又在 6 月 24 日提出，"希望双方约定，相互协调两国未来在亚洲的立场，彼此释放善意"。②此后交涉便告中断，派遣近卫文麿前往莫斯科的计划也被迫延期。最后，因为苏联方面的拒绝，近卫的莫斯科之行最终没能实现。

结　语

本文将日本对轴心国同盟政策与对苏政策视为一个整体，并着眼于阿富汗、伊朗、印度等亚欧大陆内部局势的变化，对二者进行梳理。日本陆军呼应德国的"东进"战略，制定了自己的"西进"战略，向中国东北和新疆、阿富汗、伊朗渗透，最终与德国在中亚会师。日本从 20 世纪 20 年代起就着手筹划在与苏联南部接壤的中亚地区设立据点，作为对苏开展谋略活动乃至军事攻击（特别是空袭）的基地。明确了日本上述战略意图之后可以发现，日本建设伪满洲国、策动"华北五省自治"、扶植"蒙古军政府"、向伊朗以及阿富汗地区派遣武官、签订《日德防共协定》、派遣宫崎义一赴阿富汗收集情报等一系列活动，其实都属于日本陆军"防苏反共"战略的一环。

然而，1939 年夏天在诺门坎战役中的失败以及《苏德互不侵犯条约》的签署，从根本上颠覆了日本陆军长久以来的"防苏反共"战略。诺门坎战役凸显了苏联在外蒙古势力的强大，《苏德互不侵犯条约》则打碎了日本陆军"把德国视为实施亚欧大陆战略搭档"的算盘。例如，关东军司令植田谦吉的备忘录显示，关东军乃至日本陆军都丧失了执行反苏战略的自信。日本放弃了向外蒙古、中国新疆、阿富汗、伊朗渗透的念头，转而谋求与苏联共存以对抗英国在亚洲的势力，探索"南进"之路。1940 年签署的《日德意轴心协定》是日本"联苏"路线的部分实现。日本陆军省和外务省期待通过承认中国新疆、阿富汗、伊朗以及印度为苏联的势力范围，换取苏联与日、德、意结成四国同盟。对于已经放弃染指上述地区的日本陆军来说，这种让步也并非难事。德、日、意三国结盟实际上意味着对《日德防共协

---

① 外務省欧亜局東欧課編集・改題、竹内桂『戦時日ソ交渉史』、913 頁。
② 外務省欧亜局東欧課編集・改題、竹内桂『戦時日ソ交渉史』、915 頁。

定》的否定，而 1941 年 4 月 13 日缔结的《日苏中立条约》亦处于"联苏"政策的延长线之上。

1941 年 6 月 22 日苏德战争爆发，再次唤起了日本陆军以及关东军发动"北方战争"的希望，但最终日本政府以及大本营选择了"南进"之路。当日本选择对美开战之际，正如《关于促进终结对美英荷蒋战争的草案》所显示的，日本乐见阿富汗、伊朗、印度的局势变化，将中亚地区拱手让给苏联，以期实现日、德、意、苏四国合作。到了 1942 年春天，太平洋战争的进程打破了日本陆军发动"北方战争"的希望。1943 年 9 月意大利的"掉队"进一步强化了日本陆军省和外务省依靠苏联的想法。日本陆军省和外务省不得不考虑缔结日、德、苏三国同盟，甚至做好了只有日苏两国结盟的最坏打算。

在上述的国际局势之下，日本陆军内部在"联苏"路线之外，又催生了"容共"路线，即废除《日德防共协定》，转而与苏联以及中国延安方面合作。最为敏锐地觉察到日本陆军内部变化的人非近卫文麿莫属。在广田弘毅与马立克的交涉过程中，为了实现对苏讲和，近卫文麿也愿意以特使的身份出使莫斯科。然而，谈判的最终结果是广岛和长崎的原子弹爆炸，以及苏联对日宣战，日本最终在 1945 年 8 月 15 日宣布无条件投降。

（审校：中　鹄）

《日本文论》（总第 6 辑）
第 46 ~ 66 页
© SSAP，2021

翻译与外交

——以日美"特殊利益"为中心

万　立*

内容提要：1917 年日美《蓝辛 - 石井协定》中，日本将协定内的"special interests"（特殊利益）译为"特殊地位"，并解释为包含政治上的利益；美国则释为"特殊关系"，指由于地理位置接近而产生的工商业利益。这两种翻译及其解释皆有偏差。该词实为日美妥协的结果，显露出双方不同的意图。对于日本的故意错译、错释，中国识破了其企图，即利用与第三国签订的协约而获得的"承认"实现吞并他国的目的，如利用《日英协约》于 1910 年合并韩国。中国在巴黎和会、华盛顿会议上提出废止《蓝石协定》，但未得到支持。外交中，词语翻译作为一种话语权力可理解为特殊形式的暴力、利用另类手段的战争。它或是争议本身，或是修正先前外交失误的工具，或为交涉方提供喘息之机，或掩盖原词所指，以维护国家利益或实现原词无法涵盖的内容。将词语的翻译作为历史事件本身或其部分进行研究，可更客观地构建多平面的事实，得出更符合史实的史论。

关 键 词：日本　《蓝辛 - 石井协定》　特殊利益　翻译　外交活动

1919 年 1 月，北洋政府任外交总长陆征祥、南方政府代表王正廷、驻美公使顾维钧、驻英公使施肇基、驻比公使魏宸组为全权代表出席巴黎和会。[①]作为第一

---

*　万立，华东政法大学法律史博士研究生，主要研究方向为中西法律交流史、翻译史。

① 对于全权代表人数和次序的确定颇为复杂，主要有南方政府派遣代表的要求和代表次序的争夺，最终确定前几经变更，自始即透露出中方对巴黎和会的准备不周。参见陈三井《陆征祥与巴黎和会》，《历史学报》1974 年第 2 期，第 190 ~ 193 页。

次世界大战的战胜国，加之美国总统威尔逊（Woodrow Wilson）提出的"十四点"计划①，中国对此次和会满怀期待②；日本则不认同威尔逊的"普遍主义"，认为日中两国存有"特殊关系"，须特别处理。③ 这一"特殊关系"以日本对中国东北地区、内蒙古、山东等地的控制为基础，正是中方在巴黎和会决意要争取解决的问题。

中国关注日美 1917 年签订的《蓝辛－石井协定》（Lansing-Ishii Agreement，以下简称《蓝石协定》）。④ 1919 年 4 月 15 日中国向巴黎和会提交的《废除一九一五年中日协定说帖》第二部第二十四点指出，《蓝石协定》承认日本在中国之特殊地位与特殊利益，"解释此约，必将发生误解……不虞将来美、日两国任意解释'在中国特殊地位、特殊利益'之条文，而误解即发生于此时乎。据日之外相之答语，可知其深信误解必将发生。然彼以为遇此时机，日本当用效力超过美国之种种手段，以图尊重自己之解释也"。⑤ 言下之意，中国十分担忧日本对"特殊地位、特殊利益"的任意解释。那么，其含义究竟是什么？为何会引发中国的不安，并在巴黎和会上提出将其废除？实际上，《蓝石协定》中的"special interests"（特殊利益）暗藏日本意图吞并中国东北的野心。日本故意将"special interests"诠释为"特殊地位"，超出原词的含义，纳入政治上的利益，为日本侵华寻求国际支持。美方以文义为凭，把"特殊利益"解释为经济上的工商业关系，但这并不全为中方考虑。⑥

---

① 该计划主要涉及处理欧战参与国事宜，宣称"以自由、开明、绝对公正之方式处理殖民地之诉求"。参见 "Address of the President of the United States Delivered at a Joint Session of the Two Homes of Congress, January 8, 1918", *Papers Relating to the Foreign Relations of the United States*, *1918*, *Supplement 1*, *The World War*, Washington D. C.：Printing Office, 2018。

② 参见马建标《"受难时刻"：巴黎和会山东问题的裁决与威尔逊的认同危机》，《近代史研究》2018 年第 3 期，第 26 ~ 27 页。

③ Noriko Kawamura, "Wilsonian Idealism and Japanese Claims at the Paris Peace Conference", *Pacific Historical Review*, Vol. 66, No. 4, 1997, pp. 505 – 506.

④ 亦作《兰辛－石井协定》，其时官方、舆论多称《蓝辛－石井协定》，本文采用此用法。《蓝辛－石井协定》是美日两国就门户开放政策的换文。参见 Ge-Zay Wood, *Shantung Question：A Study in Diplomacy and World Politics*, New York：Fleming H. Revell Company, 1922, p. 146。

⑤ 中国社会科学院近代史研究所《近代史资料》编辑室主编《秘笈录存》，中国社会科学出版社，1984，第 190 ~ 191 页。

⑥ 先前学界注意到这一问题，主要对该协定的签订背景、中外各方的反应有详细叙述，虽提及"特殊利益"翻译问题，但并未详细披露日美对"特殊利益"的翻译、解释，以及中国对日本企图的识破和美国的考量，也未注意到与日英同盟、日俄协约的联系，揭示（转下页注）

　　一些看似平常的用语虽然在单一语境中没有特别的研究价值，但在跨语际外交中，却往往是交涉的关键词，是外交史、翻译史研究的重要组成部分。外交词语的使用及翻译本身就是政治活动①，在不受普遍机制约束的情况下是能够操纵语言原意的权力，可以在无形中转移交际中的话语权，甚至取得原意不能直接产生的效果，以实现在某些事务上的国内、国际正当性，并重塑、再造国际秩序。

　　目前，国际国内学界对词语、翻译与外交的关系的研究较少，大多关注现代外交用语、修辞、隐喻的翻译，关于历史上词语、翻译对外交和政治的作用的研究较少。②有学者对条约与照会的用词、翻译及争夺、操纵做过细致研究，揭示外方如何利用翻译获取对条约文本解释、执行的支配权，进而导致中方丧失外交话语权。③有学者就词语、翻译之于帝国构建、中西交流的作用提出许多创见，如词语的定义和翻译可理解为一种特殊形式的暴力，

（接上页注⑥）翻译对外交活动、结果的重要意义。参见 W. Reginald Wheeler, *China and the World-War*, New York：The Macmillan Company, 1919, pp. 102 – 126；Paul Samuel Reinsch, *An American Diplomat in China*, New York：Doubleday, Page & Company, 1922, pp. 307 – 316；J. Chal Vinson, "The Annulment of the Lansing-Ishii Agreement", *Pacific Historical Review*, Vol. 27, No. 1, 1958, pp. 57 – 69；Sadao Asada, "Japan's 'Special Interests' and the Washington Conference", *The American Historical Review*, Vol. 67, No. 1, 1961, pp. 62 – 70；〔美〕威罗贝《外人在华特权和利益》，王绍坊译，生活·读书·新知三联书店，1957，第 222 ~ 260 页；〔美〕杨国伦（C. Walter Young）《满洲国际关系》，蒋景德译，神州国光社，1931，第 267 ~ 279 页；刘彦《最近三十年中国外交史》，上海太平洋书店，1931，第 107 ~ 109 页；李祥麟《门户开放与中国》，商务印书馆，1937，第 147 ~ 154 页；刘笑盈《〈兰辛—石井协定〉评述》，《史学月刊》1989 年第 4 期，第 94 ~ 99 页；梁碧莹《中国对〈蓝辛—石井协定〉的回应》，《学术研究》2000 年第 10 期，第 93 ~ 99 页；刘正萍《"兰辛—石井协定"签订的历史事实再认知》，《南京师大学报》（社会科学版）2016 年第 6 期，第 104 ~ 112 页；陶文钊《中美关系史（1911 ~ 1949）》，上海人民出版社，2016，第 60 ~ 61 页。

① Li Chen, *Chinese Law in Imperial Eyes：Sovereignty, Justice, and Transcultural Politics*, New York：Columbia University Press, 2015, p. 87.

② 参见杨明星、赵玉倩《"政治等效 +"框架下中国特色外交隐喻翻译策略研究》，《中国翻译》2020 年第 1 期；杨明星、张琰《中英外交翻译中"政治等效"与话语平等辩证关系分析——从马戛尔尼使华到共建"一带一路"（1792 ~ 2019）》，《上海翻译》2020 年第 5 期；王晓莉、胡开宝《外交术语"新型大国关系"英译在英美的传播与接受研究》，《上海翻译》2021 年第 1 期。

③ 参见郭卫东《晚清中外条约作准文本探析》，《历史研究》2019 年第 5 期；孙江《〈北京条约〉第六款中法文本之辨析——兼论巴黎外方传教会广东地契文书》，《清史研究》2018 年第 3 期；杨焯《权力的争夺与妥协：清末商约谈判与翻译（1902 ~ 1907）》，《汕头大学学报》（人文社会科学版）2014 年第 2 期；屈文生、万立《不平等与不对等：晚清中外旧约章翻译史研究》，商务印书馆，2021。

一种利用另类手段的战争，是"去疆界化"和"再疆界化"的重要武器。①

翻译作为外交中的话语权力，或是争议本身，或作为修正先前条约错误的工具，或为交涉方提供喘息之机，或掩盖词语原意，以维护国家利益或实现原词无法解释的本质意图。事实上，对权力的组织、结构及运作的研究，离不开对其话语实践的理解和分析，将词语、翻译作为历史事件本身或其一部分来研究，从文本、史料出发，或可有效控制泛道德与泛意识形态化倾向，客观地还原多维度的事实，并得出符合史实的结论。

一　日方误译、误释"特殊利益"及其意图

20 世纪初，基于均势的欧洲协调机制不再奏效，全球性"大国协调"体系逐步构建，广泛用于中国与列强之间，以协定等外交方式构筑"对华条约网"乃至"东亚条约网"②。美、英、俄、日、德无法仅以条约与中国建立双方关系，须顾及他国利益。先前借条约确立的对华体系仅能调整中国与列强两方之间的关系，而列强之间在华利益竞争须以其他方式调整。因此，欧洲以"大国协调"维系在华利益，又彼此保持均势。这一协调体系形成的关键，除列强的银团会议外，还涉及"特殊利益""特殊地位"等词语的广泛使用。③

《蓝石协定》正是在这一背景下产生的。而《蓝石协定》的特殊之处在于，日本对先前含义已相对确定的"特殊利益"做出不同的翻译、解释，从而将中国纳入"大协调网"，以实现其企图。简言之，先前列强之

---

① 参见刘禾《帝国的话语政治：从近代中西冲突看现代世界秩序的形成》，杨立华等译，生活·读书·新知三联书店，2009；〔美〕何伟亚《英国的课业：19 世纪中国的帝国主义教程》，刘天路、邓红风译，社会科学文献出版社，2007。

② 章永乐：《"大国协调"与"大妥协"：条约网络、银行团与辛亥革命的路径》，《学术月刊》2018 年第 10 期，第 94 页。

③ 1902 年、1905 年、1911 年的《日英协约》，1904 年的《英法协定》，1905 年的《日俄协约》，1907 年的《法日协定》，1907 年的《英俄协定》，1907 年的《俄日通商航海条约》，以及相关政治密约，如 1916 年的《日俄密约》、1917 年的《法日换文》等，都包含"特殊利益"的相关条款。这些协约、协定、换文表面上宣示维护中国和朝鲜的主权独立，实为攫取各类利益，划定、协调列强势力范围。"特殊利益"四字在列强操纵下指向各类特权，约束着缔约方和第三方，以构筑和强化全球大协调网，朝鲜甚至在"特殊利益"的作用下被日本合并，先前的条约体系逐渐失效，列强以更便捷的方式攫取各类利益而不承担条约规定的责任。参见 John V. A. MacMurray, *Treaties and Agreements with and Concerning China, 1894 – 1919, Vol. 1 (Manchu Period, 1894 – 1911)*, New York: Oxford University Press, （转下页注）

间确立的"特殊利益"原文多为"special interests"，并且多直接写明包含政治上的利益，但日本借助翻译，将《蓝石协定》中明确限于经济领域的"特殊利益"扩大为包含政治上的利益，实现其对华政治、军事企图。

1917 年 8 月，日本政府派遣特使外务大臣石井菊次郎率使团赴美谈判，旨在促使美国承认"日本在中国之特殊地位"。① 1917 年 11 月 2 日，美国国务卿蓝辛（Robert Lansing）与石井菊次郎换文，达成《蓝石协定》，双方约定美方于 6 日公布、日方于 7 日公布。② 协定公布后，中国驻美公使顾维钧注意到："协定隐藏的危险不仅危及中国，也危及美国在中国大陆的利益；对地理位置相邻原则的实质与范围，日本肯定有自己的解释，并且会根据自己的解释坚持其一贯在中国实行领土扩张的基本政策。"③ 但顾维钧不曾料到，日本故意误译、误释"special interests"，使其包含的范围漫无限制，意在为其将权力触角延伸至中国东北地区和山东奠定国际法基础。

1917 年 11 月 4 日，日本公使林权助提前将协定内容致送国务总理段祺瑞和外交次长陈篆。④ 段祺瑞称："该协定于中国而言关系甚大，随后将致送对该协定的详细考量。"⑤ 次日，段祺瑞致电林权助："美国因中日间之地理关系，承认日本在中国有特种利害关系。"如此相当于承认"西北之于俄罗斯、西南之于英国、南方之于法国均因地理上之接近而均具特种利害关系"。⑥ 协定正式公布后，11 月 7 日，曹汝霖致信林权助表达了对"特殊利益"的疑惑，但林权助仅答门户开放之利，而不提该词的实质含义⑦，这显然无法消除中方对此解释的疑惑和担忧。

（接上页注③）1921，pp. 522 – 523，640，675 – 677，1168；「日露通商航海条約」、アジア歴史資料センター、Ref. A03020738400；《英美密约事》，1919 年 6 月 30 日，"中研院"近代史研究所档案馆藏，馆藏号：03 – 37 – 009 – 01 – 022。

① 《美国上院日本特使》，《盛京时报》1917 年 9 月 12 日。

② 协定达成前两日，蓝辛已密告各驻美公使，参见 "Ambassador Morris to the Secretary of State"，November 2，1917，*Papers Relating to the Foreign Relations of the United States*，*1917*。

③ 顾维钧：《顾维钧回忆录》（第一分册），中国社会科学院近代史研究所译，中华书局，1983，第 159 页。

④ 美国驻日大使莫里斯询问后，日本外务大臣本野一郎坚称遵守公布日期的约定，矢口否认林权助将协定提前告知中方的事实，美方未予追究。参见 "Ambassador Morris to the Secretary of State"，November 28，1917，*Papers Relating to the Foreign Relations of the United States*，*1917*。

⑤ 外務省編『日本外交文書』（第 3 冊）、原書房、1968、824 頁。

⑥ 外務省編『日本外交文書』（第 3 冊）、826 頁。

⑦ 外務省編『日本外交文書』（第 3 冊）、832 – 833 頁。

中国从日本那里得不到满意的答复，转而向美国公使芮恩施（Paul S. Reinsch）索要协定作准文本及解释。①芮恩施致电美国国务院称："美使馆未收到任何信息，处于极尴尬之境地。"②协定正式公布前几日，芮恩施实不知该协定的真正意图。面对各方询问"该协定是否承认日本之于中国的首要地位"，芮恩施仅能言否。③1917 年 11 月 5 日，蓝辛致电芮恩施："石井子爵公开表明，日本对华政策并非侵略，无意利用地理位置形成的与中国的特殊商业或工业关系……美日两国政府坚持门户开放政策……由于两国间之地理关系，日本在华之工商业显较其他国家存一定优势。"④同日，蓝辛致电驻日大使莫里斯（Roland S. Morris）重申上述内容，并强调"关于不当意图的谣言、报道越来越多，试图拉拢民心，但合法工商业利益并非别有用心地包含政治意味"。⑤

可见，《蓝石协定》正式公布前，中国没有得到日本合理的解释，美国也未解释清楚"特殊利益"究竟所指为何。为此，11 月 8 日，外交部致送芮恩施和林权助《中国对于日美交换条件之宣言》："中国政府对于各友邦向持公平、平等主义，故于各友邦基于条约所得之利益无不一律尊重，即因领土接壤发生国家间特殊关系，亦专以中国条约所已规定者为限，并再声明嗣后中国政府仍保持向来之主义，中国政府不因他国文书互认有所拘束。"⑥

"特殊利益"一词究竟指什么？为何引起中国的高度警惕？有必要查明"特殊利益"的真正内涵。

《蓝石协定》中相关条文的英语原文为：

---

① Paul Samuel Reinsch, *An American Diplomat in China*, pp. 308 - 309. 1917 年 11 月 7 日，协定正式公布，芮恩施才收悉蓝辛电送版本。他指责日方提前告知中方有违约定，并认为这"对中国之利益有着极为深远的影响"，但对华政策不因该协定而变化。参见 "Minister Reinsch to the Secretary of State", November 4, 1917, *Papers Relating to the Foreign Relations of the United States*, 1917; "The Minister in China (Reinsch) to the Secretary of State", December 15, 1917, *Papers Relating to the Foreign Relations of the United States*, 1918。

② "Untitled", November 5, 1917, *Papers Relating to the Foreign Relations of the United States*, 1917.

③ Paul Samuel Reinsch, *An American Diplomat in China*, p. 308.

④ "The Secretary of State to Minister Reinsch", November 5, 1917, *Papers Relating to the Foreign Relations of the United States*, 1917.

⑤ "The Secretary of State to Ambassador Morris", November 5, 1917, *Papers Relating to the Foreign Relations of the United States*, 1917.

⑥ 《Documentary English：蓝辛致石井之文书（中英文对照）》，《英语周刊》第 114 期，1917，第 304 页。

The Governments of the United States and Japan recognize that territorial propinquity creates special relations between countries, and, consequently, the Government of the United States recognizes that Japan has <u>special interests</u> in China, particularly in the part to which her possessions are contiguous. ①

石井菊次郎以相同表述照会蓝辛，并直接以英文起草，而非把日文译成英文，日文文本则由日方自行译定。②可见，美日双方对"special interests"并无字面上的分歧。日译文本为：

合衆国及日本国両政府ハ領土相近接スル国家ノ間ニハ特殊ノ関係ヲ生スルコトヲ承認ス従テ合衆国政府ハ日本国カ支那ニ於テ<u>特殊ノ利益</u>ヲ有スルコトヲ承認ス日本ノ所領ニ接壌セル地方ニ於テ殊ニ然リトス。③

英日版本基本上是对应的，但对于"特殊利益"，日方对中方做了另一种翻译和解释，引起了中方的怀疑。1917 年 11 月 4 日，林权助交给段祺瑞和陈箓的协定文本将"special interests"译作"特殊地位"（special position）。④两日后，林权助照会中国外交部，直接将该协定解释为"美国正式承认日本在中国之特别地位，因中日二国土地接近之故，尤以彼领土毗连之部分为特甚"⑤，造成美国承认日本在华既得利益的表象。

---

① "Agreement Effected by Exchange of Notes between the United States and Japan", November 2, 1917, *Papers Relating to the Foreign Relations of the United States, 1917.* 本文下画线皆为笔者所加。
② 「支那に関する交換公文（石井・ランシング協定）」、アジア歴史資料センター、Ref. B13091128500、孫引き外務省編『日本外交文書』（第 3 冊）、815 – 817 頁。
③ 「乙、対欧米列強関係／（七）石井『ランシング』協約」、アジア歴史資料センター、Ref. B02130063400、孫引き外務省編『日本外交文書』（第 3 冊）、814 頁。
④ 外務省編『日本外交文書』（第 3 冊）、824 頁。需说明的是，日文与中文的"特殊利益"和"特殊地位"的写法相同。中国外交部正式的公文为："合众国及日本国政府均承认凡领土相接近之国家间有<u>特殊之关系</u>，故合众国承认日本于中国有<u>特殊之利益</u>，而于日本所属接壤地方，尤为其然。"参见王芸生编著《六十年来中国与日本》（第 7 卷），生活·读书·新知三联书店，1981，第 104 页。
⑤ 王芸生编著《六十年来中国与日本》（第 7 卷），第 106 页。

事实上，除石井菊次郎等人，日本起初对"特殊利益"一词的含义也不甚明晰。石井菊次郎向外务省提交手记时指出："所谓日本对中国有'特殊利益'，内外政论有种种解释，但美方因地理关系产生工商业关系之解释不宜宣扬，以便日方相机提出有利解释。"①这表明日本已明确得知美国否定政治上"特殊利益"的解释，意图借助翻译做出有利于己方的解释，并在换文正式公布前扬言美国已承认日本在华特殊地位。②

同时，据美籍顾问密勒的记载，美国在致送中国外交部的协定文本中将该词译作"特殊关系"，并解释为"仅因地理位置相近而产生的工商业关系"。随后，日本要求美国修正，改用"特殊地位"的译法和解释。③1930年，换文当事人石井菊次郎表示："'特殊利益'仅是'special interests'的字面直译，其中的'interests'一词不仅指有形利益，还指与福祉有关的事项"，"正是以'利益'一词翻译'interests'使多数日本人采纳美国国务卿蓝辛的解释，即将其限定为经济和非政治性利益，这显然是错误的。"④

日本在翻译和解释"special interests"上的举动引起了广泛注意。顾维钧、驻意大利公使王广圻等纷纷询问美国是否已认可日本在中国的特别地位。⑤有评论称："如今中国民众忧虑美国政府在'特殊利益'上的妥协，该词将成为日本政府干预满洲、山东的依据。"同时，《蓝石协定》本不应引发这样的忧虑，这可能与"各大中国新闻刊载的中译本有关"，"用于翻译'special interests'的词颇具隐含意味，这使中国人陷入惊惧、担忧。不论该协定的语境如何，作为美国向日本正式妥协，该词的出现足以使中方认为他们受到欺骗、被出卖"。⑥

---

① 「乙、对欧米列强関係/（七）石井『ランシング』協約」、アジア歴史資料センター、Ref. B02130063400。

② 「支那に於ける日本の特殊地位」、『日米新聞』1917 年 6 月 16 日。

③ Thomas F. Millard, *Democracy and the Eastern Question*, New York: The Century Co., 1919, pp. 161 – 162.

④ Kikujiro Ishii, *Diplomatic Commentaries*, trans. by R. William, Baltimore: Johns Hopkins Press, 1936, p. 131.

⑤ 《报载中国大总统恐日特使拟请美政府承认日本对华特别地位密派心腹运动由》，1919 年 7 月，"中研院"近代史研究所档案馆藏，馆藏号：03 – 12 – 004 – 01 – 011；《义报载日美协约关于开放中国门户主义日有特殊地位有无其事由》，1917 年 11 月 8 日，"中研院"近代史研究所档案馆藏，馆藏号：03 – 33 – 076 – 02 – 004。

⑥ Special Correspondent, "Chinese Nervous of the Agreement: The True Position, November 10, 1917", *The North – China Herald and Supreme Court & Consular Gazette*, November 17, 1917, p. 388.

日本故意曲解协定、骗弄中方，也使日本政界、社会对美国十分反感。①1918 年 4 月 30 日，美国公使芮恩施在有关中国近况的报告中指出："日本用于翻译'special interests'词语的含义比英文原意更为强烈，即事实上表明特殊或主导地位。"②或许正是虑及此点，1917 年 11 月 9 日芮恩施照会中国外交部时，避谈"特殊利益"，仅言"特殊关系"，并一再申明限于工商业范畴。③那么，日美换文的意图究竟为何？美国有无对日本妥协，甚至伙同日本干预中国？

实际上，《蓝石协定》未规定作准文本，原以英文拟就，而日美换文英文、日文版本皆有，这为日本对中国翻译和解释"special interests"提供了操纵空间，以实现其在缔约过程中未获得美国认可的政治意图。

二 《蓝石协定》中"特殊利益"的原意

美国与日本订立《蓝石协定》的原因之一是担心日本利用其先前同英、俄确立的在华特殊利益和优越地位攫取中国领土、垄断在华利益的意图，损害美国门户开放政策、机会均等以及在华利益。④这一点完全体现在该协定未公布的声明之中。⑤简言之，美日双方实际意图几乎相反，即美国旨在限制日本在华任意扩张⑥，日本则意在获取美国承认日本对中国享有"特殊地位"⑦。

1917 年 6 月 12 日，日本内阁训令石井菊次助借助协定让美国承认日本

① 「米国、日本に騙弄さるなかれ 重慶ルーター九月十一日」、アジア歴史資料センター、Ref. A03024761900。
② "The Minister in China (Reinsch) to the Secretary of State", April 30, 1918, *Papers Relating to the Foreign Relations of the United States, 1918*.
③ 参见王芸生编著《六十年来中国与日本》（第 7 卷），第 106~107 页。
④ 「乙、対欧米列強関係/（七）石井『ランシング』協約」、アジア歴史資料センター、Ref. B02130063400。
⑤ 即"日美政府不得利用如今之条件寻求特殊权益"，参见 "Protocol to Accompany Exchange of Notes Between the Secretary of State and the Japanese Ambassador on Special Mission (Ishii)", November 2, 1917, *The Lansing Papers, 1914-1920*, Vol. 2, p. 450。
⑥ 美日正式谈判前，法国驻日本公使也提出应保证中国的主权独立和领土完整，参见外务省编『日本外交文書』（第 3 册）、715-716 頁。
⑦ 外務省編『日本外交文書』（第 3 册）、714 頁。

与中国的"特殊关系"。①7月24日，外务大臣本野一郎电告石井菊次郎"美国对中国仅有经济上的利益"，日本不仅有经济上的利益，还有政治上的"特殊关系"。②9月6日，日美双方举行会谈，蓝辛提出在中国实施门户开放政策，但石井菊次郎认为尤有不足，要求言明日本因其地位而享有在华利益，否则就是空谈。蓝辛承认"日本在地理位置上对中国有特殊利益"，但认为"没有必要写入其中，这一事实仅由于自然而非政治上之原因产生"，并可能被解释为"特殊的政治利益"。③9月8日，石井菊次郎电告日本外务大臣，蓝辛拒绝承认日本在华"特殊地位"，请求给予进一步训令，并提出一款草案：

United States recognizes <u>special position</u> of Japan in China and legitimate consequences of her propinquity with the latter country, provided that above mentioned principle is strictly observed in China. ④

石井菊次郎意在促使蓝辛在协定中写入"特殊地位"，而不仅仅是"特殊利益"，这也说明日本在《蓝石协定》公布后将"special interests"译成"特殊地位"完全是有意混淆视听。

1917年9月18日，日本外务大臣训令石井菊次郎"让美国承认日本在华特殊地位是最希望之事"，务必有所收获，"不拘形式如何……只谋求让其承认我之特殊利益"。⑤9月22日，日美双方再度举行会谈。石井菊次郎直言"如不提及日本在华'特殊利益'，日本政府将受到责难"；蓝辛称

① 外务省编『日本外交文書』（第3册）、729頁。日美双方准备会谈期间有一段外交插曲。1916～1917年，黎元洪在府院之争中罢免了段祺瑞，美国对此表示关切。日本政府立即抗议美国插足中国政局，并认为美国总统布莱恩（William J. Bryan）1915年照会承认日本对华有首要利益，蓝辛予以否认。1917年6月，日本驻美国大使佐藤爱麿口头告知蓝辛"日本对华有特殊紧密的政治和经济上的关系"。参见 "The Japanese Ambassador to the Secretary of State", June 15, 1917, *Papers Relating to the Foreign Relations of the United States*, *1917*。

② 外务省编『日本外交文書』（第3册）、744頁。

③ "Memorandum, by the Secretary of State of a Conference with the Japanese Ambassador on Special Mission (Ishii), September 6, 1917", *The Lansing Papers, 1914 – 1920*, Vol. 2, p. 434.

④ 外务省编『日本外交文書』（第3册）、762頁。

⑤ 外务省编『日本外交文書』（第3册）、773 – 774頁。另见〔日〕信夫清三郎《日本外交史》，天津社会科学院日本问题研究所译，商务印书馆，1980，第425页。

"'特殊利益'系'首要利益'（paramount interest）之事，不必再谈；如出于地理原因，可以考虑"。蓝辛直言"任何国家不得在中国主张特殊权益和首要利益"，石井菊次郎假称"即使中国自愿向日本割让领土，日本也不会接受"。①蓝辛未受迷惑，认为："如承认日本在华有首要利益，美国须默许日本在华任何行动。"石井菊次郎辩称："'首要利益'不含上述意味，美国已用该词定义美国对墨西哥的利益。"蓝辛未予回应。②

石井菊次郎认为，日本与中国相邻，日本在中国不仅有经济上的"特殊利益"，也有政治上的利益。石井菊次郎认为："接壤不一定产生特殊经济利益，如美国与墨西哥；虽相隔万里，也可能有重要经济利益，如英国与越南、泰国"。"中国天变地异、恶变流行、内乱骚动时，欧美诸国无法一时介入，唯有日本可迅速采取行动，并使日本自身免遭影响"，日本与中国辅车唇齿，当有超越经济利益的特殊利益，即"特殊地位"。③蓝辛不为所动。石井菊次郎见无法直接将"特殊地位"写入协定，转而主张将"特殊关系"（special relation）诠释为"首要/卓越利益"（paramount/preeminent interest）或"特殊利益及势力"（special interests and influence），蓝辛仍反对，石井菊次郎妥协改为"特殊利益"（special interests）。④次日，日本外务大臣要求石井菊次郎再就该问题与蓝辛争取，但认为"虽然蓝辛拒绝接受石井菊次郎先前'首要/卓越利益'的主张，'特殊利益'一词有适当解释的余地，是外交用语上颇巧妙表述"。⑤这似乎意味着日本已为将"special interests"翻译和解释为"特殊地位"做好准备。

还须指出的是，早在 1915 年中日交涉"二十一条"时，日本就曾对英、美隐瞒严重损害中国主权的第五号条款。为维护对华门户开放政策、机会均等主义，美国告诫，日本要求中国接受第五号条款，将威胁中国的主权

---

① "Memorandum by the Secretary of State of a Conference with the Japanese Ambassador on Special Mission (Ishii)", September 22, 1917, *The Lansing Papers*, *1914 – 1920*, Vol. 2, pp. 436 – 437.

② 「乙、对欧米列强関係/（七）石井『ランシング』協約」、アジア歴史資料センター、Ref. B02130063400。

③ 「乙、对欧米列强関係/（七）石井『ランシング』協約」、アジア歴史資料センター、Ref. B02130063400。

④ 外務省編『日本外交文書』（第 3 冊）、779 頁。

⑤ 参见外務省編『日本外交文書』（第 3 冊）、783 頁；「乙、对欧米列强関係/（七）石井『ランシング』協約」、アジア歴史資料センター、Ref. B02130063400。

独立和领土完整，并损害包括美国在内的其他国家的权益，而日本辩称第五号条款仅是"希望而非要求"。同时，美国也承认日本因领土接近对中国东北地区等存在"特殊关系"，为日本在与蓝石的交涉中提出类似主张提供了一定基础。①

总之，"特殊利益"显然非日本所谓"特殊地位"，相较两次英日同盟，"特殊利益"也仅限在工商业关系上，不包括政治上的利益，因而日本将该词译作美方反对的"特殊地位"。尽管美方对《蓝石协定》颇为得意，但日本对"特殊利益"的译释及中方的不满使美国认识到日本借该协定攫取中国领土的意图，故在 1921 ~ 1922 年华盛顿会议（Washington Conference）上提出废止该协定。最终，日美于 1923 年 4 月 13 日、14 日换文废止《蓝石协定》。②

三　中国对"特殊利益"译释的担忧及原因

日美缔约时，美国将"special interest"明确限制于工商业利益，正因如此，日本才将其译作"特殊地位"，并解释为包括政治上的利益。日本在该词上的举动很快被识破，引发中国上下对"special interests"含义的广泛担忧，"'特殊地位'与'特殊利益'所指为何，与其他侵害中国主权与平等机会的行为有何区别"。③ 该协定中"美政府承认日本在中国有殊持之势位，于中国前途关系极大"。④承认日本在华特殊地位，"意味着允许日本在满洲、山东、福建等处自由行动"⑤，各国将在中国瓜分势力范围。

外交家刘彦注意到："日本政府对于兰辛石井换文，完全视同一千九百零二年之日英同盟相等"，"日本硬认此换文之中国与第一届日英同盟之韩

① 王雁：《美国门户开放政策对中日"二十一条"交涉的影响》，《历史教学》2007 年第 2 期，第 32 页。
② 「石井『ランシンク』交換公文廃棄ニ関シ帝国及亜米利加合衆国間ニ公文書ヲ交換ス」、アジア歴史資料センター、Ref. A01200516100。
③ "Far Eastern Opinion on the Lansing – Ishii Agreement", *Millard's Review of the Far East*, November 17, 1917, p. 336.
④ 《美日之条约与中国之反对》，《民铎杂志》1918 年第 5 期，第 7 页。
⑤ 《美报记日美新协商之影响》，《民国日报》1917 年 11 月 14 日。

国等……以便将来日本实行合并中国时，美国不能反抗也。"①徐朗西指出：
"《日英同盟》《日俄协约》皆含有许日本在华有特权之意味，则其在华之行
动自可少受妨碍……虽非朝鲜，我而实不啻属国我也，惟此种意见，日本隐
而不正式发表者已久，故欧美列强但知日本在华略有特权，未知其对华方略
之真相也。"②对此，梁启超指出："我当乘机力图自由发展，前此所谓势力
范围、特殊地位，皆当切实打破。"③

　　上述评论注意到日本借"special interests"之名，行攫取在华特权乃至
领土之实，关键就在于日方将"special interests"译释为"特殊地位"，明
确向中国表明美国承认日本在华"特殊地位"。但中国并未接受，美国也未
认可。1919 年巴黎和会上中国提交的《废除一九一五年中日协定说帖》第
二十八点指出："即使假定以日本地理上接近之缘故而在中国应有特别之地
位，则英、法之亚洲属地亦与中华民国之领土相毗连者也，然英、法则从未
有此要求也。"④还应指出的是，1915 年《民四条约》议定时，日本"二十
一条"第二号条款中提出的"中国向认日本国在南满洲及东部蒙古，享有
优越地位"⑤，在中国的要求下被删去。此次日本故技重演，试图让美国承
认其在华之"优越地位"，以实现其 1915 年未竟之目的。尽管《蓝石协定》
未写入所谓"优越地位"，但日本借助翻译和解释"special interests"，造成
美国承认日本在华拥有"特殊地位"的事实，意图重演借助别国的支持侵
吞他国领土。

　　事实上，《蓝石协定》几乎与《日英协约》《日俄协约》如出一辙，
1910 年《日韩合并条约》的签订使朝鲜沦为日本的殖民地。日本外务省亚
细亚局指出："特殊利益与特殊地位并无不同，二者兼具政治、经济利益，
即铁道、矿山、借款等排他权益，关东租借地、南满铁路等控制权，并尤为

---

① 刘彦：《九国条约与兰辛石井换文之存废问题》，《国民外交杂志》1922 年第 2 期，第 6~7 页。
② 徐朗西：《论日本对华政策》，《尚贤堂纪事》1917 年第 11 期。
③ 《山东青岛等问题经提出后 此间美英法等国深表同情 请把握时机统筹关税领判裁兵等为要政》，1919 年 2 月 6 日，"中研院"近代史研究所档案馆藏，馆藏号：03 - 33 - 146 - 02 - 026。
④ 中国社会科学院近代史研究所《近代史资料》编辑室编《秘笈录存》，第 192 页。
⑤ 黄纪莲编《中日"二十一条"交涉史料全编（1915~1923）》，安徽大学出版社，2001，第 21 页。

强调对满洲的特殊地位，以基于国际保护责任，维护满洲诸项权益及秩序。"①日本主张的产生基础即在于日俄、日英、日美缔结关于"特殊利益"的协定，而与《蓝石协定》极为相似。这正是引发中国担忧的重要原因。

需要指出的是，两次《日英协约》《日俄协约》中的"特殊利益"明确包括政治利益，或至少未限制其含义。而在《蓝石协定》中，日本将"special interests"与"特殊地位"等同，这是日本在美国限制"special interests"范围的情况下，使用翻译手段，并基于当时国际实践，欲实现其政治目的。

1902 年、1905 年，英国与日本两次达成同盟协约。1902 年《日英协约》规定："日本利益，除在中国者外，尚有朝鲜之政治上、商务上及工业上之利益，以是两缔约国承认若此等利益因他国之侵略的行动，或因中国或朝鲜发生扰乱而受侵害……得采取为保护利益所必需之措置。"②该协约之险恶在于，"特殊利益"不仅是"商务上及工业上"的利益，还有"政治上"的利益。日本认为，中国之于日本等同印度之于英国，"特殊地位"一词下的企图昭然若揭③，即日本有权在中国或朝鲜发生政治扰乱受到侵害时采取必要措施，而"扰乱"或"侵害"的判断标准由日本自由裁量；日本甚至可以占领中国领土，以"保护"其认为受到侵害的"特殊利益"。④

日本借助第一次《日英协约》获得了英国对其在中国与朝鲜"特殊利益"的承认，直接宣告了朝鲜的命运，并借第二次《日英协约》实现吞并朝鲜的目的。1910 年 8 月 22 日，在日本的主导下，日韩两国签订《日韩合并条约》，使朝鲜在国际法意义上成为日本的一部分。⑤日本无须担忧各国反

---

① 「満洲事変法律問題ニ関スル亜―意見集（二）―」、アジア歴史資料センター、Ref. B02130095100、72－75 頁。

② 参见 John V. A. MacMurray, *Treaties and Agreements with and Concerning China, 1894－1919, Vol. 1（Manchu Period, 1894－1911）*, p. 324；王芸生编著《六十年来中国与日本》（第 4 卷），天津大公报社，1923，第 170 页。

③ 「帝国政府声明ノ反響 九国条約問題 防共協定一周年 スイス 日本、特殊地位ヲ認メシメン」、アジア歴史資料センター、Ref. A03024238500。

④ G. Zay Wood, *China, the United States and the Anglo－Japanese Alliance*, New York: Fleming H. Revell Company, 1921, pp. 51－52.

⑤ 第一条："韩国皇帝陛下将韩国全部之统治权完全永久让与日本国皇帝陛下"；第二条："日本国皇帝陛下允受前条所记之让与，且全然承认合并韩国于日本帝国"。《日韩合并条约》是日本侵吞朝鲜的最后一步，先前已强迫朝鲜订立《日韩议定书》《日韩保护协约》。参见刘彦《中国近时外交史》，中华书局，1914，第 447～449 页。

对其吞并朝鲜的原因就在于《日英协约》和《日俄协约》。①两次《日英协约》的签订使日本在朝鲜的行动自由得到承认，他国不能轻易干涉。

经过日韩合并的教训后，中国认识到放任日本扩大解释所谓"特殊利益"，便有重演日本吞并朝鲜的可能。"特殊利益"四字充斥着日本图谋山东、"满蒙"的阴谋，如今还得到美国的承认，必然引发中国朝野的巨大震动和恐慌，也为各国舆论所指摘，即怀疑日本在"特殊利益"一词上别有用心，担忧日本借此侵吞山东、"满蒙"。这一担忧不无道理，也符合日本订立协约的动机。

总之，两次《日英协约》中的"特殊利益"明确包含政治利益，日本没有必要改译"特殊地位"；《蓝石协定》中的"特殊利益"明显不包含政治利益，而日本意图重施借助协约侵吞他国领土的做法，但在《蓝石协定》中无法获得美国的直接承认，因此在翻译和解释上大动手脚。

四　外交中作为话语权力的翻译——以中外旧约章为例

日本对《蓝石协定》中"special interests"的故意错译为中外关系史中屡屡出现的类型。中国近代史上，不仅经历了武器的暴力，而且经历了语言的暴力，并集中体现在不平等条约的交涉过程中。外交及其结果并不总是武力的产物，围绕词语的翻译争夺往往是条约交涉的核心，决定条约的订立和执行，乃至影响中西关系的发展趋向。

在学者何伟亚（James Hevia）看来，对华战争和贸易是资本主义机器中的解码者，即"去疆界化"（deterritorialization）；而条约、通商口岸及诸项制度则具有构建殖民秩序的作用，即"再疆界化"（reterritorialization）。②翻译正起着"再疆界化"作用，译方将许多源语中原先不具有跨语际通约性的概念、话语转化为目标语，这一过程本身即争夺焦点之一。借此，译方可以掩盖语言原意，诱使受方接受而浑然不知，或修正原先外交之误，强加己方意图。不仅如此，受方也逐渐运用翻译抵抗译方的操纵，争夺话语权，自身也成为译方。

外交中（主要是条约交涉中）围绕翻译发生的问题主要有两类：其一，

---

① 外务省编『日本外交文书』（第43卷第1册）、日本国际连合协会、1962、661页。

② 〔美〕何伟亚：《英国的课业：19世纪中国的帝国主义教程》，第4页。

故意错译，意在扩大或缩小原意，表达原意无法表达的内容；其二，误译，亦会扩大或缩小原意，但有时可能无关紧要。故意错译或误译可能是一方单独造成或两方共同造成的结果，但故意错译往往是主动为之，也不乏被动故意错译（如《蓝石协定》）。误译则是译者缺乏翻译能力或翻译能力不足导致的。翻译错误可能在最初就被发现而解决，或经过一段时候后被发现，而成为后续问题的源头。

下文以中英 1842 年《南京条约》（也包括 1843 年《虎门条约》）、1858 年《天津条约》、1876 年《烟台条约》、1902 年《马凯条约》，中美 1844 年《望厦条约》等不平等条约及其交涉为例，分析作为历史事件的翻译在外交中的作用。

其一，关于故意错译。一般而言，译方通过故意错译实现原意不具有的内容，或扩大特权范围，或缩小对方权益。例如，职衔称谓历来是外交的重点，1858 年《天津条约》交涉过程中，英国代表埃尔金伯爵（Earl of Elgin）的职衔为"High Commissioner and Plenipotentiary"，直译为"高级专员与全权代表"，但被译作"钦差全权大臣"，引起清廷极度反感。因为这种看似模仿中国官制的翻译自始就是一种"自我抬举"，外国代表一跃与中国官职序列中的高级官员对等。即便单从国际法的角度来看，其全权代表也无法比拟中国的钦差大臣，因为前者仅为欧洲外交官体系中的二等使臣，而后者则是清朝外交官衔中的最高级别。中国认为这一译法实属"要挟愈甚，益肆狈狙"，因为"天朝只有一个全权，那就是大清皇帝"。[①]这种看似纯粹因翻译而起的外交问题反映出中英两国自马戛尔尼（Macartney）使华以来观念上的碰撞。这处不忠实原意的翻译看似因英国模仿中国官制名词而起，实际上体现出英国从追求均势地位到追逐新不平等地位的变化。

再如，在 1876 年《烟台条约》交涉中，英国代表威妥玛（Thomas Wade）改写了《天津条约》中的不对等翻译，并将其固定下来。对《天津条约》第十六款中的"英国"（British Government）进行新译、新解，为驻华法院等"受权机构"（public functionary authorized thereto）行使管辖权清除了文本障碍。《天津条约》中第十六款规定"英国民人有犯事者，皆由英国惩办"。中国将之理解为驻华领事，而不包括驻华法院等司法机构，故威妥玛的目的

---

① 屈文生、万立：《全权、常驻公使与钦差——津约谈判前后的中英职衔对等与邦交平等翻译问题》，《学术月刊》2020 年第 6 期，第 166 页。

是在确认驻华法院的司法权。同时，《天津条约》的中文官本第十六款有"会同公平审断"，而英文官本第十六款为"Justice shall be equitably and impartially administered on both sides"，直译为"两方公平、公正处理司法问题"，并未出现"会同"二字。为此，威妥玛"一错再错"地在《烟台条约》中解释该条款中的"会同"二字，为英国在华刑事诉讼中争得观审权。此二者之误实由威妥玛自身在 1858 年翻译《天津条约》所操作。①

值得注意的是，中国在此次条约交涉中也有借翻译维护旧体制的表现，说服威妥玛在《烟台条约》第一端第六款不用其提出的"sorry"（道歉），而是"惋惜"（regret）。李鸿章的英文秘书曾恒忠将"sorry"译作"过意不去"，并在李鸿章的坚持下迫使威妥玛将原先拟定的"道歉"一词更换为"惋惜"。这也表明，翻译的权力并不总是由外方持有，中方也开始运用这一权力消解条约的不平等。

又如本文重点讨论的《蓝石协定》。日本在无法获得美国承认其对华政治、经济"特殊地位"时，转而将看上去相似但实际完全不同的"特殊利益"译为"特殊地位"，以扩大其原意，实现其未竟之目的。这表明，翻译不仅是技术性转码活动，故意错译也往往成为获得解释权的方式。

其二，关于误译。误译扩大或缩小条约权力，但并不总是对译方有利，也可能导致外交冲突，例如，在 1844 年《望厦条约》交涉中，对于英方代表顾圣（Caleb Cushing）何时接到皇帝谕旨的疑问，中国代表程矞采以"往返需时，约计三月内"答复，美方译者伯驾（Peter Parker）译作"the distance between Canton and Peking is very great-to go and return, the time requisite is about three months"，即"需时三个月"，但程矞采原意指在"三月下旬"可以接到皇帝谕旨。若按程矞采原意，皇帝谕旨 50 日左右即可接到，但按英译本，便须 90 日之久。顾圣认为，程矞采先后两次照会不尽一致，有故意拖延之嫌，故不待程矞采解释，即威胁美军将北上。②

再如，《南京条约》与《虎门条约》的中文官本主要由英方译者马儒翰（John Robert Morrison）等人完成。《南京条约》中文官本几乎每一条都存在

---

① 屈文生、万立：《不平等条约内的不对等翻译问题——〈烟台条约〉译事三题》，《探索与争鸣》2019 年第 6 期，第 112～115 页。

② 屈文生：《笔尖上的战争：〈望厦条约〉订立前顾圣与程矞采间照会交涉研究》，《浙江大学学报》（人文社会科学版）2017 年第 5 期，第 112 页。

翻译问题，马儒翰等人增译、漏译较多。根据现有考据，《南京条约》和《虎门条约》的翻译问题更多的是误译。例如，《南京条约》中文官本第二条中的"港口"应指"城市与镇"（cities and towns），而根据中文官本英国人只能居住于通商口岸的港口而不得进入内城，因此还发生了广州"入城与反入城"之争。至1902年《马凯条约》议定时，英方代表认为，"五口"指"城镇和港口"（cities and ports），而不仅仅是"城镇的港口"（ports of cities）；中方虽意识到翻译问题，但为国家利益计，仍坚持前见。① 又如，《南京条约》第三条，"His Majesty the Emperor of China cedes to Her Majesty the Queen of Great Britain the Island of Hong-Kong. . . "，其中的"cedes"（割让）被译作"给予"，掩饰了英国的殖民性，但也维护了清廷体面。再如，《南京条约》第十条"establish. . . a. . . tariff"被译作"议定关税"，但原文指"中国皇帝同意制定一部关税表，而非有义务与英方达成一部适用于通商口岸的关税表，这显然额外增添了条约义务"。②

《虎门条约》亦有多处翻译超出原意。例如，第十条中的"cruiser"，本意为"巡航舰"，被译为"官船"，但中方的船只则被译作"兵船"。据该条约英文本第十条，英国有权在五港口"驻扎一艘英国巡航舰"，但在中文本中扩大为"英国官船"，这显然使英方获得了更多权利。再如，第十三条规定："其余各省及粤、闽、江、浙四省内，如乍浦等处，均非互市之处，不准华商擅请牌照往来香港，仍责成九龙巡检会同英官，随时稽查通报"，限制了华商前往香港贸易的自由，但英文本未写明该款。③

综上，在中外条约史上故意错译和误译屡见不鲜。外方代表利用故意错译实现原意不包括之内容，扩大己方权益，或避免与中方直接冲突；误译往往导致交涉中断或影响后续条约的解释、执行。事实上，语言暴力是英国规训清朝外交与贸易的重要武器，在两次鸦片战争时，翻译过程就被理解为某种特殊形式的语言暴力，是一种使用另类手段的战争。④译者有意或无意造

---

① 屈文生、万立：《中英议定商约中的"城口"之争及其由来》，《福建师范大学学报》（哲学社会科学版）2019年第5期，第148～150页。
② 屈文生：《早期中英条约的翻译问题》，《历史研究》2013年第6期，第93页。
③ 王宏志：《"著名的第十三款"之谜：围绕1843年中英〈善后事宜清册附粘和约〉的争议》，《中研院近代史研究所集刊》第103期，2019，第5页。
④ 〔美〕何伟亚：《英国的课业：19世纪中国的帝国主义教程》，第60页。

成的不对等，通常会缩小或扩大语言的原意，将殖民者和被殖民者交流的意义固定下来。翻译上的不对等经过条约的固化后，有争议词语原有的意思总会在同另一种语言的对抗中或多或少地被消解。不平等的条约与不对等的翻译由此构成一种近代国际关系上特殊的外交冲突缘由。

值得一提的是，外交史包含翻译史的内容。条约交涉本身以双语或多语进行，包括关于条约的照会、草案等文本的大量翻译活动。翻译活动贯穿于不平等条约，译本、译者、赞助者、翻译动机、翻译事件等传统翻译史要素都可以在条约交涉中发现，并在某些情境下起着重要作用，条约交涉及其历史也就成为翻译史的书写对象。因此，关注作为历史事件的翻译问题本身，以及翻译问题产生的原因和后续效应，从"小词""小事"中发现翻译的角色和价值具有重要的学术意义。[①]

结　语

福柯（Michel Foucault）曾言："名词置于被指称的物上，恰如力量书写在狮子的身上、权势书写在老鹰的眼里。"名词汇聚而成的话语意味着一个社会团体依据某些成规将其意义在社会上传播，以此确立其社会地位，并为其他团体所认识的过程。[②]名词的翻译不再是中性、无政治及利益冲突的转码，而是一种化身为话语的权力对另一种话语的重构。

在《蓝石协定》中"special interests"的翻译问题上深刻体现了这一点。日本将其译为"特殊地位"，扩大解释为包括政治上的关系，造成美国承认其在中国东北、山东攫取利益的表象。但该词仅指工商业上的"特殊利益"。日本在翻译上动手脚，意在重演利用与第三国的协约而获得的"承认"，实现吞并他国的目的，即1910 年日本基于日英同盟的"特殊利益"吞并朝鲜。但蓝辛坚持在条约中不写入"特殊地位""首要利益"等词，因而日本未能达成目的。虽然这些政治名词并无确切含义，中方的使用也不尽一致[③]，但中国乃至其他列强清楚地意识到日本意图

---

① 屈文生、万立：《不平等与不对等：晚清中外旧约章翻译史研究》，第 248 页。

② 参见福柯《词与物——人文科学考古学》，莫伟民译，上海三联书店，2001，第 49 页；王治河《福柯》，湖南教育出版社，1999，第 159 页。

③ 顾维钧曾向外交部解释"特利""优越利益""特别势力""毗连土地"等分别对应"special interest""paramount interest""special influence""contiguous territory"。参见《特别利益等名词英文名由》，1917 年 10 月 16 日，"中研院"近代史研究所档案馆藏，馆藏号：03 - 33 - 076 - 01 - 013。

传递的话语，即使其权力行使正当化，进一步获取他国不得干涉之利益。

事实上，日本并不十分关心"特殊利益"的确切含义，更多的是欲借其模糊含义形成具有国际法约束力的规范，在需要时灵活运用，使相关缔约方审慎对待。纵然英美不完全支持日本单独干涉中国，但仍受其承认日本在华"特殊利益"的制约。例如，颜惠庆指出："大会对于日本之要求卒全部承认者，缘日本代表得依据其与英、俄、法、意等国所缔结之密约……而英、美、法遂不得不俯如所求也。中国既属国际联盟，则遇有中国问题，应依从中国之主张……国际联合会承认美国对于美洲大陆门罗主义，则对日本在远东之特殊地位亦不得遽行蔑视，此实东亚问题之最难解决者也。"①

对此，驻日公使陆宗舆为限制英国承认日本在华特殊地位，曾提出可与英美订约，先行巩固自主地位。② 1922 年 2 月，驻美公使施肇基在华盛顿会议上提出，要求各国声明取消在中国之"势力范围"与"特殊利益"、"特殊关系"诸名词。"此种名词全系政治侵略之性质，而封锁中国之门户。如上年中国欲修锦齐铁路，日本拒之；欲修绥远至巴头镇铁路，俄国拒之；欲修株洲至钦州铁路，法国拒之；欲修周家口至襄阳铁路，英国拒之，其明证也。"③这些提议切中要害，但列强一时不会轻易应允。

须指出的是，列强构建的在华特殊利益网乃柏林会议（Berlin Conference）后产生的"势力范围"（sphere of interest/influence）、"保护地"（protectorate）在中国的变体，不符合当时的国际法规定，亦是对国际秩序的重构。欧美列强从有效占有转向拟制占有——相互认可势力范围，以在寻求利益的同时，不承担直接占有的管理责任，并形成协调体系。④ 列强对无主地、有效占有的变通适用，使殖民者之间取得非洲利益"正当化"，但不

---

① 《译德报关于青岛问题议论事》，1919 年 9 月 25 日，"中研院"近代史研究所档案馆藏，馆藏号：03 - 33 - 149 - 01 - 001。

② 《日俄同盟事》，1915 年 1 月 19 日，"中研院"近代史研究所档案馆藏，馆藏号：03 - 36 - 003 - 01 - 007。

③ 《尊重中国主权领土否认特殊利益问题》，1922 年 2 月，"中研院"近代史研究所档案馆藏，馆藏号：03 - 12 - 009 - 01 - 006。

④ 例如，1890 年英法缔约，法国承认桑给巴尔（Zanzibar，今坦桑尼亚一部分）为英国的被保护地，英国承认法国在阿尔及利亚以外的塞内加尔和尼日尔河势力范围。同年，英德缔约，两国分别在桑给巴尔、赫尔戈兰（Heligoland，今德国一部分）确立势力范围。两项协议有效确立英、法、德相互承认的权益，而不对势力范围所在地负有主权责任。参见 Martti Koskenniemi, *The Gentle Civilizer of Nations：The Rise and Fall of International，Law* （转下页注）

符合当时通行国际法。这显示出当时的国际法在很大程度上是欧美构建出的权力话语，认为缺乏"文明资格"的非洲国家不能享有国际法上的权利，殖民扩张在欧美国际法下化身为"文明开化"，将非洲国家纳入不平等的国际体系。这一结果有赖于以"特殊利益"等词语为核心的政治、外交及法律机制，其解释权、适用权皆在创设者之手。

德国法学家施密特指出："全人类的法律和智识生活最重要的现象之一，就是权力的真正所有者可以定义概念和语词。"[①]除"特殊利益""势力范围""保护地"外，"让步协定"（capitulation）、"租界"（settlement/concession）、"心脏地带"（hinterland）、"文明信托"（civilized mandate）、"失败国家"（failed states）、"流氓国家"（rogue states）等概念的全球移植、适用及其转变，皆是对西方以外主权概念的扭曲，是传统国际法话语体系的显著例外。这些词语蕴藏的巨大能量使不平等的国际交际有了国际法基础，使不受国内、国际法治约束的权力"正当化"，并构建了欧美主导的国际秩序。[②]英国批判话语分析学家诺曼·费尔克拉夫（Norman Fairclough）曾言："语词是风，是外在的低语，是风标的抖动——人们在严肃的历史事件中难以听到它。"[③]这些外交史中习以为常、司空见惯的词语，可能淹没于更惹眼的历史事件，但正是貌似普通的词语及其翻译对跨语际事件的本质有着解构或重构意义。

（审校：陈梦莉）

（接上页注④）*1870 – 1960*, New York：Cambridge University Press, 2010, p. 125。

① Carl Schmitt, "USA und die Völkerrechtlichen Formen des Modernen Imperialismus", cited by Nico Krisch, "More Equal than the Rest? Hierarchy, Equality and US Predominance in International Law", in Michael Byers and Georg Nolte, eds., *United States Hegemony and the Foundations of International Law*, New York：Cambridge University Press, 2003, p. 144.

② Luigi Nuzzo, "Rethinking Eurocentrism：European Legal Legacy and Western Colonialism", in Massimo Brutti and Alessandro Somma, eds., *Diritto：Storia e Comparazione*, Frankfurt：Max Planck Institute for European Legal History, 2018, p. 371.

③ 〔英〕诺曼·费尔克拉夫：《话语与社会变迁》，殷晓蓉译，华夏出版社，2003，第 36 页。

《日本文论》（总第 6 辑）

第 67～85 页

© SSAP, 2021

论美国对琉球"去日本化"的
构想与实践（1944～1950年）

孙家珅*

内容提要： 第二次世界大战末期，美军在西太平洋区域多次突破日军的防御，为了发动对日本本土的登陆作战，美军将位于日本南端的琉球群岛作为登陆的"跳板"。在冲绳战役开始前，美国对琉球群岛开展人类学考察活动，在充分论证后确立了将琉球与日本分离的计划。在计划的实施过程中，美国为了保障自身在西太平洋的战略利益，将琉球群岛定位为防止日本军国主义复兴的基地，以"去日本化"为目标，辅以行政分离、金融独立和文化教育等手段，试图将战前日本殖民时期的"冲绳县民"塑造成战后美国占领时期的"琉球人"，以达到美国在亚太区域建立恒久军事基地的战略目的。

关 键 词： 美军　琉球　去日本化　共同体意识　传统文化

　　琉球①地处西太平洋交通要道，特殊的地理条件造就了其在古代的"万国津梁"地位，成为古代东亚各国重要的海上贸易中转站。二战期间，琉球又因其战略位置被美国当作"太平洋的咽喉"。近年来，随着钓鱼岛问题、琉球独立问题、冲绳美军基地问题和安倍晋三政府的"西南岛屿"战略问题成为各方关注的焦点，关于美国对琉球的政策研究也逐渐受到学术界

---

　　* 孙家珅，清华大学人文学院博士研究生，主要研究方向为琉球族群认同问题。

　　① 美国占领琉球时期（1945～1972 年），美国当局对琉球的称谓以"Ryukyu"为主，因此文中表述以"琉球"为主，部分涉及"冲绳"的表述仅在尊重档案原文和机构原名的情况下使用。

重视。在中国学界，刘少东的《日美冲绳问题起源研究 1942 ~ 1952》以及《二战前后的冲绳问题及中日美关系研究》利用美国原始档案资料，论述了美国冲绳占领政策的制定过程；[①] 在徐勇和汤重南主编的《琉球史论》的第十二章，刘晓峰主要论述了 "美军治权下的琉球列岛"，详细论述了美国设立统治机关、琉球社会经济以及民众政治运动；[②] 刘丹的《琉球地位：历史与国际法》第四章从国际法的角度探讨了美国对琉球的占领统治。[③] 在美国学界，大卫·奥伯米勒于 2006 年出版了《美国对冲绳的军事占领：政治化与身份认同（1945 ~ 1955）》，书中论述了琉球人的认同意识；[④] 艾德里奇·罗伯特的《冲绳问题的起源：1945 ~ 1952 年战后美日关系中的冲绳》主要论述了战后初期美日两国在冲绳问题上的交涉；[⑤] 阿诺德·菲什的《琉球群岛的军政府（1945 ~ 1950）》以美国陆军军事史为中心，记述了美国民政府时期的琉球历史。[⑥] 在日本学界，第一任冲绳县立公文书馆馆长宫城悦二郎根据亲身经历，在退休后整理出版了《占领者的眼：美国人如何看待冲绳》；[⑦] 宫里政玄的《战后冲绳的政治与法律》和《美国的冲绳统治》详细记述了美国总统发布的有关琉球的行政命令、美国民政府下属机构设置情况和法律规定；[⑧] 大田昌秀的《冲绳的挑战》以及《冲绳崩塌："冲绳之心"的变迁》论述了美国对琉球的占领统治政策。[⑨]

　　比较中、美、日学术界的研究状况，可以发现美国学术界以宏观研究见长，日本学术界主要为微观研究，中国学界对于美国占领琉球这一历史事件

---

① 参见刘少东《日美冲绳问题起源研究（1942 ~ 1952）》，世界知识出版社，2011；刘少东《二战前后的冲绳问题及中日美关系研究》，人民出版社，2015。

② 徐勇、汤重南主编《琉球史论》，中华书局，2016。

③ 刘丹：《琉球地位：历史与国际法》，海洋出版社，2019。

④ David John Obermiller, *The U. S. Military Occupation of Okinawa*：*Politicizing and Contesting Identity 1945 - 1955*, University of Iowa, 2006.

⑤ Robert D. Eldridge, *The Origins of the Bilateral Okinawa Problem*：*Okinawa in Postwar U. S. - Japan Relations*, *1945 - 1952*, New York：Garland Publishing, Inc. , 2001.

⑥ Arnold G. Jr. Fisch, *Military Government in the Ryukyu Islands 1945 - 1950*, Washington D. C. ：Center of Military History, United States Army, 1988.

⑦ 宮城悦二郎『占領者の眼—アメリカ人は沖縄どう見たか—』、那覇出版社、1982。

⑧ 参见宮里政玄『戦後沖縄の政治と法』、東京大学出版会、1975；宮里政玄『アメリカの沖縄統治』、岩波書店、1966。

⑨ 大田昌秀『沖縄の挑戦』、恒文社、1990；大田昌秀『沖縄崩壊—「沖縄の心」の変容—』、ひるぎ社、1976。

始终保持高度关注。中、美、日学术界的研究成果相互补充，将美国占领琉球史研究推进到一个比较成熟的阶段。但是，也应看到，国际和中国国内学术界主要关注美国对琉球地位和琉球归属的决策问题，还未充分将美国的琉球统治放在其国际战略中加以深入分析。本文根据美国国家档案馆及冲绳县立公文书馆的档案资料，尝试剖析美军为实现自身战略目标而对琉球施行的分离主义政策的构想和实践过程。

1944 年 9 月 9 日，美国参谋长联席会议（Combined Chiefs of Staff，CCS）发布 JCS – 713/19 文件，命令切斯特·威廉·尼米兹（Chester William Nimitz）上将准备于 1945 年 1 月攻占硫磺岛、3 月攻占琉球，这标志着美国攻占琉球计划的确立。美国对琉球"去日本化"的构想则始于 1944 年春季对居住在夏威夷的琉球人开展的人类学考察。基于调查结果，1945 年 4 月 1 日，美军登陆冲绳岛并开始了对琉球的占领统治。美国在占领琉球初期以"亲美离日，扶持培育琉球独立性"为主要目标，直到 1950 年《对日媾和七原则》发布，1951 年《对日媾和条约》和《美日安全条约》缔结，美国对日媾和以制衡中国和苏联为目标，作为一种交换条件赋予日本对琉球的潜在主权，在一定程度上允许日本文化重新进入琉球。美国对琉球"去日本化"的构想自 1944 年始，主要实践活动于 1950 年因日美媾和告一段落。因此，本文将研究时间定为 1944～1950 年，探究美国军方对琉球"去日本化"的构想与实践及其产生的影响。该研究或将有助于理解冲绳战役前后美国对琉球群岛的战略定位，探究琉球族群共同体意识的历史演化过程。

一　琉球与日本分离构想的形成

冲绳战役被称为"铁的风暴"（Typhoon of Steel）。该战役从 1945 年 4 月 1 日开始，同年 6 月 1 日结束。冲绳战役对第二次世界大战结束有着重要推动作用，战争准备和计划阶段却充满争议，并暗藏着美军的政治考量。

（一）美军对日作战的政治考量

在太平洋战争后期，美军需要在日本周边寻找一个航空作战基地，以一步步逼近日本的核心防线。美军有几个选择，其中登陆琉球群岛的方案最初在美国军方内部并没有达成共识。道格拉斯·麦克阿瑟（Douglas

MacArthur）认为，需要先进攻菲律宾和台湾岛，然后对日本本土发动总攻；海军上将切斯特·威廉·尼米兹则认为要攻占琉球群岛。美国参谋长联席会议最初也偏向于对台湾岛和菲律宾发动登陆作战，而不是琉球群岛，因为相关情报指出："这些岛屿（琉球群岛）的信息极其有限，而且不可靠。"①事实上，在最初阶段有可能进行登陆作战的西太平洋地区，琉球群岛是唯一一个美国战略家缺乏基本情报的地方。但是，这种情况在后期有所改变。

到 1943 年 12 月，美国参谋长联席会议计划把台湾岛或吕宋岛当作"跳板"进行登陆作战。参谋长联席会议发表了第 417 号声明："在太平洋地区的行动要找到更接近日本本土的战略空军基地，同时发动对日本舰队的决战，1945 年春天应向吕宋岛和中国台湾地区发起登陆作战。"② 1944 年夏天，美国军方内部已达成一个共识，即日本逐渐丧失在太平洋地区发动进攻行动的能力，日本的失败或许要比预期来得更快。在诺曼底登陆的推动下，美军战略人员为全面进攻日本制定了全面和长期的战略。1944 年 6 月 30 日，美国参谋长联席会议发布了一份 113 页的详细报告 JCS – 476。这份报告考察了进攻日本本土之前的四个候选区域，包括中国东南沿海、韩国、九州和北海道。这份报告最后的结论认为九州是最好的选择，并把琉球群岛作为一个备选方案，认为琉球群岛是"对日作战必不可少的前沿空军基地"，而且控制琉球将使美军拥有对东海的制空权，有效切断日本与中国和韩国的联系。然而，由于缺乏有关琉球群岛的信息，进攻琉球计划的筹备和执行受到极大阻碍。直到 1944 年 9 月 9 日美国参谋长联席会议通过了 JCS – 713/19 文件，改变了此前的策略，授权麦克阿瑟在 1944 年 12 月 20 日对吕宋岛进行登陆作战。尼米兹也收到了新指令，即参谋长联席会议命令尼米兹于 1945 年 1 月 20 日对硫磺岛进行登陆作战，3 月攻占琉球。③为了给未来对琉球群岛实施占领统治打基础，美国海军民政小组（Navy Civil Affairs Team，NCAT）④开始收集关于琉球的情报，编制民政手册。

---

① "Defeat of Japan within Twelve Months after the Defeat of Germany", October 25, 1943, CPS – 86/2.

② "Overall Plan for the Defeat of Japan", December 2, 1943, CCS417.

③ "Future Operations in the Pacific", September 9, 1944, JCS – 713/19.

④ 这个美国海军民政小组由"200 名陆军官员、200 名海军官员、1400 名海军士兵、100 名陆军士兵和 800 名医疗兵"组成，参见 Arnold G. Jr. Fisch, *Military Government in the Ryukyu Islands 1945 – 1950*, pp. 12 – 29。

　　早在太平洋战争初期，海军民政小组就开始组建，为美军管理占领区训练民政方面的军事人员。1942年8月，美国海军在哥伦比亚大学设立了研究小组，一些高级军官在哥伦比亚大学接受了建立和管理军政府的培训。此外，哥伦比亚大学的研究小组还对西太平洋和东亚地区进行了系统的研究。在培训结束后，许多民政官员被派往夏威夷，开始规划未来的民政行动。

　　鉴于太平洋中部具有的重要战略地位，海军民政小组收集了一些有关太平洋中部岛屿的资料，1943年11月还制作了北海道以北、库页岛以南的千岛群岛的资料。① 1944年9月，海军民政小组收到"冰山行动"（Operation Iceberg）指令，即登陆琉球群岛，但美国海军军官对琉球群岛并不十分不了解。②海军民政小组只有几个月时间为"冰山行动"编纂民政手册，当时他们手中一个比较重要的参考资料是战略服务办公室（Office of Strategic Services，OSS）在1944年夏天发布的报告《琉球群岛的冲绳人：一个日本的少数民族》。③该报告是海军民政小组了解琉球的一个起点。

（二）"冲绳人非日本人"的调查结论

　　1944年春季，美国军方就近取材，对在夏威夷居住的琉球人群体进行了实地的民族志研究。在此基础上，战略服务办公室于同年3月16日发表了第一份报告《冲绳人：一个日本少数民族》，3月27日又发布了第二份报告《冲绳人：他们的区分特征》。④ 两个月后，战略服务办公室基于以上两个初期研究报告，发表了长达147页的最终报告，题为《琉球群岛的冲绳人：一个日本的少数民族》。

　　对于海军民政小组来说，战略服务办公室在夏威夷的琉球人社区开展的人类学调查是一项重要成果。此前在美国人的印象中，日本是一个团结一心

---

① 位于北海道以北、库页岛以南的千岛群岛没有被美军纳入太平洋中部行动的范围。然而，美国战略家已经考虑夺取北海道的可能性，而在夺取北海道之前，可能会占领千岛群岛。

② Arnold G. Jr. Fisch, *Military Government in the Ryukyu Islands 1945 - 1950*, p. 13.

③ Office of Strategic Services, Research and Analysis Branch, Honolulu, Hawaii, "The Okinawas of the Loo Choo Islands: A Japanese Minority Group", *Okinawan Studies*, No. 3, June 1, 1944. 这份报告题目中的"琉球"用"Loo Choo"这一汉语拼音来表示，可以发现美军在起初阶段认为琉球与日本的联系并不是很大。

④ 参见 Office of Strategic Services, Research and Analysis Branch, Honolulu, Hawaii, "The Okinawans: A Japanese Minority Group（summary statement）", *Okinawan Studies*, No. 1, March 16, 1944; "The Okinawans: Their Distinguishing Characteristics", *Okinawan Studies*, No. 2, March 27, 1944.

的单一民族国家，但通过对琉球人的调查和研究，美军发现了一个突破口。在空间上，当时日本的统治区域包括琉球群岛即冲绳县，然而战略服务办公室的研究报告发现琉球人的地位并不高，报告指出日本人对琉球人有一种"种族歧视"。这份报告第一部分考察了琉球的历史和对外关系。关于中琉关系，报告注意到琉球王国与中国明清两代的朝贡贸易，琉球是中国宗藩体系的一环，琉球的士族阶层接受中国的教育，中国对琉球的文化影响很深。①

报告指出，琉球对古代中国存在"天然"的亲和力，而历史上日本对琉球的影响微乎其微，即使是 17 世纪萨摩藩入侵琉球王国，琉球人依旧臣服于中国。在文化层面，报告认为，琉球人是中国文化的携带者，是日本人学习中国文化的老师。② 19 世纪 70 年代以后，琉球在废藩置县时被强行划入日本，但直到 1920 年，冲绳县在各个方面才和日本的其他县一样。③

报告的第二部分考察了在夏威夷居住的琉球移民，基于田野调查研究分析夏威夷岛上的琉球移民和日本移民的不同之处，借此强调琉球人和日本人的区别。人类学家发现，琉球人有自己的语言，日本人也无法理解琉球语言（日语有五个元音a、i、u、e、o，而琉球语言只有三个元音a、i、u，相同的汉字词也有不同的发音）。报告指出，尽管大多数琉球人说标准日本语，但其内部习惯使用琉球语沟通。研究人员还发现，因为在夏威夷的琉球人遭到日本人的歧视，一些琉球人来到夏威夷后产生自卑心理，将他们的琉球姓氏改成日本姓氏，以掩盖自己的琉球人身份。④

该报告第三部分分析了琉球人和日本人之间的矛盾，内容包括"日本人对冲绳人的反感"、"冲绳人对日本人的反感"、"冲绳人在社会上不被接受"、"冲绳人反感日本人的原因"以及"在日本形成偏见的原因"。报告指出，无论在日本、夏威夷还是拉丁美洲，日本人对琉球人都是一样厌恶的，因为他

---

① Office of Strategic Services, Research and Analysis Branch, Honolulu, Hawaii, "The Okinawans of the Loo Choo Islands: A Japanese Minority Group", *Okinawan Studies*, No. 3, June 1, 1944, p. 80.

② Office of Strategic Services, Research and Analysis Branch, Honolulu, Hawaii, "The Okinawans of the Loo Choo Islands: A Japanese Minority Group", *Okinawan Studies*, No. 3, June 1, 1944, p. 80.

③ Office of Strategic Services, Research and Analysis Branch, Honolulu, Hawaii, "The Okinawans of the Loo Choo Islands: A Japanese Minority Group", *Okinawan Studies*, No. 3, June 1, 1944, p. 68.

④ Office of Strategic Services, Research and Analysis Branch, Honolulu, Hawaii, "The Okinawans of the Loo Choo Islands: A Japanese Minority Group", *Okinawan Studies*, No. 3, June 1, 1944, p. 98.

们认为琉球人肮脏、不礼貌、没有文化。①在夏威夷，当一个种植园学校的老师要求学生表明他们是不是日本人时，有一位琉球学生回答"是"，结果遭到了日本学生的抗议。至于为什么日本人不喜欢琉球人，该报告认为是因为琉球长期以来和中国交往的历史，这被日本人认为是一种"不忠诚"的表现。

关于琉球人的心理状况，琉球人被认为有一种"自卑情结"，但研究人员在夏威夷的调查中访问了一位来自琉球的种植园主，他说道："冲绳人从来没有觉得自己不如日本人，而是日本人觉得冲绳人不如日本人。"尽管这位种植园主声称琉球人没有"自卑情结"，但研究人员认为"一些冲绳人否认自己和日本人有任何文化差异"。② 一些琉球人存在优越感，特别是那些出身于前贵族或精英阶层的人，这种情结和意识根植于琉球王国曾拥有的历史和文化。研究人员的结论是"冲绳县是日本唯一一个国王不是天照大神的县"，③ 琉球人和日本人之间存在不可逾越的"社会距离"。报告也指出琉球人民渴望独立，并有可能将美国军队视为"解放者"。一位来自琉球的种植园工人告诉调查小组，希望自己能回到琉球群岛，他想以各种可能的方式协助盟军征服琉球群岛，因为多年以来日本人一直压迫那里的人民，他希望琉球能摆脱日本统治。这些口述调查资料对于研究人员来说无疑是一种发现，研究人员意识到琉球人和日本人之间存在明显的裂痕。④

（三）美国对海外"琉球独立"运动的策划

在战略服务办公室发现日本人和琉球人之间的裂痕后，美国的战略学家开始考虑能否利用这种裂痕来制约日本。他们评估了琉球社会各阶层的状况，发现大部分琉球人已经接受了日本的同化教育，但居住在那霸和首里的居民仍有"培养"的潜力，这些前琉球王国的贵族不以日本人身份为荣，

① Office of Strategic Services, Research and Analysis Branch, Honolulu, Hawaii, "The Okinawans of the Loo Choo Islands: A Japanese Minority Group", *Okinawan Studies*, No. 3, June 1, 1944, p. 104.

② Office of Strategic Services, Research and Analysis Branch, Honolulu, Hawaii, "The Okinawans of the Loo Choo Islands: A Japanese Minority Group", *Okinawan Studies*, No. 3, June 1, 1944, p. 108.

③ Office of Strategic Services, Research and Analysis Branch, Honolulu, Hawaii, "The Okinawans of the Loo Choo Islands: A Japanese Minority Group", *Okinawan Studies*, No. 3, June 1, 1944, p. 108.

④ Office of Strategic Services, Research and Analysis Branch, Honolulu, Hawaii, "The Okinawans of the Loo Choo Islands: A Japanese Minority Group", *Okinawan Studies*, No. 3, June 1, 1944, p. 120.

而是更强调与中国的联系。①基于此，战略学家提出了一些制造琉球人身份裂痕的建议。

首先，可以发动心理战，通过文化宣传来影响琉球人的想法，让琉球人想起他们被日本人"践踏"的历史记忆，甚至可以招募琉球人作为美国的特工和代理人，因为琉球人并不愿意效忠于日本。

其次，美国希望促成一个跨国的"冲绳人运动"（Okinawan Movement）。不仅在夏威夷有琉球移民，在拉丁美洲也有大量的琉球人，在秘鲁的琉球移民尤其多。拉丁美洲的琉球人和其他地方的琉球移民一样，也受到过日本人的歧视。美军认为仅仅在琉球群岛策动独立运动是不够的，也需要在其他有琉球移民的地区开展"自由琉球"（Free Loo Choo）运动，报告建议采取以下四个方式塑造琉球人的"身份认同"。一是让冲绳人想起他们种族过去的荣耀，想起琉球是中华文明的传承者，想起冲绳人在日本人手中遭受的虐待。同样，要让秘鲁的冲绳移民接受一种"琉球人和日本人之间存在差异"的教育。二是如果所有的日本公民都登记在册，注明他们的出生地，那么秘鲁政府就会知道哪些是冲绳人。三是随着冲绳人意识到自己的特殊性，他们可能会利用法律促进其他人承认他们的特殊地位。四是可以组织和协助"冲绳运动"。②美国认为，这一计划不仅可以促动冲绳人的反叛精神，还可以激发其他受压迫的亚洲人的情绪，进而推翻日本的占领统治，以实现美国自身的战略目的。

---

① Office of Strategic Services, Research and Analysis Branch, Honolulu, Hawaii, "The Okinawans of the Loo Choo Islands: A Japanese Minority Group", *Okinawan Studies*, No. 3, June 1, 1944, pp. 122 – 123.

② Office of Strategic Services, Research and Analysis Branch, Honolulu, Hawaii, "The Okinawans of the Loo Choo Islands: A Japanese Minority Group", *Okinawan Studies*, No. 3, June 1, 1944, Appendix I, "A South American Okinawan Movement", pp. 124 – 125. 英文原文为："（1）A publicity campaign could remind the Okinawans of the past glories of their race, of Loo Choo's traditional role as the bearer of Chinese civilization to heathen Japan, and of the abuses its peoples have suffered at the hands of the Japanese. Similarly, the Peruvian people could be educated to this difference between Japanese and Okinawans. （2）If all Japanese citizens would be registered, indicating their place or origin, Okinawans would be known to the Peruvian Government. There is no information as to the local place of origin in Peru immigration records. （3）As the Okinawans became conscious of their individuality, slight legal advantages might be accorded to them and the people encouraged to recognize their special status. （4）Finally, an Okinawan movement could be organized and assisted."

二　对琉球"去日本化"的具体实践

基于对日作战的政治考量以及"冲绳人非日本人"的调查结论，美国逐渐形成了琉球群岛与日本分离统治的构想。为巩固战争成果，确保在亚太区域的战略利益，美国在琉球群岛开展了建立军政府、构建独立的货币金融体系、去除日本文化以及复兴琉球传统文化等举措。

（一）美国军政府的分离统治

1945 年 4 月 1 日，美军在冲绳本岛登陆，琉球群岛第一任军政长官、海军元帅尼米兹发布了琉球统治的基本法以及美国海军军政府布告第 1 号指令。第 1 号指令确立了美军的分离统治意图，规定琉球群岛的施政长官由美军军政长官担任，管辖范围涉及奄美大岛、冲绳本岛以及宫古群岛、八重山群岛。1945 年 6 月，冲绳地区日本军长官牛岛满自尽，冲绳战役结束。1945 年 9 月 21 日，远东军总司令第 189 号文书发布，明确了奄美大岛、冲绳本岛以及宫古群岛、八重山群岛在领土和行政上与日本分离，琉球群岛美国军政府（United States Military Government of the Ryukyu Islands）正式设立。

美国军政府的军政长官由美国国防部任命，首任军政长官为美国海军元帅尼米兹。美国军政府的成立标志着美国对琉球的分离统治正式开始。

关于军政府早期的建设目的，美军负责冲绳战役的副司令威廉·克里斯特（William Crist）称："军政府的首要目标是让作战部队能够集中精力战斗，而不是担心非战斗人员。同时，军政府将采取措施，根据国际法为平民提供最低限度的救济，通过促进占领地区的经济自给自足，最大限度地减轻美国的经济负担……我们无意为占领地区的居民扮演圣诞老人。"[1] 可见美军的占领统治方针是以军事战略目的为前提的。

1946 年，在日美军将军政府的管辖权转给陆军。1946 年 1 月 29 日，盟军总司令部（GHQ）提出"把北纬 30°以南的西南诸岛在行政上从日本本土分离"，这就进一步确定了美国在琉球群岛的军事统治意图。1947 年美国国

---

[1]　"Reports on Military Government Activities", National Archives, March to August, 1945.

内就对日和谈问题展开了讨论，盟军总司令麦克阿瑟在 6 月 27 日会见美国记者团时发表了如下谈话："琉球群岛是我们的天然屏障，日本人不应该反对美国保有冲绳，而且冲绳人也不是日本人，我们在冲绳部署军事力量对控制日本具有重大的意义。"[①] 这个谈话体现了抑制日本军事力量复苏是美国占领琉球的最初目的。

（二）构建独立的货币、金融体系

由于冲绳战役的破坏，战后初期琉球群岛依赖物资配给和物物交易，部分地区流通旧日元、久米岛纸币等地域货币。1945 年美国军政府发布第 4 号指令《纸币、兑换、对外贸易及金钱存取》，规定占领军将在美军占领下的"西南诸岛"及近海岛屿发行货币，日本帝国政府以及日本陆军、海军、空军在"西南诸岛"及近海岛屿发行的军票以及军事货币为非法货币。

美国军政府和冲绳民政府研究了发行 B 圆军票[②]的可行性、冲绳战役前的工资与物价水平、劳工分类、配给制、救济等经济方面的重要数据。[③]在参考大量数据后，最终于 1946 年 2 月通过了恢复货币经济的计划书。

1946 年 3 月 25 日，军政府发布了第 7 号特别布告《纸币兑换、对外贸易及金融交易》，规定："1946 年 4 月 15 日至 4 月 28 日，居民可以 1 : 1 的比率兑换旧日元、台币等外币；1946 年 4 月 28 日之后，5 圆以上的旧日元不再流通；从 1946 年 4 月 29 日起，琉球群岛范围内的法定货币为 B 圆军票、新日元、5 圆以下的旧日元。"[④] 1948 年 5 月，美国军政府发布指令建立琉球金融机关"琉球银行"。1948 年 7 月，B 圆军票成为琉球群岛范围内统一的流通货币。在此基础上，1950 年 4 月 12 日，军政府颁布第 6 号布令《琉球 B 圆军票与美元、日元的兑换率》，规定美元对 B 圆军票汇率为 1 : 120，即 1 美元可以兑换 120 元的 B 圆军票；B 圆军票对日元汇率为 1 : 3，

---

① 「沖縄人は日本人ではない」、中野好夫編『沖縄：戦後資料』、日本評論社、1969、4 頁。

② B 圆军票被定为琉球唯一的法定货币，也是联合国通用军票（Allied forces Military Currency，AMC）的一种，其他国家也有发行权，但驻留琉球的只有美军，因此其他国家没有在当地发行过货币。

③ "Report of Military Activities for Period（From 1 April 1945 to July 1946）"、『沖縄戦後初期占領資料』（第 12 巻）、緑林堂書店、1994、157 頁。

④ "Currency Exchange and Foreign Trade and Financial Transactions"、1946 年 3 月 25 日、沖縄県立公文書館蔵、番号：RDAP000032。

1B 圆军票可兑换 3 日元。[1] 1958 年 9 月 16 日，为方便开展国际贸易，琉球群岛的通用货币由 B 圆军票更改为美元。

（三）尝试去除日本文化

1945 年 8 月 1 日，冲绳教科书编撰所在美国军政府教育部长汉纳（William A. Hannal）的指导下建立，山城笃男任总负责人，配合仲宗根政善、真玉桥朝英和喜久里真秀共同开展教科书的编撰工作。同时任命真玉桥朝英为英文翻译，将日文课文翻译成英文，以便美军检查使用，任命大田昌秀（1990～1998 年担任冲绳县知事）为辅助工作人员。[2] 教科书的编撰由仲宗根政善负责。仲宗根政善毕业于东京帝国大学，毕业后回到冲绳。战争时期，仲宗根政善是冲绳县女子师范学校"姫百合"教师队伍的一员，战后成为琉球大学冲绳方言研究的重要贡献者。美国军政府规定，教科书编撰有三个"禁止"外加一个"重点条例"，即禁止使用日本教材、禁止极端国家主义、禁止军国主义以及重点强调琉球传统文化。[3] 根据以上要求，教科书编撰所出版了油印版教科书（日语为"ガリ版教科書"）。

关于教科书的编撰，首先是教材内容的选定和写作，然后将日文翻译成英文交由美国军政府进行审查，军政府教育部长汉纳确认后才能制作发行。由于教科书的课文无法完全在短时间内重新编写，教科书编撰所参考了冲绳战役前的日本教科书，但将涉及军国主义及有鲜明日本文化特征的内容进行了删减和更改。一年级语文教科书扉页原设计为朝日（アカイ、アサヒ）文字和图案，未审核通过，原因是"朝日"具有日本象征，后改为具有琉球岛屿特色的蓝天和大海（青い空、広い海）文字与图案。[4]

除了语文教材，教科书编撰所也开展了历史教材的编撰工作。历史课本的编撰体现了"亲美离日，扶持琉球主体性"的原则。冲绳文教部组织编撰了油印版教科书《冲绳历史》，文教学校教员国吉顺质执笔。国吉顺质主

---

① "Military Government Ordinance No. 1, Military Conversion Rate of Type 'B"' Yen in the Ryukyu Islands"、1950 年 4 月 12 日、沖縄県立公文書館蔵、番号：RDAP000027。

② 仲宗根政善「米軍占領下の教育裏面史」、新崎盛暉編『沖縄現代史への証言』、沖縄タイムス社、1982、60 頁。

③ 沖縄県教育委員会編『沖縄の戦後教育史』、13 頁。

④ 仲宗根政善「米軍占領下の教育裏面史」、新崎盛暉編『沖縄現代史への証言』、62 頁。

张将冲绳历史置于日本史之外，放置于世界史之中，突出冲绳历史的独立性。[①] 为了贯彻美军的文化政策，《冲绳历史》只编写了琉球王国时期的历史以及佩里与琉球的交流历史，日本统治时期的历史当时暂未编写。

此外，美军曾尝试讨论在一定程度上恢复琉球语的使用或用英语取代日语作为琉球的通用语言。对于在美军单独占领期琉球该使用哪一种语言普及教育，美国军政府和冲绳咨询委员会展开了讨论。美国军政府教育部长汉纳指出："因为不知道琉球群岛上的这些住民究竟是冲绳人还是日本人，所以也不能确定在琉球的教育中要使用英语还是日语。"由于琉球在日本统治期间并没有进行过英语教育，英语作为琉球的通用语言存在很大问题。时任冲绳民政府文教部编辑科科长的仲宗根政善在与美军关于教科书问题的咨询会议上，提出了用琉球语来指导教学以及编辑教科书的建议。这个建议得到美军部分官员的认同。

经过一段时间的争论，美国军方在对琉球族群的语言使用状况进行深入调查后得出了以下结论：第一，包括冲绳年轻人在内的几乎全部冲绳人都熟练掌握日语，而且琉球语的词语比较缺乏，对于思想的发表、知识的吸收都不太方便，学校教育中如果使用琉球语，特别是理工学科和科技学科的教学与研究会变得非常困难；第二，今后冲绳将面临频繁的国际文化交流，如果使用琉球语会产生不便；第三，琉球各岛屿有形形色色的方言，统一标准、设定标准语存在一定难度；第四，有关琉球的所有文献资料基本上都是用日语记录的，如果把琉球语定为通用语言，未来资料的保存和利用将存在困难。

虽然琉球的通用语言最终没有发生根本性改变，但美军在称呼用语的使用方面适当尊重了琉球的传统。1946 年 2 月 1 日，"美国海军冲绳军政府"（United States Naval Military Government, Okinawa）改名为"美国海军琉球群岛军政府"（United States Naval Military Government, Ryukyu Islands），更名理由是美国并未把琉球当作日本的一部分来统治，目的是在政策上将两者加以分离。1946 年 7 月 1 日，美国军政府的统治责任由海军转至陆军，机关名称中的"冲绳"统一改为"琉球"，并改名为"琉球基地司令部"（Ryukyu Base Command）。1950 年琉球美国民政府成立，名称更加明确，

---

① 嘉納英明『戦後沖縄教育の軌跡』、那霸出版社、1999、123 頁。

虽然奄美大岛归还给日本，但美国依旧把剩余占领区域统称为"琉球"，其官方文书把"冲绳人"都称作"琉球人"（Ryukyuan），例如"琉球人与美国人社区交流活动"（Ryukyuan-American community）、"琉球人与美国人联合委员会"（US-Ryukyuan Council）等，体现了美国树立琉球独立性的政治意图。这些称呼一直使用到 1972 年琉球归还给日本。

（四）复兴琉球传统文化

为了复兴琉球的物质文化和非物质文化遗产，面对被战火摧毁的历史遗迹，汉纳率领团队着手建设文物博物馆以及重建琉球历史文化遗迹。其实早在 1945 年 8 月，美军就在石川市的东恩纳建设了一个小型展览馆，用来收集战火中保留下来的历史文物，并向美国军官与士兵普及琉球的历史和文化，展品包括琉球传统的建筑样式、制造技艺、衣物纺织品以及陶器等。据统计，在此展示的文物不仅包括美军在战争中获得的文物，还包括流失到海外或私人手中的回归文物。原首里城正殿 1945 年建造的"万国津梁钟"在战时曾被美国海军官员汉纳收藏，后归还给东恩纳展览馆；1947 年美国海军部又归还了圆觉寺的梵钟。1947 年，美国军政府将这个展览馆交由美国民政府管辖。1947 年 12 月 8 日，美国军政府发布第 12 号指令，公布了六个琉球的法定节假日，分别是 1 月 1 日的元旦、4 月 24 日的美国民政府创立纪念日、5 月 3 日的公祭日、7 月 4 日的美国独立纪念日、农历七月十五日的盂兰盆节以及 12 月 25 日的圣诞节。值得注意的是，除取消了一些日本的节日和加入美国的节日之外，美军还特意保留了琉球传统的盂兰盆节日里的打太鼓仪式。美军将盂兰盆节设定为法定假日，主要考虑是恢复琉球在该传统节日中的例行活动。与日本盂兰盆节不同的是，琉球在节日里的一个重要传统活动是打太鼓和跳盂兰盆舞，琉球人将太鼓称为"エイサー"，将盂兰盆舞称为"盆踊り"。在冲绳战役刚结束不久，还没有恢复正常生产生活的琉球人就在战争收容所里尝试打太鼓，虽然条件有限，但人们热情高涨。由于没有服装和道具，琉球人把美军丢弃的迷彩服剪裁成太鼓服饰，把美军提供给他们吃饭的容器改装成鼓。直到今天，冲绳太鼓协会还收藏着这些战后初期用来打太鼓的简陋服饰和道具。战争收容所中的琉球人在难保温饱的情况下依然坚持打太鼓的举动打动了美国军方，美国军政府提供特别资金，支持复兴琉球王国时代的文化艺术表演。1952 年，琉球美国民政府在战后经济和文化稍有恢复的石川市举办了"美琉亲善盂兰盆舞大会"，根据《石川市史》记载，当时这个活动有 1 万余人参加。这个大会在 1956 年举办了第二次，在 1960 年举办了第三次。就这样，太鼓与盂兰盆舞在美军传统文化复兴制度的鼓励下得到了复兴和发展。值得一提的是，琉球的法定假日在 1958 年做过一次修改，取消了"公祭日"和"美国独立日"这两个节假日，新增了"春分"和"中秋节"，体现出美国民政府对琉球传统文化的重视。

20 世纪 40 年代末，随着美苏冷战的开始以及中国共产党在国共内战中的胜利，美国对日本的政策由战后初期的抑制转向扶持，相应的，美国对琉球的战略定位也由战后初期的"防止日本军国主义复兴的桥头堡"变为"防止共产主义在亚太区域蔓延的基地"。1950 年 12 月 25 日，美国远东军总司令部和琉球美军司令官联合发布《美国民政府相关指令》，"美国军政府"被正式废止，"美国民政府"成立，军政长官改为民政副长官，军政副长官改为民政官。这意味着，在行政管理层面，美国开始赋予琉球一定程度的自主权。

1950 年 9 月，杜勒斯拟定《对日媾和七原则》，主要内容包括：允许日本取得联合国会员资格；在领土方面，日本承认韩国独立，并同意将琉球群岛交予联合国托管，以美国为托管当局，美国对北纬 29°以南的琉球群岛，包括西之岛在内的小笠原群岛、火山列岛、"冲之鸟岛"、南鸟岛拥有行政、立法、司法上的全部权力；在军事方面，驻扎于日本的美军将暂时担负保障日本安全的职责；缔结《对日媾和条约》的盟国将放弃索赔要求，有关赔偿争端将由国际法院或通过外交途径解决；在商业方面，日本给予美国最惠国待遇。①《对日媾和七原则》表明美国已经采取扶持日本的政策。

1951 年《旧金山和约》和《美日安全条约》缔结，美军在琉球的军事基地正式开始建设。1953 年美军强行征收琉球的土地作为军事用地，同年军事基地雇用琉球居民达到 2.5 万人。实际上，美国在战后不久即确立了将琉球作为"太平洋基石"的军事战略，其对琉球的民主主义改革须服从于军事战略，琉球的战后重建和复兴工作是在维护美军基地的前提下展开的。美国为了在意识形态领域对抗苏联和中国等社会主义国家，在全球各占领区

---

① 中野好夫编『沖縄：戦後資料』、日本評論社、1998、37 頁。

域的文化战略重点从复兴琉球传统文化转向了宣传美国式的民主和价值观，开始了"文化冷战"。美国的亚太战略和对琉球的文化政策随之转变，在一定程度上允许日本文化重新进入琉球。

美军基地的大规模建设导致当地民众与美军矛盾激化，以屋良朝苗为首的冲绳教职员会发起了向日本"回归运动"，进而推动了琉球群岛的"国民教育运动"，主张将琉球儿童当作日本国民进行教育。①与此同时，日本政府积极与美国斡旋。在琉球归属问题上，美国一方面宣称"琉球对自由世界在远东的安全至关重要，美国有必要继续行使对琉球的统治权"，另一方面又于 1961 年与日本达成《日美联合声明》，承认日本对琉球群岛及小笠原群岛拥有"剩余主权"②，体现了美国政府对于琉球归属问题新的态度和方向。

三 "去日本化"实践对琉球族群造成的历史影响

美军对琉球"去日本化"的构想和实践虽然只持续了一段时间，但这种文化运动无疑刺激了琉球族群在历史长河中几乎消失的"共同体意识"和传统文化的复苏。

自明朝洪武五年（1372）开始，琉球与中国建立了长达 500 年的"朝贡"与"册封"关系，成为海上中转贸易的"万国津梁"。王国时期的琉球是一个独立国家，该时期的琉球人具有明显的族群意识和国家意识。洪武二十五年（1392），明太祖赐琉球善操舟楫者"闽人三十六姓"协助贸易往来，该时期琉球的社会意识、道德观念、法律制度都受到中国的影响。1879年，明治维新后的日本侵占了琉球王国，中琉之间的交往也被切断。日本在琉球实行强制性的文化同化政策，开展"同化"教育及"皇民化"教育，并强制琉球人学习日语，学习日本传统习俗。这一时期琉球人的族群意识和国家意识受到打压。二战期间，琉球又被强行灌输军国主义教育，以天皇为最高价值标准的"教育敕语"主导琉球人的思想。在这一时期，琉球人如果讲琉球语会被当作间谍处决，琉球族群的"共同体意识"和部分传统文

---

① 屋良朝苗『沖縄教職員会 16 年』、労働旬報社、1968、29 頁。
② 細谷千博［ほか］編『日米関係資料集 1945－1997』、522 頁。

化丢失。

　　由于琉球的军事战略意义重大，美军不仅把琉球作为进攻日本本土的跳板，而且在战后将其作为抑制日本军事发展的战略基地。美军在琉球制定了"亲美离日"的文化教育政策，即禁止使用日本教科书、禁止神道信仰，甚至还讨论过琉球的通用语言要不要禁止使用日语而使用英语或琉球语。随着国际形势变化，美国对日政策发生转变，并与日本结成同盟，虽然美国承认日本保有冲绳的"剩余主权"，但琉球群岛美国民政府时期的《琉球教育法》中依旧将琉球称为"国家"，将琉球人称为"国民"。① 美国当局提倡保护琉球传统技艺、文化财产和非物质文化遗产，复原首里城等琉球王国历史遗迹，修建博物馆等。这一系列的文化教育活动唤起了在此前"同化"教育、日本军国主义以及"皇民化"教育体制重压下几乎消失的琉球人的"自我认同意识"、"国家意识"和"共同体意识"。虽然现今琉球族群独特的反抗性、对传统的追求主要源自残酷的战争经历和美军基地负担等，但战后初期美国政府和民政府时期对琉球传统文化的复兴政策对琉球族群性格的形成起到一定作用。

　　以琉球为叙事主体的历史研究复兴于二战末期琉球被美军占领后，原本以天皇为中心的"神国史观"被打破，加之占领初期美国"亲美离日"扶持琉球主体性的文化教育政策，在占领时期接受教育而逐渐成长起来的琉球人具有"主体性意识"。战后初期，批判日本军国主义战争的著述相继出版。例如，浦崎纯所著《冲绳战秘史》叙述了冲绳战役中日军的谋划；冲绳时报社出版了《铁的风暴》，描写了残酷的冲绳战役；仲宗根政善所著《冲绳的悲剧》，讲述了"姬百合"学徒队的悲惨经历。在体现琉球主体性方面，宫城邦贞所著《冲绳概略史》、川平朝申所著《琉球歌谣集》、大宜味朝德所著《再建冲绳的构想》纷纷出版。② 这些论著表达了对日本的不满，并大力倡导琉球文化的特殊性。1955 年 11 月 7 日，琉球史研究会成立。该学会的宗旨是："为了冲绳的复兴和民族文化的未来，有必要了解自身的历史和文化。战争下，冲绳的古文化和古文书以及古代文物大多毁于战

① 　沖縄県教育委員会編『戦後の沖縄教育史』、106 頁。
② 　琉球政府文教局研究調査課編『琉球史料 9　文化篇 1』、琉球政府文教局、1958、146 頁。

火，所以成立琉球史研究会，推进对琉球史料的收集、整理及研究。"① 琉球史研究会每年 4 月召开一次全体大会。琉球史研究会发行的刊物《琉球》致力于重新书写"庆长之役"和琉球废藩置县的历史，放弃以支配者为中心的话语体系，历史书写以普通民众为中心。美国结束占领后，琉球学界涌现出一大批以琉球历史为研究主题的研究成果。例如，赤岭守所著《琉球王国：东亚海上交通的基石》，指出了琉球在古代东亚的重要地位，体现了琉球族群的自傲心理。② 在对日本统治时期的历史叙事方面，琉球大学教授波平恒男所编《近代东亚史中的琉球合并：从中华世界秩序到日本殖民帝国》③ 以及熊谷直所著《琉球·冲绳受难史》④，都指出日本对琉球的统治带有殖民和压迫性质。

　　族群的边界不完全是地理性的，也是社会性的。在生态资源竞争中，某人群往往强调自身特定的文化特征，限定群体的"边界"以排除他人。⑤若一位冲绳县民不认为自己是"大和人"，他就会刻意强调自己的"琉球人"身份。在当代琉球社会，可以明显地观察到琉球族群对复兴传统文化的努力。2016 年 2 月 8 日，按照首里城正殿龙柱原型设计的耗资 3.6 亿日元的巨型龙柱建成，龙柱高约 13 米、宽约 3 米，竖立在那霸港，也就是原久米村所在地。乘坐邮轮到访冲绳的游客一抵达那霸港就可以看到这两座象征琉球历史文化的建筑物。2017 年 2 月，日本职业篮球联赛联盟成立，各个代表队都以日本都道府县的名字命名，但是来自冲绳县的篮球队为了突出自身的传统文化，没有将队名定为"冲绳队"，而是命名为"琉球王朝队"。

　　遗失在历史长河中的传统文化在当代不断被重塑。比如，据《琉球神道记》记载，古代琉球女性的手掌多有刺青，这种刺青在琉球语中被称为"ハジチ"，汉字写为"針突"。琉球刺青文化在明治政府废藩置县后作为旧风俗遭到严厉禁止，日本甚至强制要求琉球人把手掌上的刺青洗掉。如今，这种被禁止了 100 多年的旧风俗在琉球族群中复苏，越来越多的年轻人开始

①　琉球政府文教局研究调查课编『琉球史料 9　文化篇 1』、4 页。
②　赤岭守『琉球王国─東アジアのコーナーストーン─』、講談社、2004。
③　波平恒男編『近代東アジア史のなかの琉球併合─中華世界秩序から殖民地帝国日本へ─』、岩波書店、2014。
④　熊谷直『琉球·沖縄受難史』、新人物往来社、1994。
⑤　王明珂：《华夏边缘：历史记忆与族群认同》，上海人民出版社，2020，第 73 页。

刺青，刺青图案也多带有古琉球时期的文化符号。

另外，琉球人也创造了一些传统文化中不存在的符号。1970 年，冲绳县观光联盟会会长宫里定三为振兴冲绳的旅游产业，参照美国夏威夷风格衬衫设计了具有海岛特色的夏季制服，并命名为"冲绳衬衫"。① 1990 年 5 月 1 日，冲绳县政府决定把"冲绳衬衫"进一步推广为代表琉球文化的传统服饰，于是通过《冲绳时报》等当地媒体向社会公开募集"冲绳衬衫"的新名称。② 同年 5 月 22 日，"冲绳衬衫"的新名字确定为"かりゆしウェア"，汉字写为"嘉例吉"。③ 1999 年 9 月 24 日，第六届冲绳县议会召开，议会运营委员会通过稻岭惠一知事的提案，规定"かりゆしウェア"为冲绳县议会正式工作制服。该衬衫成为琉球群岛当地政府、高校以及商务场合的正式着装。一件衬衫经历了最初的从业者制服功能、观光文化展示功能、当地特色文化代表功能、传统文化代表功能、"共同体意识"表达功能的转变，其中明显体现出当代琉球族群对自身"共同体意识"的发展与强化。

琉球人还创造了狂欢的节日。自 1990 年，每隔五年琉球族群就会举办一次"世界家乡人（琉球人）大会"（ウチナンチュ大会），"ウチナンチュ"在琉球语中是"家乡人"的意思。琉球历史上多灾多难，在日本殖民时期、两次世界大战时期，都有大批琉球人移民到中国台湾、东南亚以及美洲等世界各地。在首届"世界家乡人大会"的准备阶段，工作组就"ウチナンチュ"一词的定义展开了讨论。大会召集人知念英信称："从 16 世纪开始，琉球人从亚洲各国带回交易品，建立了繁荣的海上王国，在对外贸易交往中逐渐形成了家乡人的纽带和联系，回到家乡是对琉球人灵魂的补给。"④ "回到家乡"和"灵魂的补给"这样的词语体现了琉球人的"共同体意识"。

特定历史时期美国出于自身战略利益对琉球实施的"去日本化"举措唤起了琉球族群的历史记忆，以及"自我认同意识"、"国家意识"和"共

---

① 『沖縄県広報誌　大きな和』第 23 卷第 11 号、1999 年 11 月、沖縄県立公文書館蔵、番号：0000114205。

② 「めんそーれ沖縄県民運動推進協議会の設置関係 3/4 」、沖縄県商工労働部観光リゾート局観光振興課、1991 - 1992、沖縄県立公文書館蔵、番号：0000112759。

③ 琉球新報社編『現代沖縄事典』、琉球新報社、1992、62 頁。

④ 知念英信「『魂』と『絆』の発信―世界のウチナンチュ大会考―」、『沖縄タイムス』2012 年 2 月 1 日。

同体意识"。当代琉球族群复杂的身份认同意识虽然是残酷的战争经历和美军基地负担等因素造成的，但美国的"去日本化"举措催动战后琉球社会开展了一场文化运动。这种运动在琉球"回归"日本本土后并没有停止，在现今日美同盟的夹缝中，在美军基地的重压下，琉球族群依然不断加深对自身传统文化的追忆和复兴。

（审校：唐永亮）

《日本文论》（总第 6 辑）
第 86～97 页
© SSAP，2021

日本外交中的日美结盟外交

梁云祥[*]

内容提要： 结盟是国际关系中国家为维护自身安全而常常采取的一种外交行为，日本也不例外。从近代通过明治维新改革开始快速发展之时，日本就懂得通过结盟外交来增强自己的实力地位并由此获益。在二战战败投降并接受美国改造后，日本同美国结盟并一直延续至今，历时近 70 年。其间，日本在日美同盟框架内见证了冷战及后冷战时期的不同变化，其外交方向大致经历了"对美追随外交"、"全方位自主外交"与"政治大国化外交"的演变。冷战结束后，面对亚太地区国际格局及形势的变化，日本更是积极主动地强化与美国的同盟关系，在美国的主导之下两国同盟关系不断得到强化。在可预见的未来，与美国的同盟关系仍将是日本外交难以动摇的基础。

关 键 词： 日本外交　日美同盟　结盟外交

自近代国际关系产生以来，在国际关系的实践过程中，国家之间的结盟现象就比比皆是，在国际关系相对紧张的时期更是如此，即"同盟往往会在存在冲突或冲突威胁的国际环境中形成"①。"国际体系是一个自助体系。在这样的体系中，各国通过正式和非正式的安排（同盟或联盟）进行合作，以增进它们的安全，防范可能构成威胁的行为体。"②也就是说，在一个无政府状态的国际社会，任何国家的安全要么依靠自身的绝对强大，要么通过外

---

* 梁云祥，法学博士，北京大学国际关系学院教授、博士生导师，主要研究方向为日本政治外交、中日关系。

① 〔美〕詹姆斯·多尔蒂等：《争论中的国际关系理论》，阎学通等译，世界知识出版社，2003，第 573 页。
② 〔美〕詹姆斯·多尔蒂等：《争论中的国际关系理论》，第 572 页。

交获得其他国家的协助，而追求国家自身的绝对强大是非常困难的，或者需要付出巨大的代价，因此通过外交获得其他国家的协助就显得尤其重要。结盟是获得其他国家协助的一种主要手段，即通过结盟来弥补自身实力的不足，增强自己的实力地位和提高自己的安全感。

20 世纪两次世界大战之后，国际社会开始尝试通过建立范围广泛的国际组织及其集体安全的方式来保障国家的安全。但国家类型形形色色，国家之间的关系也错综复杂，集体安全仍然难以覆盖所有国家的安全，或者说不同的国家及其国家利益往往使某些国家很难在同一个集体安全框架内共存，因此结盟仍然是国际关系中惯常采用的做法。也就是说，尽管结盟并非国际关系中维持国际和平最为理想的做法，但从国际关系的现实来看，仍然难以完全消除结盟现象，大部分国家实际追求的其实并非理想状态的集体安全或共同安全，结盟现象仍然有着广泛的现实性。甚至可以说，在探讨国际关系中的安全问题时，重要的问题并非国家之间是否存在结盟现象，而是以什么为媒介或纽带来实现结盟，以及结成同盟后能够在多大程度上实现或维护自己的国家利益。

在 19 世纪中期东亚地区国家先后被迫卷入近代国际关系体系之后，经过明治维新变革率先接受西方国际关系规则的日本也开始在推行自己外交政策和对外行为的过程中重视运用结盟外交来实现自己的国家利益。例如，在东亚开始快速发展时，日本首先挑战中国，尽管还没有从法律上同欧美列强结盟，但已经懂得在利益和舆论上获得列强的支持或至少获得列强的理解和同情。在中日甲午战争中，日本就以所谓"代表西欧新文明的日本与维持东亚旧秩序及代表东亚旧文明的中国之间的冲突"[①] 来定义这场战争，即所谓"文明国家"对"非文明国家"的冲突及战争，以此来获得西方列强的支持或至少不反对。日本的这种做法产生了效果，日本获得了战争的胜利，并在日后逐步成为东亚强大的国家。无独有偶，当时，日本同俄国围绕朝鲜问题与在中国东北地区的争夺日益紧张，1902 年，日本同当时最为强大且同样与俄国存在深刻矛盾的英国签订同盟条约，双方正式结成同盟。在日俄战争中，日本再次获得胜利，并占据和扩大了在朝鲜半岛和中国东北地区的绝对影响力。甚至在第一次世界大战中，日本依据与英国的同盟关系选择同

---

① 〔日〕大畑笃四郎：《简明日本外交史》，梁云祥等译，世界知识出版社，2009，第 60 页。

协约国集团结盟，同样取得了战争胜利，夺取了战败国德国在中国山东的权益和太平洋上的众多岛屿。在第二次世界大战中，日本又同法西斯国家德国和意大利结成轴心国集团发动战争，给整个世界带来了一场巨大的灾难。虽然日本在与反法西斯同盟国家的对抗中遭到了惨重的失败，但这并不意味着日本会放弃结盟外交，而是意味着日本在选择盟国时需要做出正确的选择。因此，二战后的日本仍然选择了结盟外交，而且是同战时的敌国美国结成同盟，日美同盟至今已经延续了近 70 年的时间。

一　战后日美结盟的背景与过程

1945 年 8 月 15 日，日本宣布接受《波茨坦公告》，战败投降。很快，美国以盟军的身份占领了日本并对其实施改造，日本因战败而不得不顺从与配合美国的改造。随着美国对日本的改造以及对日政策的逐步变化，日本从上到下也从一开始的仇恨美国逐步转变为恐美、慕美乃至亲美，逐渐为恢复独立后对美国的结盟外交奠定了基础。

1945 年 11 月，即日本投降之后仅三个月，当时担任日本外务大臣的吉田茂就在日本外务省设立了一个名为"和平条约问题研究干事会"的临时机构，为未来的媾和进行预备性研究，探讨日本未来的基本外交方针。三个多月后，该机构提出了一份报告，其中认为"鉴于今后美国在远东地区的地位，我们必须与其结成紧密的关系"①，较早地提出恢复独立后采取亲美外交方针的设想。

其后不久，随着英国前首相丘吉尔著名的"铁幕演说"以及次年美国"杜鲁门主义"的出台，以苏联和美国为首的东西方冷战正式拉开帷幕，加之东亚最重要的国家中国发生内战，政治、军事形势逆转，日本在美国东亚安全战略中的地位突然提升，即美国对日政策从改造和削弱日本转变为扶植和复兴日本，以便日本能够代替中国发挥作用，成为美国在东亚抵抗共产主义的堡垒。如此一来，美国不但基本停止了对日本的改造并首先放弃了对日本的战争赔偿要求，而且开始对日本进行援助，加快日本恢复独立的步伐。日本在政治、经济等各个方面对美国的依赖也日益加深，为其未来外交上同

---

① 渡辺昭夫『戦後日本の対外政策―国際関係の変容と日本の役割―』、有斐閣、1985、33 頁。

美国结盟奠定了基础。

1951 年初，日美两国就媾和问题开始交涉，美国希望日本增强自主防卫能力以对抗社会主义国家，而日本拒绝了美国对日本重整军备的要求，却同意美国提出的两国签订安全保障条约的要求。9 月 8 日，经过美国同苏联、英国等大国之间的讨价还价，以及日本国内各派政治势力围绕所谓"全面媾和"还是"片面媾和"的争论之后，在美国的主导下旧金山会议召开，日本以"片面媾和"的方式恢复了独立。同一天，日美签订《日美安全条约》，两国在法律上正式结成同盟，日本作为美国东亚战略的一部分，加入了以美国为中心的西方阵营。

对于日本同美国的结盟，当时日本的当政者其实就已经从历史教训和长远国家利益而非眼下被动无奈的角度去理解和解释了，比如时任日本首相吉田茂就表示"日本外交的根本方针必须放在对美亲善这个大原则上"①。这样的认识并非因为战败后的无可奈何，而是从明治之后几十年的日本外交中总结出的经验教训。"回顾明治时代以来的历史，日本在与以自由为传统的海洋国家携手的时代国运昌隆，与受极权主义统治的大陆国家同调之时，逐步误入歧途，招致战败的残局。也就是说，日本国民选择自由主义时国家兴，选择极权主义时国家亡"②，或者说"从九一八事变到太平洋战争期间，日本对英美关系的狂妄混乱，如果从大的历史过程来看，并非日本的固有样态，而仅仅是暂时的偏离"③。

当然，日本同美国签订条约、结成同盟也受到日本国内诟病。比如，《日美安全条约》虽然规定美国在日本驻军是为了保障所谓远东的国际和平与安全，但并没有明确保卫日本的义务，反而有干预日本国内大规模内乱的权利，也没有明确规定条约的有效期等。④ 因此有些人就指责《日美安全条约》对日本来说缺乏自主性和双边性，怀疑美国是否愿意保护日本安全；美国不仅干涉日本国内政治，而且有可能使日本卷入国际冲突。日本政府也感到在日美同盟内部缺乏平等性，因此千方百计地利用日益恢复的国力以及国内民众的反美情绪，试图修改条约，使其变得更为平等。但总体而言，日

---

① 有賀貞等編『講座国際政治4　日本の外交』、東京大学出版会、1989、295 頁。
② 〔日〕吉田茂：《世界和日本》，袁雅琼译，上海人民出版社，2020，第 116 页。
③ 有賀貞等編『講座国際政治4　日本の外交』、295 頁。
④ 米庆余：《日本近现代外交史》，世界知识出版社，2010，第 316 页。

本并不排斥和反对同美国结盟，充其量只是对日本在同盟中的地位不太满意以及担心美国是否真愿意和能否保护日本的安全。也就是说，日本既需要日美同盟的安全保护，又对其不是十分满意。

1958年9月，即两国签署同盟条约7年后，美国终于同意就修订条约进行谈判。历时一年多、经过20多次谈判之后，1960年1月，日美双方签订了名为《日美相互合作及安全保障条约》的新条约。从新条约的名称就可以看出变化，日美不仅维持了安全同盟关系，还增加了经济内容，而且几乎完全满足了日本方面的修改意见。比如，规定了条约与《联合国宪章》的关系，明确了美国有保卫日本的义务，扩大了相互协商的范围，确立了驻日美军采取军事行动的事前协商制度，删去了美军有权干预日本国内骚乱的条款，强调了双方加强包括经济合作在内的一般性合作，规定了条约的有效期，等等。① 当然，日本仍然有义务为驻日美军提供各项便利和承担一定费用。

对于新条约，虽然日本国内仍然存在反对的声音，甚至在新条约签订前后爆发了战后日本社会最为激烈的学生运动，但从总体上来说，日本仍然需要同美国结盟，因为包括日本前首相吉田茂在内的能够左右日本政坛的一些战略家认为："当今世界是实施集团安全保障的时代。一国本位主义、孤立主义等早已被时代淘汰……在国际政治上，追求目标相同、利害关系一致的国家正通过团结合作来保卫国家的安全，共同协商处理问题。日本也是在此模式下恢复独立，并恢复了国力……日本的国运只有在与自由阵营各国共进退时才能够发展。"②

由此可见，日本经过战争时期同美国的敌对关系和战败后在美国占领下的各项改造，已经深刻地认识到确定亲美外交方针以及同美国结盟对实现日本国家利益的重要性。虽然吉田茂本人在20世纪50年代中期就离开了日本政坛，战后的日本政局也发生过若干次重大变动，但是吉田茂的亲美外交方针作为"吉田主义路线"最重要的遗产之一延续至今，即形成了一切以对美关系为基轴的日本外交，日美同盟关系也一直为战后历届日本政府所坚持与继承。

---

① 米庆余：《日本近现代外交史》，第353～354页。
② 〔日〕吉田茂：《世界和日本》，第117～118页。

二 日美同盟框架内的日本外交

战后的日本外交尽管总体上被局限在日美同盟的框架内，或者说自我选择了以对美关系为基轴，但是为了显示自己作为独立国家的形象，当然更是为了维护自己的国家利益，日本也会根据国际形势及本国实力地位的变化，在一定限度内提出与选择略有不同的外交原则和政策。比如，1956 年日本加入联合国之后，外务省在次年发表的《外交蓝皮书》中就提出了所谓日本外交的"三大支柱"，即"与西方国家协调""亚洲一员""联合国中心"。但是，长期以来，对于日本外交而言，最为重要的其实还是美国，即"以美国为中心"，即使在考虑与发展同其他国家的关系时也基本上是以美国为基轴来做出决定的。

具体而言，自 1952 年日本恢复独立至今近 70 年的时间里，日本外交大体上经历了三个阶段，每个阶段都有各自的特点。即 1952 年至 20 世纪 70 年代初，特点为"对美追随外交"；20 世纪 70 年代初至 80 年代初，特点为"全方位自主外交"；自 20 世纪 80 年代至今，特点为"政治大国化外交"。

（一）对美追随外交

如前所述，日本通过美国主导的旧金山会议恢复了独立。与此同时，又通过《日美安全条约》与美国结盟，并成为当时美国所谓"远东战略"的一部分，即反共链条上的一环。由于当时日美同盟内部双方实力对比悬殊，两国地位严重不对等，日本在外交上没有自主性，但为了自己的国家利益也只能选择完全追随美国。

作为具体的外交政策，即跟随美国反共、反华，日本与当时社会主义阵营的国家几乎都处于敌对状态，尤其在对华政策上。日本于 1952 年与"台湾当局"签订了所谓的"和平条约"，在联合国等众多国际多边场合也追随美国反对和不承认中华人民共和国，中日之间长期只能维持一种小规模的民间关系。

日本选择在外交上追随美国的做法获得了诸多利益，不仅获得了美国的安全保护，而且享受了美国庞大、开放的市场以及战后美国主导建立的西方世界自由贸易体制。正是在日美同盟框架内，日本几乎不需要承担太多的军费，埋头发展经济，很快便恢复了经济实力，20 世纪 50 年代中期各项经济指标就超过了战前水平，到 20 世纪 60 年代末更是迅速赶超了当时除美国之外的所有资本主义强国，成为仅次于美国的资本主义世界第二经济大国。随着自身经济实力提高，日本逐步改善了在日美同盟中的政治不平等地位，比如 1960 年修订安全条约，20 世纪 60 年代末和 70 年代初通过与美国谈判先后解决了小笠原群岛和冲绳群岛的"返还"问题。

在这个阶段，日本与美国关系中一个很重要的内容就是贸易摩擦问题。从 20 世纪 60 年代末起，贸易摩擦就成为日美关系中的一个重要内容，涉及众多领域，而且一直持续至 20 世纪 90 年代中期。需要强调的是，日美贸易摩擦不但没有从根本上动摇两国的同盟关系，反而让日本往往能够通过经济上的让步来获得政治上的利益。比如，在 1969 年日美首脑会谈中，美国总统尼克松与日本首相佐藤荣作达成所谓"线和绳的交易"①。总之，日美贸易摩擦并未影响到两国同盟关系的存在，反而通过交涉、让步、解决等方式，日本在日美同盟内的政治地位有所提高。

（二）全方位自主外交

20 世纪 70 年代初，国际形势发生较大变化，东西方关系有所缓和，中国恢复在联合国的合法席位，中美关系实现正常化，但中苏关系严重对立。此时的日美关系表现为，日本在经受了两次突如其来的"尼克松冲击"② 的同时，与美国之间的经济贸易摩擦继续发酵。

在如此背景之下，日本政府提出了一个全新的口号，即"全方位自主外交"，即不仅重视同美国的关系，而且要进一步扩大日本的外交空间。当然，所谓的"全方位自主外交"并非要将其他国家摆在同美国相当的位置，更不是要摆脱美国，而仅仅是利用当时正在变化的国际形势，试图在美国允许的前提下，在日美同盟的框架之内，谋求日本更大的利益。

具体实施方面，首先，日本迅速实现了中日关系正常化。虽然这一重大外交举动也事先获得了美国的首肯，但日本比美国走得更远，没有像美国一

---

① 指日本纤维制品对美出口问题与冲绳"返还"问题之间的交易，参见〔日〕大畑笃四郎《简明日本外交史》，第 265 页。
② 指 1971 年 7 月 15 日中美发表的"七一五公报"与同年 8 月 15 日尼克松突然宣布实行的"新经济政策"，二者分别对日本外交和日本经济造成了重大冲击。

样受台湾问题的制约只是实现了中美关系正常化而没有正式建交，而是在仅仅不到 5 天的时间里就几乎解决了战后 20 多年来两国间存在的遗留问题，并与中国建立了正式的外交关系。

其次，面对 1973 年 10 月第四次中东战争爆发后发生的"石油危机"，经济上严重依赖中东石油的日本一改过去追随美国的亲以色列政策，迅速派出特使奔赴中东阿拉伯产油国并向其提供大量经济援助，而且在联合国大会上公开表示支持阿拉伯国家。当然，日本中东政策几乎 180 度的变化也并非要摆脱美国、与美国对抗，而是因为石油危机对国家总体经济的重大冲击使日本不得不做出改变。盟国美国虽然并不满意日本的政策变化，但也不希望作为盟国的日本经济出现大的问题，因此采取了默认的态度。

最后，日本还加强了同第三世界国家之间的关系，尤其对于自己身处的东亚地区，日本更是投入了巨大的外交努力与资源。比如，1977 年 8 月，日本首相福田赳夫在访问菲律宾期间发表了题为《我国的东南亚政策》的演讲，提出了著名的"福田主义"，即在继续同东南亚国家保持密切经济关系和提供大量援助的基础之上，再建立一种彼此"心心相印"的政治信赖关系，并承诺不做军事大国。当然，日本加强同第三世界国家的关系并非要摆脱美国或同美国对抗，而是希望在维持日美同盟的前提下，更多地按照自己的国家利益来做出政策选择。

在这一阶段，日本同苏联及东欧国家的关系也有所改善，还就开发西伯利亚的石油和天然气问题与苏联接触。当然，整个 20 世纪 70 年代东西方关系的相对缓和很快便宣告结束，日本的所谓"全方位自主外交"仍然受制于当时东西方冷战的基本格局，也仍然离不开日美同盟的制约，因此日本试图改善同苏联和东欧国家关系的政策也随着 20 世纪 80 年代东西方关系缓和的结束而"寿终正寝"。

（三）政治大国化外交

到了 20 世纪 80 年代初，随着东西方关系的再度紧张和日本经济持续增长给日本带来的更大自信，以及美国力量相对下降后对日本提出了越来越多的政治乃至安全上的责任要求，日本政府开始想要改变战后长期以来在国际政治事务中采取的低姿态做法，即在国际政治事务中发挥更为积极主动的作用。

　　具体而言，1980 年 7 月，由一些日本学者和官员组成的首相咨询机构"政策研究会"提出一份名为《综合安全保障战略》的研究报告。该报告不但对"国家安全"的概念做了不同于传统意义的扩展式解释，而且认为保护日本安全的美国的力量在相对下降，因此"日本自战后以来不得不第一次认真考虑自我的努力，现状已经从'美国治下的和平'转变为'责任分担下的和平'，日本作为自由阵营的有力一员必须为体系的维持、运行做贡献"。[1] 1983 年 7 月，当时的日本首相中曾根康弘在其家乡对选民发表演讲时表明："今后要在世界政治中加强日本的发言权，不仅要增加日本作为经济大国的分量，而且要增加日本作为政治大国的分量。"[2]这是日本第一次公开正式提出要做"政治大国"的愿望。

　　由于历史原因，日本在战后第一次明确提出要做"政治大国"的政策宣布后，迅速引起了日本国内外的极大反响，尤其是一些历史上曾经遭受过日本侵略的东亚国家更是反应强烈。面对这些怀疑或反对的声音，日本政府仅仅是不再提"政治大国"的说法，更多地使用"做一个国际国家"或"为国际社会做贡献"的说法。但是，究其本质，其实就是"政治大国化外交"，即日本外交开始追求迈向"政治大国"的目标。

　　作为美国的盟国，日本在实施"政治大国化外交"的过程中，最主要的内容就是强化与美国的战略同盟关系，即更加主动积极地配合美国，为美国承担更多的责任。比如，积极配合美国共同反对苏联入侵阿富汗和抵制1980 年莫斯科奥运会，并主动向阿富汗邻国巴基斯坦等国家提供大量的所谓战略性和政治性经济援助；突破自我限定的防务开支，扩充海空自卫队力量，决心获得自主保卫距其海岸线 1000 英里以内海上交通线的能力；等等。

　　日本在 20 世纪 80 年代开启的"政治大国化外交"虽然跨越了冷战结束的重要时刻，但是战后国际关系中的这一最重大变化并未改变日本"政治大国化外交"的基本走向，甚至可以说冷战的结束反而为日本的"政治大国化外交"提供了更大的动力和可能性。比如，20 世纪 90 年代初，冷战结束之后爆发的第一次海湾战争对日本外交就是一次巨大的考验。尽管日本在 20 世纪 80 年代就提出了"政治大国"的口号，但政治的滞后性使日本

---

[1]　转引自米庆余《日本近现代外交史》，第 423 页。
[2]　转引自米庆余《日本近现代外交史》，第 428 页。

在国内的体制、法律等方面并不能完全适应"政治大国化外交"的需要。海湾战争爆发后，日本受国内法律的限制只能为多国部队提供资金而难以派出人员参加，还受到美国等国家认为日本是"只出钱不流血和汗"的指责。于是，日本进一步加快了"政治大国化外交"的步伐，即通过修改或制定法律，使日本自卫队能够走出海外并积极主动参与国际政治安全事务，如参与海湾战争后波斯湾的排雷任务、积极参与解决柬埔寨问题等重大的国际政治问题。

三　冷战后日美同盟对日本外交的意义

尽管日本的"政治大国化外交"的实施在很大程度上是积极配合美国的战略，或者干脆就在日美同盟的框架内实施，但是 20 世纪 90 年代初冷战结束后，也曾经出现过质疑日美同盟有没有必要继续存在的声音。一般认为，日美结盟主要是为了对抗以苏联为首的社会主义阵营国家，冷战后，既然苏联集团已经解体，日美同盟当然也完成了使命。不过，日本似乎并没有认为冷战的结束可以使日本脱离美国而完全自主实现安全，日本要实现成为"政治大国"的目标，也需要美国。因此，冷战刚刚结束不久，日本海部内阁就主动提出要建立所谓"日美欧国际新秩序"[1]，同时日本通过强调更多全球性问题而积极谋求同美国建立更为紧密的全球伙伴关系[2]。

经过一段时间的所谓同盟"漂流期"，1996 年 4 月，美国总统克林顿访问日本，同日本首相桥本龙太郎签署《日美安全保障联合宣言》，重新确认了两国的同盟关系及其安保体制与合作关系，结束了对日美同盟是否继续存在的质疑。该宣言不但为重新确认两国同盟关系找到了新的合作理由和基础，即亚太地区仍然存在诸如朝鲜半岛紧张局势及其他潜在的地区纠纷，还声明日美同盟将进一步关注和应对冷战后出现的众多全球或地区性问题，如防止大规模杀伤性武器扩散等。[3] 由此，日美同盟的活动范围和应对领域反

① 日本首相海部俊树在访问东盟各国时所做的政策演说，参见外务省『外交青書』、1991、403-404 頁。
② 梁云祥等：《后冷战时代的日本政治、经济与外交》，北京大学出版社，2000，第 131~132 页。
③ 米庆余：《日本近现代外交史》，第 503~504 页。

而都有所扩大。

　　当然，日美同盟也并非铁板一块。日本毕竟是一个主权独立的国家，有自己的利益。一般来说，日本既要发挥西方一员的作用积极强化同美国的同盟关系以及在国际关系中尽量积极配合美国的战略，但又常常担心美国为了自身的利益而像 20 世纪 70 年代初那样的"越顶外交"① 出卖自己。美国自身的政治变化也常常会影响日美同盟关系，如特朗普政权期间追求的所谓"美国第一"就冲击了同日本的同盟关系。但是，日本对日美同盟关系坚定如初，除 2009～2012 年民主党政权期间日本对美关系不太积极，甚至在冲绳美军基地搬迁问题上与美国有所摩擦，其余时间以及在所有的问题领域，日本基本上都是主动强化日美同盟关系，在强化的同盟框架内获得更多的利益。例如，在新的日美同盟框架内，日本同美国共同制定了新的防卫合作指针，参与同美国共同研究的地区导弹防御系统，参与美国对伊拉克和阿富汗两场战争的战后重建或后勤支援工作，等等。

　　也就是说，对于日本而言，要继续贯彻实施其"政治大国化外交"，就必然会选择继续维持日美同盟的方针政策，因为这不仅是战后近 70 年来日本外交的惯性以及日本安全、日本维护其政治价值观使然，也是日本追求外交目标所需要的。诸如提高国际政治的参与度和发言权、支持联合国安理会改革并成为安理会常任理事国、参与冷战后新出现的一些全球性或地区性问题等，日本都需要美国的支持。

　　尤其是面对中国的快速发展，日美两国有了越来越多的共同利益。2021年 4 月 16 日，日本首相菅义伟访美时同美国总统拜登共同发表题为《新时代美日全球伙伴关系》的联合声明，双方再次强调了同盟关系，认为共同的安全利益与价值观使双方的同盟关系更为紧密，而且日美同盟已经成为所谓印太地区乃至全世界和平与安全的基石。当然，这里的"和平与安全"仅仅是日美自己理解的"和平与安全"，而且该声明明确对台湾海峡的"和平与安全"表示"关注"，还对东海及钓鱼岛、南海等问题也表示"关注"，甚至涉及中国内政问题。② 显而易见，如何应对中国已经成为促使日美同盟

---

①　指 1971 年美国越过日本同中国秘密接触而对日本所造成的外交被动与冲击。

②　《美日首脑联合声明 1969 年以来首提台湾，我驻美使馆回应》，观察者网，2021 年 4 月 17 日，https://www.guancha.cn/internation/2021_04_17_587824.shtml，最后访问日期：2021 年 5 月 10 日。

更趋紧密的主要因素之一。

总之，在新的国际形势下，日美两国相互需要，尤其是日本外交更需要美国，因此双方的同盟关系在未来可以预见的时间内不但不会解体，反而有可能继续强化，日美同盟也会仍然是日本外交的基轴或构成日本外交难以动摇的基础。尤其在目前中日两国综合实力对比发生近代以来首次逆转的情形之下，日本从与中国竞争以及维护自身安全及价值观等角度考虑，也会更加希望强化同美国的同盟关系。

（审校：孟晓旭）

《日本文论》(总第 6 辑)
第 98 ~ 129 页
© SSAP,2021

日本制造业绩效与"互联工业"战略[*]

许悦雷[**]

内容提要:"互联工业"战略是日本实现"社会5.0"的关键环节和重要手段,同时"互联工业"战略的实施需要良好的制造业基础。2010 年以后特别是"安倍经济学"提出以后,日本制造业逐渐复苏,绩效表现较好。本文以日本制造业为研究对象,使用 2010 ~ 2015 年日本经济产业省《工业统计调查》中制造业 698 个细分行业面板数据,采用伍德里奇及福斯特等人的方法对日本制造业发展的根本原因进行实证分析。本文认为,2010 ~ 2015 年,日本制造业的全要素生产率基本呈现增长态势;2010 年以来日本制造业全要素生产率的提高是日本制造业近期绩效表现较好的根本原因。本文还从日本制造业视角探讨了"互联工业"战略实施的可能性、必要性与可行性,并分析了"互联工业"战略对中国制造业发展的启示。

关 键 词:日本 制造业绩效 全要素生产率 "互联工业"战略

2017 年 3 月 21 日,在德国汉诺威消费电子、信息及通信博览会(CeBIT)上,日本首相安倍晋三首次提出了"互联工业"(connected industries)的概念。所谓"互联工业"指通过连接和有效使用各产业数据来实现技术创新、提高生产率、传承技能、创造新的附加值,以解决日本的人口老龄化、劳动力不足、环境及能源限制等社会问题,最终实现提高产业竞争力和国民生活

---

* 本文为辽宁省教育厅科学研究经费项目(面上项目)"经济发展新动能背景下辽宁高技术制造业发展研究"(编号:LJKR0046)、辽宁省社会科学规划基金重点项目"基于《资本论》视角下的沈阳经济发展新动能研究"(编号:L18AJL004)的阶段性成果。
** 许悦雷,经济学博士,辽宁大学日本研究所副研究员,主要研究方向为经济改革与发展。

水平及推动经济健康发展。[①] 第四次工业革命将推动社会形态由信息社会升级为超智能社会，或者说"社会5.0"，日本将中间产业形态的最终变化定义为"互联工业"。"互联工业"战略是日本实现"社会5.0"的关键环节和重要手段。在"互联工业"战略中，日本共提出五大重点发展领域。一是自动驾驶及驾驶服务领域，二是制造及机器人技术领域，三是生物及素材领域，四是智能生活领域，五是设备及设施安全领域。纵览这五大重点领域可以发现，"互联工业"的相当部分涉及制造业。这表明，"互联工业"战略的实施需要良好的制造业基础。从历史维度来看，二战后，制造业一直是日本的支柱产业，不仅保障了国内良好的就业，而且作为出口龙头赚取了大量外汇，支撑着日本经济的发展。基于这些情况，可以说制造业是日本的基础产业。日本非常重视制造业的发展[②]，《2017年制造业白皮书》中也明确提出要有效地推进智能制造的快速发展，规划了人工智能产业化的路线图。[③]

制造业对日本经济的发展至关重要[④]，因此一直备受学者关注。深尾京司指出，20世纪90年代以来，日本整体经济的全要素生产率（TFP）减速，一半要归因于制造业TFP的减速[⑤]。日本制造业TFP减速的主要原因是大企业的TFP不断上升，小企业的TFP不断下降；生产率较高的企业倒闭，生产率较低的企业依然存活。[⑥] 从日本学者对日本制造业的研究来看，第一，制造业在日本经济中占有重要地位，制造业的绩效好坏直接影响日本经济的发展；第二，20世纪90年代以来，日本制造业TFP减速的原因较为异常，出现了类似于"恶币"驱逐"良币"的现象。当下日本制造业绩效究竟如

---

① 详细内容参见"Connected Industries", Ministry of Economy, Trade and Industry, Japan, http：//www. meti. go. jp/english/policy/mono_ info_ service/connected_ industries/index. html［2020 - 03 - 03］。

② 马永伟：《工匠精神培育与传承的国际经验与启示》，《南昌大学学报》（人文社会科学版）2018年第1期。

③ 『2017年版ものづくり白書』、経済産業省ホームページ、https：//www. meti. go. jp/report/whitepaper/mono/2017/index. html［2020 - 03 - 03］。

④ 刘兆国、乔亮：《日本制造业国际竞争力与发展趋势研究——基于产品空间结构理论的再审视》，《现代日本经济》2016年第3期。

⑤ 深尾京司『失われた20年と日本経済—構造的原因と再生への原動力の解明—』、日本経済新聞出版社、2012。

⑥ Fukao Kyoji and Kwon Hyeog Ug, "Why Did Japan's TFP Growth Slow Down in the Lost Decade? An Empirical Analysis Based on Firm - level Data of Manufacturing Firms", *Japanese Economic Review*, Vol. 57, No. 2, 2006, pp. 195 - 228.

何，对"互联工业"战略实施的影响如何，对中国有何启示？这是值得关注的问题，也是本文研究的重点内容。

一 文献综述

日本制造业受到中国学者的关注，中国学者从多角度对其进行了研究，做出了重要的边际贡献。概括起来，主要分为以下四个方面。第一，从演化、演进和循环经济角度阐述了日本制造业。李毅从组织结构演进的视角指出，长期以来人们对日本制造业发展问题存在不同看法和争论，需要使用新的理论与新的思维方式来分析产业发展的经验和教训；从组织结构演进的视角探讨日本制造业在不同历史条件下的形成与变革过程，有益于获得有关制造业可持续发展的新知识。[①] 李毅还从演化经济学角度指出，用历史的、动态的观点认识组织及组织结构变迁在产业调整与发展中所承担的角色非常重要。[②] 曾荣平和李岩基于循环经济调整的角度研究了日本制造业，认为日本循环经济的发展对制造业提出了保护环境的新要求，日本制造业企业从资源的开采原材料采购、产品制造、加工组装、流通、消费，甚至废弃、回收利用等各阶段，都努力降低环境负荷，并取得了显著成效。[③]

第二，从人口、人才及空间经济学角度研究日本制造业。赵雅婧和王有鑫从人口老龄化角度研究日本制造业，提出人口老龄化会影响劳动力供给、劳动力年龄分布和劳动效率，进而对制造业出口比较优势产生影响。实证检验发现，虽然日本制造业在国际市场上具有较强的出口比较优势，但随着人口老龄化程度加剧，制造业出口比较优势呈现下降趋势。[④] 龚东军和李蓉从人才角度研究日本制造业，并以日本劳动政策研究机构相关问卷调查和研究报告为基础介绍了日本制造类企业经营战略及人才培养现状，探析了日本现

---

① 李毅：《从组织结构演进的视角看日本制造业可持续发展的经验与教训》，《现代日本经济》2008 年第 6 期。

② 李毅：《组织创新为什么不可忽视：对日本制造业组织结构变迁的一种演化经济学解释》，《经济研究参考》2012 年第 5 期。

③ 曾荣平、李岩：《日本制造业：基于循环经济的调整》，《辽东学院学报》（社会科学版）2008 年第 3 期。

④ 赵雅婧、王有鑫：《人口老龄化对日本制造业出口比较研究——兼论对中国的启示》，《日本问题研究》2013 年第 3 期。

代制造业产业提高劳动生产率的措施及技术技能型人才培养的特点。① 刘兆国和乔亮从空间经济学角度分析了 2000～2013 年日本制造业产业的国际竞争力发展情况。研究结果显示，日本中等技术制成品的国际竞争力较强，高技术制成品的国际竞争力出现分化，电子产品的国际竞争力大幅下降，而中等技术制成品将是未来日本制造业出口结构转型与升级的主要方向，会成为日本制造业的发展重心。② 金春雨和程浩从空间经济学角度，基于日本 47 个行政区数据构建面板门限模型，分析了日本制造业空间集聚对经济增长的作用。研究结果表明，日本制造业的集聚对经济增长具有显著的影响。当地区运输成本较高时，制造业空间集聚对经济增长具有显著的正向作用；随着运输成本下降，制造业空间集聚对经济增长的影响由显著的正向效应转变为显著的负向效应。③

第三，从产业政策和产业安全角度研究日本制造业。李毅从产业政策角度分析了制造业在日本经济中的实际发展状况、日本制造业产业政策的主要内容及特点，探讨了日本制造业企业调整与变革的基本方向。④ 常思纯从产业安全的角度研究了日本制造业，具体而言，主要是从日本制造业的国内环境、国际竞争力、对外依存度和产业控制力四个角度对日本制造业生存安全与发展安全做了初步评价，结论是日本制造业生存安全状况较好，但发展安全面临较大隐患。⑤

第四，从效率及对中国启示角度研究日本制造业。林秀梅和马明从效率角度分析了日本制造业"路在何方"，指出"日本制造"问题频出，日本制造业的国际竞争力逐渐下降，主要原因是全要素生产率衰退。⑥ 苏宏伟和王晨旭分析了日本制造业能源效率的影响因素，主要影响因素包括要素替代程

---

① 龚东军、李蓉：《日本制造业产业相关人才培养调查研究》，《汽车实用技术》2017 年第 16 期。

② 刘兆国、乔亮：《日本制造业国际竞争力与发展趋势研究——基于产品空间结构理论的再审视》，《现代日本经济》2016 年第 3 期。

③ 金春雨、程浩：《日本制造业空间集聚的经济增长门限效应分析》，《现代日本经济》2016 年第 6 期。

④ 李毅：《当前日本制造业的产业政策动向与制造企业的调整和变革》，《日本学刊》2005 年第 6 期。

⑤ 常思纯：《日本制造业产业安全评价与启示》，《日本研究》2013 年第 4 期。

⑥ 林秀梅、马明：《日本制造业"路在何方"——基于全要素生产率分析的启示》，《现代日本经济》2012 年第 2 期。

度、贸易和技术水平。① 宋谦、杜伊凡和王静指出，日本装备制造业大量引进国外的先进生产技术与管理方法并与本国传统经验相结合，建立以技术创新为先导、以高科技产业为主体的装备制造业管理新模式，从而形成了极强的国际竞争优势。② 徐菁鸿研究指出，日本制造业的研发投入对技术的促进作用相对明显；在相同研发投入一个标准差的冲击下，市场竞争力比技术进步的表现更直观、更灵敏。③

综上所述，学者从多个角度对日本制造业进行了较为全面的研究和分析，取得了重要的研究成果。但现存文献中，很少将日本制造业与"互联工业"战略结合起来论述，也缺少对近期日本制造业 TFP 的测算与分析，或数据相对较旧，采用的方法主要是具有争议的 Malmquist 指数法④。鉴于此，本文使用 2010～2015 年日本经济产业省《工业统计调查》中制造业 698 个细分行业面板数据⑤，采用伍德里奇（Jeffrey M. Wooldridge）及福斯特（Lucia Forster）等人的 TFP 计算方法对日本制造业 TFP 进行测算和分解，并从日本制造业视角探讨"互联工业"战略实施的可能性、必要性与可行性。这不仅有利于了解现阶段日本制造业的发展状况及深层次原因，而且有利于把握制造业对"互联工业"战略影响的内在机理。

二　日本制造业的绩效

"互联工业"战略是日本安倍晋三首相在 2017 年提出的，因此本文重点关注安倍执政前期，特别是 2012 年"安倍经济学"提出至 2016 年这五年的日本制造业绩效。

2012 年"安倍经济学"提出前后，日本制造业经济所占比重及就业人

---

① 苏宏伟、王晨旭：《日本制造业能源绩效的影响因素分析》，《现代日本经济》2015 年第 2 期。

② 宋谦、杜伊凡、王静：《辽宁省装备制造业国际竞争能力分析——日本经验的借鉴》，《沈阳工业大学学报》（社会科学版）2015 年第 1 期。

③ 徐菁鸿：《日本制造业发展对我国东北老工业基地振兴的启示》，《沈阳师范大学学报》（社会科学版）2017 年第 6 期。

④ 例如，章祥苏、贲斌威：《中国全要素生产率分析：Malmquist 指数法评述与应用》，《数量经济技术经济研究》2008 年第 6 期。

⑤ 日本经济产业省 2015 年版《工业统计调查》调整了制造业细分行业，为了保证面板数据的长度和统计口径的一致性，本文选择数据期间为 2010～2015 年。

口均为两成左右，变化不大。"安倍经济学"主要由互为补充的大胆的金融政策、机动的财政政策和唤起民间投资的成长战略构成。由于"安倍经济学"的政策效果逐渐显现，日本经济开始出现复苏迹象。^① 其中，制造业依然是日本重要的支柱性产业。根据日本内阁府《国民经济计算（GDP 统计）》数据，2005 年制造业占国民经济的比重为 21.6%，2016 年的占比为21.2%。劳动政策研究研修机构《数据册：国际劳动比较 2017》数据显示，制造业就业人数 2000 年的占比为 20.5%，2005 年的占比为 18.0%，2015 年的占比为 16.7%。这表明，就宏观经济层面而言，制造业的整体发展较为平稳。

（一）制造业持续盈利，投资增加，劳动生产率有所上升

在此期间，日本制造业企业收益明显改善，盈利能力提高。从图 1 可以看出，2001～2016 年，日本制造业营业纯收益和销售利润比的变化趋势大致分为三个阶段。第一个阶段是 2001～2006 年，处于上升期，营业纯收益增加 165.10%，销售利润比增加 83.33%。第二个阶段是 2007～2008 年，处于断崖式下降期，营业纯收益下降幅度达 77.89%，销售利润比下降幅度达 71.15%，主要是因为受到美国金融危机的影响。第三个阶段是 2009～2016 年，处于逐渐上升期，营业纯收益增加 242.35%，销售利润比增加166.67%。在第三个阶段中，2010～2011 年向下微调；而 2012～2016 年，无论是营业纯收益还是销售利润比基本处于增长态势，营业纯收益增加61.60%，利润销售比增加 50%。进一步细分，2012～2013 年营业纯收益增加 58.55%，销售利润比增加 46.88%；2014～2016 年营业纯收益和销售利润比都在近期高点位置徘徊。根据经济产业省 2018 年 12 月的调查，日本制造业企业近年来持续盈利的主要原因在于日本经济恢复景气及产品销路扩大。

与此同时，日本制造业投资处于增长态势，劳动生产率有所提高。从规模 1 亿日元以上的日本制造业企业的设备投资率^②来看（见图 2），设备投资

---

① 详细内容参见『2018 年版ものづくり白書』、経済産業省ホームページ、https：//www. meti. go. jp/report/whitepaper/mono/2018/index. html［2020 - 03 - 03］。

② 设备投资率表示 1 单位设备可以创造的附加值比率，具体计算方法为粗附加值除以有形固定资产与未使用建筑差额后的两期均值。

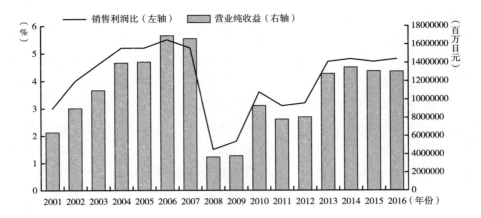

图 1　规模 1 亿日元以上的日本制造业企业的营业纯收益及销售利润比情况

资料来源：「法人企業統計調査　調査の結果」、財務省ホームページ、https://www. mof. go. jp/pri/reference/ssc/results/index. htm ［2020 - 03 - 03］。

率的变化趋势与图 1 的营业纯收益基本一致，也分为三个阶段。2001～2006 年处于上升阶段，增幅为 28.38%；2007～2009 年处于下降阶段，降幅为 37.64%；2010～2016 年整体处于增长阶段，增幅为 15.12%。值得注意的 是，2013～2016 年的设备投资率基本保持在历史高位 76.50% 附近，这反映 出规模 1 亿日元以上的日本制造业企业的投资需求旺盛。劳动装备率①的变 化则大致分为两个阶段，第一阶段为 2001～2012 年，基本上处于下降趋势， 降幅为 15.33%；第二阶段为 2013～2016 年，略有向上之意，增幅为 1.83%。劳动装备率可以近似看作马克思主义政治经济学中的"资本有机 构成"，能够反映劳动生产率，比值越高，生产效率越高。另外，根据日本 生产性本部发布的《劳动生产率国际比较 2019》，日本制造业的劳动生产率 2012 年为 1.02，2014 年为 1.073，2016 年为 1.116。2012～2016 年，制造 业的劳动生产率上升 9.41%。这表明，从"安倍经济学"提出的第二年起， 规模 1 亿日元以上的日本制造业企业的劳动生产率处于上升趋势，与图 1 企 业的营业纯收益和销售利润比形成内在逻辑的一致性。事实上，日本制造业 企业整体的变化与规模 1 亿日元以上企业的变化基本类似，只是规模 1 亿日 元以上的日本制造业企业的变化更具有代表性。

————————

①　劳动装备率表示有形固定资产与从业人员数的比值。

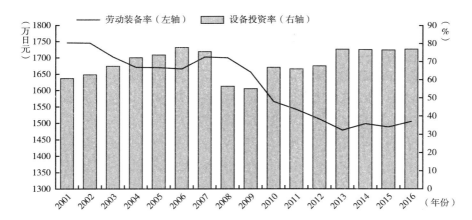

图 2　规模 1 亿日元以上的日本制造业企业的设备投资率及劳动装备率情况

资料来源：「法人企業統計調査　調査の結果」、財務省ホームページ、https：//www.
mof. go. jp/pri/reference/ssc/results/index. htm［2020 – 03 – 03］。

（二）制造业行业预期指标基本好转，资金充足，但面临生产设备供需平衡和劳动力不足问题

日本制造业的行业预期基本好转。行业预期影响经济主体的心理、决策和行动。根据凯恩斯经济学相关理论，预期是影响总供给和总需求的重要因素，甚至是经济波动的决定性因素。图 3 显示的是大企业、中坚企业及中小企业对制造业行业的预期，三类企业预期大致相同。从图 3 可以看出，2001～2004 年的行业预期处于上升期，2005～2008 年处于下降期，2009～2016 年处于震荡上升期。其中，2012～2013 年稍微下降，2013～2014 年大幅上升，上升幅度平均为 20%，2015～2016 年处于震荡状态。总体来看，2012～2016 年三类企业对制造业的行业预期为正，制造业具有较好的发展前景。从具体市场供求预期来看，2001～2016 年都处于零轴（零轴代表供求平衡）之下，也就是供给大于需求的情况。具体而言，可以分为三个阶段：2001～2006 年供求预测处于上升阶段，2007～2008 年处于下降阶段，2009～2016 年处于震荡上升阶段。其中，2010 年初为－30%，即供给超过需求 30%，2016 年恢复到 – 13%，即供给超过需求 13%（见图 4）。应当说，市场供求关系得到明显改善，制造业企业的收益和投资都会增加。

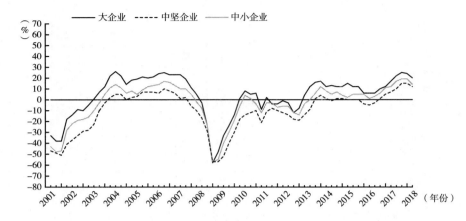

图 3　各类型企业对制造业的行业预期

资料来源：「法人企業景気予測調査　調査の結果」、財務省ホームページ、https：//
www. mof. go. jp/pri/reference/bos/results/index. htm［2020 - 03 - 03］。

图 4　大企业对制造业的供求预测情况

资料来源：「法人企業景気予測調査　調査の結果」、財務省ホームページ、https：//
www. mof. go. jp/pri/reference/bos/results/index. htm［2020 - 03 - 03］。

日本制造业企业运营资金充足。如图 5 所示，从制造业企业在股票市场
的资金筹措情况来看，制造业企业在股市上的主要资金筹措方式是非新股发
行。2012～2015 年，制造业企业的资金筹措额一直处于增加趋势。2016 年，
日本银行实施负利率量化宽松政策，很多企业利用低利率环境以公司债形式
筹措资金，通过股票筹措资金大幅减少。日本财务省《法人企业统计》调

查显示，日本制造业企业的内部留存从 2012 年起一直处于增加趋势，到 2016 年增加了 6.2 倍。① 总体来看，日本制造业企业的运营资金比较充足。另外，2018 年 3 月日本银行"全国企业短期经济观测"调查显示，日本企业都认为日本金融机构不会收紧银根，乐于放贷。② 这表明，日本制造业面临较好的融资环境，经营不会有过多的资金约束。

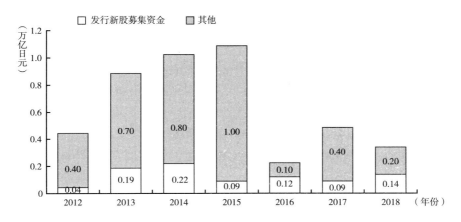

图 5　制造业企业在股票市场筹集资金情况

资料来源：『2019 年版ものづくり白書』、経済産業省ホームページ、https://www.meti.go.jp/report/whitepaper/mono/2019/honbun_ pdf/index.html。

日本制造业逐渐复苏，生产设备将实现供需平衡，但面临劳动力不足问题。从各类企业对制造业生产经营设备预期判断来看，可以分为三个阶段，2001～2007 年处于下降趋势，2008～2009 年处于上升趋势，2010～2016 年整体处于下降趋势。其中，2010 年生产设备过剩预期平均为 25%，2016 年生产设备过剩预期平均下降 3%（见图 6）。从全产业完全失业率和有效求人倍率来看，日本完全失业率由 2012 年的 4.3% 下降到 2016 年的 3.1%，有效求人倍率由 2012 年的 0.80 倍上升至 2016 年的 1.36 倍（见图 7）。即日本就业充分，会出现劳动力不足的问题。需要注意的是，近年来日本制造业的附加值不断增加。根据《2016 年企业活动调查》，2016 年日本制造业的

① 「法人企業統計調査　調査の結果」、財務省ホームページ、https://www.mof.go.jp/pri/reference/ssc/results/index.htm［2020 - 03 - 03］。

② 「短観（要旨）（2018 年 3 月）」、日本銀行ホームページ、https://www.boj.or.jp/statistics/tk/yoshi/tk1803.htm［2020 - 03 - 03］。

附加值总额为 98.28 万亿日元，比上一年增加了 6.2%，连续 3 年保持增加态势。① 这表明，日本制造业正逐渐复苏，生产设备逐渐由过剩转为供需相对平衡，劳动力供给也由相对过剩转为供给不足。就今后发展趋势而言，其一，日本制造业企业优势凸显，未来会进一步增加设备投资；其二，日本进入人口减少和超老龄化社会②，制造业劳动力不足问题严峻，劳动力不足将成为制约日本制造业发展的重要因素。

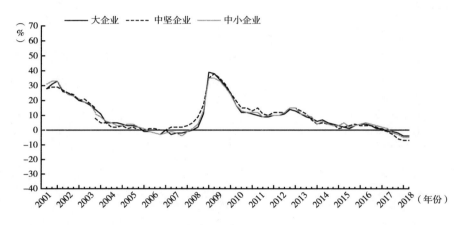

图 6　制造业生产经营设备预期判断

资料来源：「法人企業景気予測調査　調査の結果」、財務省ホームページ、https：// www. mof. go. jp/pri/reference/bos/results/index. htm ［2020 – 03 – 03］。

（三）制造业研发实力雄厚，对外贸易有所恢复

日本制造业有雄厚的研发实力，远超全行业水平。2010 年，每家制造业企业的研发费用为 8800 万日元，而全行业（不含金融和保险业）为 8200 万日元；每位制造业企业的研发人员研究经费为 840 万日元，全行业的研发人员平均经费也为 840 万日元。2016 年，制造业的整体研发强度为 3.0%，而全行业研发强度（不含金融和保险业）为 1.4%；制造业整体研发人员占

---

① 「平成 28 年経済センサス」、総務省統計局ホームページ、http：//www. stat. go. jp/data/e - census/2016/kekka/gaiyo. html ［2020 – 03 – 03］。

② 田香兰：《日本人口减少及老龄化对综合国力的影响——兼论日本的人口政策及效果》，《日本学刊》2011 年第 5 期。

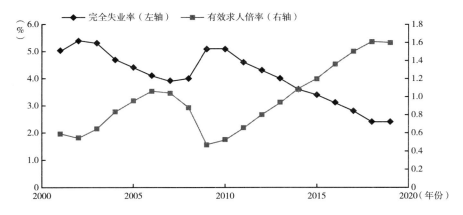

图 7 全产业完全失业率与有效求人倍率

资料来源：「労働力調査：長期時系列データ」、総務省統計局ホームページ、https：//
www. stat. go. jp/data/roudou/longtime/03roudou. html ［2020 – 03 – 03］；「一般職業紹介状況
（職業安定業務統計）：雇用関係指標（年度）」、厚生労働省ホームページ、https：//
www. mhlw. go. jp/toukei/list/114 – 1d. html ［2020 – 03 – 03］。

比为 5.2% ，而全行业研发人员占比为 2.3% 。① 这说明，伴随时间的推移，制造业的研发基础远超全行业水平。

从制造业细分行业来看，2010 ~ 2016 年，研发经费绝对数量排在第一位的是运输用机械器具制造业，增幅为 37.9% ；第二位是情报通信机械器具制造业，增幅为 – 21.5% ；第三位是医药品制造业，增幅为 5.9% （见图8）。从研发强度来看，2016 年，医药品制造业的比重最高，为 8.5% ；第 2位为情报通信机械器具制造业，比重为 5.9% ；第 3 位为业务用机械器具制造业，比重为 5.2% 。②从日本制造业研发人员情况来看，2010 ~ 2016 年，研究人员绝对数量排在第 1 位的是情报通信机械器具制造业，增幅为 – 12.0% ；排在第 2 位的是运输用机械器具制造业，增幅为 18.5% ；排在第3 位的是业务用机械器具制造业，增幅为 20.5% （见图9）。从研发人员所占比例来看，情报通信机械器具制造业最高，为 19.2% ；第 2 位为业务用

---

① 文部科学省科学技術・学術政策研究所『科学技術指標 2017』、調査資料 – 261、2017 年8 月。

② 文部科学省科学技術・学術政策研究所『科学技術指標 2017』、調査資料 – 261、2017 年8 月。

机械器具制造业，为 12.1%；第 3 位是化学工业，为 9.7%。① 综合来看，情报通信机械器具制造业具有绝对优势，是日本制造业研发的核心领域，其次为业务用机械器具制造业。

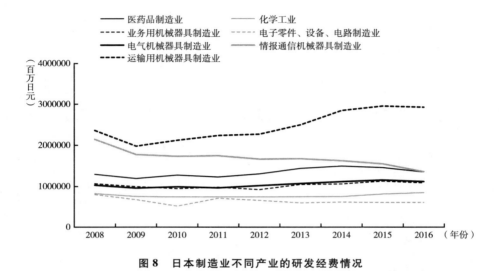

图 8　日本制造业不同产业的研发经费情况

资料来源：文部科学省科学技术·学術政策研究所『科学技術指標 2017』、调查资料 – 261、2017 年 8 月。

至于日本制造业的对外贸易情况，从图 10 可以看出，出口量排名前两位的运输机械与一般机械变化趋势类似，排名后两位的电气机械和化学制品变化趋势相似。2010～2012 年，运输机械出口处于增加趋势，增加幅度为 8.6%；2012～2015 年处于下降趋势，下降幅度为 20.5%；2015～2016 年出口有所恢复，增幅为 6.4%。就一般机械出口而言，2010～2011 年处于增加趋势，增幅为 13.8%；2011～2015 年整体处于下降趋势，降幅为 30.9%；2015～2016 年有所恢复，增幅为 5.1%。由于这两个行业中间跌幅较大，如果不考虑第一阶段的增长部分，2010～2015 年运输机械出口下降幅度为 13.6%，一般机械出口下降幅度为 21.4%。此外，电气机械 2010～2015 年的出口下降幅度为 23.7%，2015～2016 年恢复增长，增幅为 3.4%；化学制

---

① 文部科学省科学技术·学術政策研究所『科学技術指標 2017』、调查资料 – 261、2017 年 8 月。

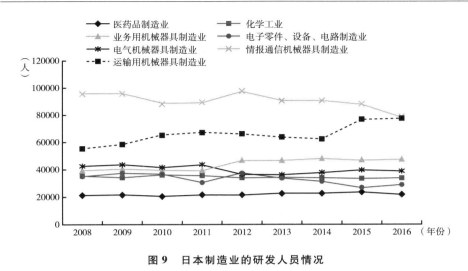

图9 日本制造业的研发人员情况

资料来源：文部科学省科学技术·学术政策研究所『科学技术指標 2017』、調查資
料 –261、2017 年 8 月。

品 2010～2015 年的出口下降幅度为 18.5%，2015～2016 年恢复增长，增幅
为 2.1%。总体来看，这四大行业都经历了 2010～2015 年出口大跌、2015～
2016 年有所恢复的相似变化。对比来看，2003～2006 年出口量排名第 1 位
的是运输机械，第 2 位是电器机械；而 2012～2016 年出口量处于第 1 位的
是运输机械，处于第 2 位的是一般机械。运输机械行业是日本出口优势产业
和龙头产业。

根据以上论述可以得出判断，2010 年以后特别是"安倍经济学"提出
以后，日本制造业逐渐复苏，绩效表现较好。具体表现为：第一，制造业行
业供给远大于需求的情况逐步改善，2017 年前后已恢复到平衡市场。这会
导致制造业产品价格有所回升，有利于缓解通货紧缩压力。大企业、中坚企
业及中小企业面临良好的行业预期，各类型企业运营资金充足，持续盈利，
劳动生产率不断上升。第二，制造业整个行业有雄厚的研发实力和较强的研
发潜力，远超全行业水平。从制造业细分行业来看，情报通信机械器具制造
业和业务用机械器具制造业为制造业行业研发及创新的龙头。第三，日本制
造业整体出口有所恢复，运输机械业是制造业出口的龙头产业。第四，未来
日本制造业将增加投资，但人口减少及老龄化等因素会进一步加剧制造业劳
动力不足问题。

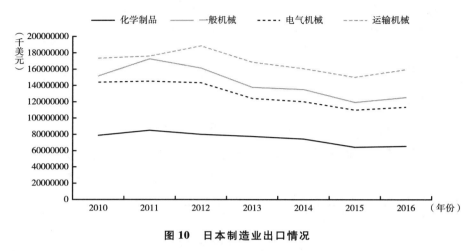

图 10　日本制造业出口情况

资料来源：Japanese Trade and Investment Statistics，JETRO，https：//www.jetro.go.jp/en/reports/statistics/［2020 - 03 - 03］。

三　日本制造业绩效提高的根本原因

　　近期日本制造业整体绩效表现较好是众多因素综合作用的结果。比如，日本制造业企业长期以来进行创新及战略转型[①]，以及日本制造业企业有造物精神、财团的经营布局及有益的产业政策[②]等，都是日本制造业绩效较好的原因。但本文认为，TFP 提高才是日本制造业绩效提高的根本原因。众多文献也通常采用 TFP 的差异来解释不同国家或产业间的技术进步、创新能力或者绩效差异[③]。基于此，本文采用伍德里奇的 TFP 计算方法[④]及福斯特等人的 TFP 分解法，对影响日本制造业绩效的 TFP 进行测算和分解。

[①]　张玉来：《日本制造业新特征及其转型之痛》，《现代日本经济》2018 年第 4 期。

[②]　林丽敏：《日本制造业："回归"抑或"从未失去"》，《现代日本经济》2019 年第 5 期。

[③]　参见 Diego Comin，"Total Factor Productivity"，in S. N. Durlauf，L. E. Blume，eds.，*Economic Growth*，The New Palgrave Economics Collection，London：Palgrave Macmillan，2010，pp. 260 - 263；A. Steven Englander and Axel Mittelstadt，"Total Factor Productivity：Macroeconomic and Structural Aspects of the Slowdown"，*OECD Economic Studies*，Vol. 10，No. 7，1988，p. 56；宋凌云、王贤彬《重点产业政策，资源重置与产业生产率》，《管理世界》2013 年第 12 期。

[④]　Jeffrey M. Wooldridge，"On Estimating Firm - level Production Functions Using Proxy Variables to Control for Unobservables"，*Economics Letters*，Vol. 104，No. 3，2009，pp. 112 - 114。

（一）理论模型

本文主要参照伍德里奇的方法对日本制造业 TFP 进行测算。本文假定生产函数为柯布道格拉斯函数。设制造业细分行业为 i [①]、时间点为 t 的生产函数如下：

$$y_{it} = \alpha + w_{it}\beta + x_{it}\gamma + \omega_{it} + \varepsilon_{it} \tag{1}$$

其中，y_{it} 代表总附加值的对数，w_{it} 表示自由变量 $1 \times J$ 向量的对数，x_{it} 表示状态变量 $1 \times K$ 向量的对数，随机项 ω_{it} 是无法观察到的生产率或技术效率，ε_{it} 为扰动项并假定为白噪声。

接下来，按照 OP [②] 和 LP [③] 的做法，取一阶马尔可夫过程，结果如下：

$$\omega_{it} = E(\omega_{it} \mid \Omega_{it-1}) + \xi_{it} = E(\omega_{it} \mid \omega_{it-1}) + \xi_{it} = g(\omega_{it-1}) + \xi_{it} \tag{2}$$

其中，Ω_{it-1} 是 $t-1$ 时期的信息集合，并假设 ξ_{it} 与 ω_{it} 和 ε_{it} 不相关。

LP 方法假定，产业能够根据观测到的生产率冲击调整最佳的中间品投入。据此，可以把中间品投入函数设定为 $m_{it} = f(x_{it}, \omega_{it})$，$E(m_{it} \mid x_{it}) = 0$，且 m_{it} 可逆，则：

$$\omega_{it} = h(m_{it}, x_{it}) \tag{3}$$

公式（2）与公式（3）相结合可以得到

$$E(\omega_{it} \mid \omega_{it-1}) + \xi_{it} = f[h(m_{it-1}, x_{it-1})] + \xi_{it} \tag{4}$$

为了确定 β 和 γ 系数，通过上述公式（1）至公式（4）可以得到两个重要方程：

$$y_{it} = \alpha + w_{it}\beta + x_{it}\gamma + h(m_{it}, x_{it}) + \varepsilon_{it} \tag{5}$$

$$y_{it} = \alpha + w_{it}\beta + x_{it}\gamma + f[h(m_{it-1}, x_{it-1})] + \eta_{it} \tag{6}$$

① 参照日本总务省的产业细分类，把制造业细分为 698 个细产业。参见総務省「日本標準産業分類（平成 14 年 3 月改訂）分類項目表」、http://www.soumu.go.jp/toukei_toukatsu/index/seido/sangyo/3 - 1.htm［2020 - 04 - 07］。

② G. Steven Olley, Ariel Pakes, "The Dynamics of Productivity in the Telecommunications Equipment Industry", *Econometrica*, Vol. 64, No. 6, 1996, pp. 1263 - 1297.

③ J. Levinsohn, A. Petrin, "Estimating Production Functions Using Inputs to Control for Unobservables", *Review of Economic Studies*, Vol. 70, No. 2, 2010, pp. 317 - 341.

其中，$\eta_{it} = \varepsilon_{it} + \xi_{it}$。

进一步将公式（5）中部分函数设定为 $h(m_{it}, x_{it}) = \lambda_0 + k(m_{it}, x_{it})\lambda_1$，公式（6）中部分函数设定为 $f(w_{it}) = \delta_0 + \delta_1[k(m_{it}, x_{it})\lambda_1] + \delta_2 [k(m_{it}, x_{it})\lambda_1]^2 + \cdots + \delta_G[k(m_{it}, x_{it})\lambda_1]^G$。

为了计算方便，可以假定 $\delta_1 = 1$，且 $G = 1$。则公式（5）和公式（6）可以写成：

$$y_{it} = \zeta + w_{it}\beta + x_{it}\gamma + k(m_{it}, x_{it})\lambda_1 + \varepsilon_{it} \tag{7}$$

$$y_{it} = \theta + w_{it}\beta + x_{it}\gamma + k(m_{it}, x_{it})\lambda_1 + \eta_{it} \tag{8}$$

然后，定义矩阵 $z_{it1} = [1, x_{it}, w_{it}, k(m_{it}, x_{it})]$，$z_{it2} = [1, x_{it}, w_{it-1}, k(m_{it-1}, x_{it-1})]$，即 $Z_{it} = \begin{pmatrix} z_{it1} \\ z_{it2} \end{pmatrix}$。

运用 GMM 工具变量法可以得到残存方程为：

$$R_{it} = \begin{pmatrix} r_{it1} \\ r_{it2} \end{pmatrix} = \begin{pmatrix} y_{it} - \zeta - w_{it}\beta - x_{it}\gamma - k(m_{it}, x_{it})\lambda_1 \\ y_{it} - \theta - w_{it}\beta - x_{it}\gamma - k(m_{it}, x_{it})\lambda_1 \end{pmatrix}, \text{且 } E[Z'_{it}R_{it}] = 0 \tag{9}$$

最后，根据公式（7）、公式（8）和公式（9），可以计算出 β 和 γ 的系数。

通过上述理论模型可以发现，首先，伍德里奇的方法是对国内普遍使用的 OP 方法和 LP 方法的进一步改进；其次，伍德里奇的方法采用更为可靠的广义矩阵法进行回归，这克服了不可观测 TFP 带来的内生性与联立性问题。[①] 因此，采用伍德里奇的方法计算 TFP 更准确和更有参考价值。

（二）数据来源及变量

本文计量分析数据来源于 2010～2015 年日本经济产业省《工业统计调查》中的制造业 698 个细分行业面板数据。为了防止异方差问题，本文对所有数据进行自然对数处理。

---

① 杨振、陈甫军：《中国制造业资源误置及福利损失测度》，《经济研究》2013 年第 3 期。

1. 被解释变量

被解释变量为 y_{it} [1]，数据采用《工业统计调查》中从业规模为 4 人以上的附加值数据 [2]。

2. 解释变量

解释变量包括：劳动（L），采用《工业统计调查》中从业人员数量指标 [3]；中间品（ME），采用《工业统计调查》中原材料投入等指标；资本存量（K）[4]，采用有形资产固定资产数据，具体根据如下公式计算而得：

$$K_t = K_{t-1} + I_t - \delta_{t-1} \tag{10}$$

其中，K_t 为本期资本存量，K_{t-1} 为上期资本剩余存量，I_t 为本期投资，δ_{t-1} 为上期折旧额。使用软件为 Stata 12 和 Excel 2013。

（三）回归结果

各变量基本统计特征见表 1。从表 1 可以发现，各主要变量都在两个标准差之内，数据相对平稳，但存在部分缺失值。日本经济产业省的《工业统计调查》主要是为了把握制造业的实际状况，对制造业企业进行的调查。调查方法主要有两种，一是统计调查人员访问调查对象，发放调查问卷后回收；二是经济产业省通过邮寄的方式发放调查问卷并回收。为了保证回收率，调查人员会通过电话、访问等形式催促，对不明事项进行反复确认。关于数据缺失，有文献指出，一个好的缺失数据处理方法应该合理反映缺失数据的不确定性，能够保持数据分布特征，保证变量间重要关系不会因调整发生变化。[5] 考虑到数据的缺失机制及尽可能保持数据原貌的问题，本文没有对缺失数据进行处理 [6]。

---

① 由于数据限制，从业人员规模为 29 人以下的采用粗附加值。根据 2018 年国际货币基金组织的《世界经济统计》数据，日本 2010～2015 年的 GDP 缩减指数几乎没有变化，因此本文对相关数据不做处理。

② 王卫、綦良群：《中国装备制造业全要素生产率增长的波动与异质性》，《数量经济技术经济研究》2017 年第 10 期。

③ 南亮进「経済成長と技術進歩の型」、『一橋論叢』第 5 号、1962。

④ 蒋萍、谷彬：《中国服务业 TFP 增长率分解与效率演进》，《数量经济技术经济研究》2009 年第 8 期。

⑤ 庞新生：《缺失数据处理方法的比较》，《统计与决策》2010 年第 24 期。

⑥ 实际上，删除缺失数据或补齐数据，并不影响实证分析的结论。

表 1　各变量统计特征

变量	Obs 样本数量	均值	标准差	最小值	最大值
$\ln L$	4188	8.949	1.509	1.792	13.667
$\ln ME$	4168	11.739	1.862	3.466	17.507
$\ln K$	3937	10.960	1.719	4.997	16.013
$\ln VA$	4168	11.3080	1.657	4.511	16.561

　　本文采用的实证方法主要是借鉴伍德里奇提出的方法（WRDG），依据是公式（7）和公式（8）。为了保证回归结果的稳健性，本文还采用了混合最小二乘法（OLS）、固定效应面板回归模型（FE）以及随机效应面板回归模型（RE），共计四种回归方法，回归结果见表 2。通过模型 4（WRDG）可以看出 $\ln L$ 的回归系数为 0.473，$\ln K$ 的回归系数为 0.286，都在 1% 统计水平下显著，符号也与混合最小二乘法、固定效应面板回归模型以及随机效应面板回归模型的回归结果一致，因此回归结果具有稳健性。

表 2　回归结果

变量	模型 1（OLS）	模型 2（FE）	模型 3（RE）	模型 4（WRDG）
$\ln L$	0.474 ***	0.673 ***	0.538 ***	0.473 ***
	(55.802)	(17.103)	(32.722)	(69.621)
$\ln K$	0.225 ***	0.003	0.100 ***	0.286 ***
	(24.796)	(0.172)	(8.380)	(12.627)
$\ln ME$	0.293 ***	0.286 ***	0.357 ***	
	(28.130)	(12.509)	(23.606)	
_cons	1.192 ***	1.889 ***	1.199 ***	
	(27.536)	(6.658)	(13.957)	
N	3936	3936	3936	3205

注：统计显著性水平 * p < 0.1，** p < 0.05，*** p < 0.01。

　　2010～2015 年，日本制造业的 TFP 基本呈现增长态势。根据公式（9）可以进一步计算出制造业 698 个细分行业的 TFP。表 3 列出了根据 2010～2015 年各制造业细分行业数据计算得出的制造业整体 TFP 均值。从整体来看，2010～2015 年，日本制造业 TFP 基本处于上升趋势，这与前文提到的制造业绩效较好具有一致性。而在 2010 年之前，日本制造业绩效相对较差。

就根本原因而言，20世纪80年代至90年代，日本制造业的效率基本处于同一水平波动，很难说效率较好①；2002～2006年，日本制造业的TFP呈下降趋势②。这也反映出，2010年以来日本制造业TFP的提高是日本制造业近期绩效表现较好的根本原因。制造业TFP的提高有利于提高产业绩效，增加营业利润。图11就显示了日本制造业TFP增长率与营业利润增长率之间的高度相关性。

表3 2010～2015年日本制造业的TFP情况

年份	均值	标准差	95%的置信区间	
2010	4.000	0.021	3.958	4.042
2011	4.047	0.021	4.007	4.088
2012	4.002	0.020	3.962	4.042
2013	4.009	0.020	3.969	4.048
2014	4.033	0.020	3.993	4.072
2015	4.082	0.021	4.041	4.124

值得一提的是，从制造业细分行业6年期的TFP均值来看，排在第1位的是饮料、香烟、饲料制造业中的香烟制造业，排在第2位的是化学工业中的医药品制剂制造业；从2012～2015年的TFP增长率来看，排在第1位的是有色金属制造业中的亚铅第一次制炼精制业，第2位是情报通信机械器具制造业中的录像机器制造业，第3位是生产用机械器具制造业中的平板液晶屏装置制造业。与之前相比，日本制造业细分行业的TFP有很大差异。20世纪80年代至90年代，日本制造业中机械和化学产业的生产效率增长明显③；2002～2006年，TFP排名前3位的分别是有色金属、电器机械及器材和印刷及相关工业④。这表明，日本制造业的TFP变化较快，需要及时跟踪、测算。

---

① 〔日〕人见胜人、武振业：《日本制造业的效率分析》，《南开经济研究》1994年第6期。
② 林秀梅、马明：《日本制造业"路在何方"——基于全要素生产率分析的启示》，《现代日本经济》2012年第2期。
③ 〔日〕人见胜人、武振业：《日本制造业的效率分析》，《南开经济研究》1994年第6期。
④ 林秀梅、马明：《日本制造业"路在何方"——基于全要素生产率分析的启示》，《现代日本经济》2012年第2期。

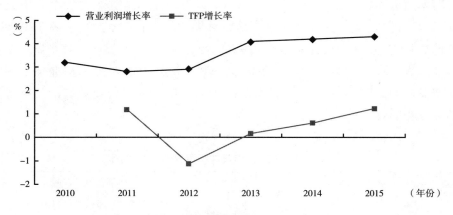

图 11　制造业营业利润增长率与 TFP 增长率

注：TFP 增长率为笔者计算得出。

资料来源：「法人企業統計調査　調査の結果」、財務省ホームページ、https：//www. mof. go. jp/pri/reference/ssc/index. htm ［2020 - 05 - 08］。

（四）TFP 分解

为了深入分析日本制造业 TFP 的增长原因，本文又对 TFP 进行了分解分析。

1. 分解方法

与国内文献一般将 TFP 分解为技术进步（TC）、技术效率变化（TEC）、规模效率变化（SEC）和配置效率变化（AEC）的做法不同，本文主要参照福斯特、霍尔蒂万格和克里赞[①]的 TFP 分解方法。这种分解方法能更好地反映 TFP 内部的变化趋势与细节。制造业整体 TFP 与细分行业 TFP 的关系如下：

$$\ln TFP_t = \sum_{i=1}^{m} \varphi_{it} \ln TFP_{it} \tag{11}$$

φ 为各细分行业附加值相对于制造业整体附加值的比重。把基准年 $t - \tau$ 与比较年 t 制造业整体的 TFP 分解为五个部分。

---

① Lucia Foster, John C. Haltiwanger, C. J. Krizan, "Aggregate Productivity Growth：Lessons from Microeconomic Evidence", *NBER Working Papers*, 1998, pp. 303 - 372.

①组内效果：$\sum \varphi_{it-\tau} \Delta \ln TFP_{it}$。

②组间效果：$\sum \varphi_{it} (\ln TFP_{it-\tau} - \overline{\ln TFP_{t-\tau}})$。

③交叉效果：$\sum \varphi_{it} \Delta \ln TFP_{it}$。

④进入效果：$\sum \varphi_{it} (\ln TFP_{it} - \overline{\ln TFP_{t-\tau}})$。

⑤退出效果：$\sum \varphi_{it-\tau} (\overline{\ln TFP_{t-\tau}} - \ln TFP_{it-\tau})$。

组内效果表示，由于各制造业细分行业 TFP 上升，整个制造业产业 TFP 上升。组间效果表示，在基准点时刻，由于 TFP 相对较高的各制造业细分行业扩大市场份额，整个制造业产业 TFP 上升。交叉效果表示各制造业细分行业 TFP 上升带来的效果。组间效果和交叉效果合计可以表示各制造业细分行业的资源配置效果。进入效果表示比基准点时刻生产率较高的各制造业细分行业 TFP 的总体上升效果。退出效果表示比基准点时刻生产率较低的各制造业细分行业 TFP 的总体衰退效果。

2. 计算结果

组内效果、交叉效果和进入效果是 TFP 上升的主要动力。运用模型 4（WRDG）的相关数据和结果，根据上述分解方法，可以把 TFP 分解为组内效果、组间效果、交叉效果、进入效果和退出效果。为了更好地对日本制造业 TFP 进行分解，本文把 2010～2015 年分为两个阶段：第一阶段为 2010～2012 年，第二阶段为 2012～2015 年。通过图 12 所表示的 TFP 分解效果可以发现，这两期的组间效果与退出效果变化不大，组间效果略有上升，组内效果、交叉效果和进入效果上升幅度非常明显。应当说，组内效果、交叉效果和进入效果这三种效果叠加是 2012～2015 年 TFP 上升的主要推动力。具体而言，第一，2012～2015 年，制造业细分行业的 TFP 有了很大提高，原本 TFP 相对较高的细分行业充分发挥了自身的优势，进一步提高了效率，扩大了市场份额。第二，制造业细分行业的资源分配趋于合理，资源配置效应不断增强。组内效果、组间效果、交叉效果和进入效果的上升与日本制造业具有雄厚的研发实力及积极参与国际贸易等特点有关。此外，值得注意的是，部分制造业细分行业衰退程度上升。如图 12 所示，2012～2015 年，退出效果与 2010～2012 年相比略有上升，这表明，部分细分行业的衰退程度有所加重。

综合判断，制造业细分行业呈现两极分化的现象，即 TFP 相对较高的行业不断发展，TFP 相对较低的行业不断衰退，呈现出强者越强、弱者越弱的局面。也就是说，从整体而言，TFP 相对较高细分行业的上升程度大于TFP 相对较低细分行业的衰退程度，这使制造业整体 TFP 呈现出上升状态，进而制造业整体绩效较好。

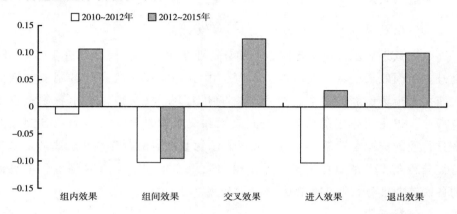

图 12 TFP 分解效果

四 制造业与"互联工业"战略的关系

世界主要国家提出了明确的工业发展目标以应对第四次产业革命，如德国"工业4.0"、法国"未来工业"战略。日本也提出了"社会5.0"，并于2017 年 3 月提出"互联工业"概念。《2018 年制造业白皮书》明确将"互联工业"作为日本制造业发展的战略目标，突出工业的核心地位。总体来看，日本制造业的优势在于拥有通过很长时间培育起来的超高技术能力；劣势在于日本制造业的扩张性和敏捷性不足；日本制造业的机会在于可以通过数字化推进"互联工业"战略；日本制造业的潜在威胁在于新兴国家的企业技术能力提高。这些对日本"互联工业"战略的实施将产生重要影响。

（一）"互联工业"战略实施的可能性

1. 日本制造业储蓄了大量数据，拥有较强的国际竞争力

基于连接而创造价值的"互联工业"战略的基础在于数据。由于第四

次产业革命,"互联工业"时代的客户需求需要更为深入、广泛与迅速的应对,以挖掘潜在客户需求、提高客户价值。这需要通过物联网(IoT)、大数据、人工智能(AI)等工具进行可视化及分析,提高预测精度。从本质而言,与客户接触,满足客户的个性需求,需要强化数据的使用。根据总务省 2020 年"数字数据经济价值的测量与使用现状"调查,日本企业储蓄的大量数据大多来自"企业内数据",从外部购买数据的企业占整体的三成左右。从企业规模而言,大企业使用数据的比例要远远高于其他类型企业。从业务领域来看,"经营企划与组织改革""产品服务与开发""市场营销"等领域活用数据的比例较高。① 另外,数据也需要进行分类处理。比如,哪些数据可以获得,哪些数据可以共享。实际上,数据可以划分为竞争领域与合作领域,企业需要整体提高对数据的可识别能力。

日本制造业有着较强的竞争力。制造业对日本经济整体波及效果较强,在就业与生产两个方面贡献度大。制造业作为日本经济的支柱产业,长期发挥着拉动经济发展的作用。在经济全球化的过程中,日本制造业看似丧失了元气,但绝对没有丧失优势。比如,日本制造业具有较强国际竞争力的产品有汽车,数码相机,数码相机、液晶电视、等离子电视、手机的材料及零件,汽车钢板,半导体制造装置,高精度微型轴承等。据统计,2016 年日本产业用机器人的世界市场份额居第 1 位,为 39%;金属加工机械所占世界市场份额也排名第 1 位,为 42.4%。另外,运输用机械对贸易盈余贡献最大。② 事实上,这三个行业都属于"互联工业"战略提出的五大重点发展领域。另外,根据 2017 年经济产业省的调查,日本制造业的优势在于优秀的现场力,主要表现在"应对需求能力""试验及小批量生产"等方面。③通过"互联工业"战略的实施,日本制造业可以摆脱过去大量生产、大量消费的模式,确立可持续发展的生产及消费模式。

---

① 『デジタルデータの経済的価値の計測と活用の現状に関する調査研究の請負報告書』、総務省ホームページ、2020 年 3 月、https：//www. soumu. go. jp/johotsusintokei/linkdata/r02_ 05_ houkoku. pdf［2020 – 03 – 03］。

② 『2019 年版ものづくり白書』、経済産業省ホームページ、https：//www. meti. go. jp/report/whitepaper/mono/2019/honbun_ pdf/index. html［2020 – 03 – 03］。

③ 『2019 年版ものづくり白書』、経済産業省ホームページ、https：//www. meti. go. jp/report/whitepaper/mono/2019/honbun_ pdf/index. html［2020 – 03 – 03］。

2. 制造业较好的绩效有利于"互联工业"战略的实施

"安倍经济学"提出以后，日本制造业较好的绩效奠定了"互联工业"战略实施的基础。制造业在"互联工业"中占有重要位置，从根本而言，"互联工业"战略是要运用日本的先进技术和经验构筑新型的以价值为导向的产业社会，其主要任务之一就是构建人与机器等的共生系统。从这个角度而言，制造业 TFP 的提高及较好的绩效表现有利于"互联工业"战略的实施。今后，日本制造业应该会有更好的绩效表现，从而进一步促进"互联工业"战略的实施。理由在于，从内部因素而言，一是制造业整体指标转好。2010 年以来，日本制造业研发实力雄厚，行业持续盈利，行业预期、市场预期及运营资金预期等各项指标基本好转，对外贸易有所恢复。二是日本对人工智能、物联网投资将增加。根据 2018 年摩根士丹利发布的报告，2018～2020 年日本大型企业在自动化、人工智能、机器人与物联网等领域的投资占比将由 10.6% 上升至 22.8%。从外部因素而言，一是日本经济长期处于增长趋势。2010～2018 年，日本 GDP 一直处于增加状态，平均年增长率为 1.1%；二是日本实施了一系列支持产业创新的政策，比如着力培养高技术人才、重点支持高端技术发展、推进"战略创新创造项目"等广域产学合作等。① 这些为日本制造业的发展提供了有利条件，进而为"互联工业"战略的实施打下了坚实的基础。

（二）实施"互联工业"战略的必要性

1. "互联工业"战略可以解决制造业连接不充分及人才质与量不足的问题

日本制造业企业连接不足，人才匮乏。日本制造业企业的现实情况是，企业机器间连接不充分，只能应对有限类型的制造生产；企业内部门间连接不充分，企业之间连接困难。另外，制造业企业的变革需要培养在工程上下游为客户创造高附加值的人才。但是，日本缺乏能够使用数字工具的人才，缺少微笑曲线两端的人才，缺少产学合作的人才，缺少可以系统性思考的人才。而且，企业在经营方面的国际视野不足，高水平外国人才无法安居。根据《2018 年制造业白皮书》，2016 年，人才不足已影响到企业经营的受访

---

① 『2019 年版ものづくり白書』、経済産業省ホームページ、https://www.meti.go.jp/report/whitepaper/mono/2019/honbun_pdf/index.html［2020-03-03］。

企业所占比例为 22.8%，2017 年该比例上升至 32.1%。另外，无论是数量还是质量，数字人才不足比例已达 77.4%。加上少子老龄化的影响，甚至连技术人员储备的技术也无法顺利传承。

"互联工业"战略可以连接机器与机器、人与机器、人与人、部门与部门、工厂与工厂、企业与企业，解决连接不充分的问题。埃里克·布林约尔松认为，伴随技术的扩散与动力部门、支柱部门之间的全方位互联，经济增长仍将持续。① 在"互联工业"战略的概念下，运用数字技术推进各种互联，可以形成快速应对客户高端化、多样化的需求机制。另外，可以运用数字技术，将技术人员的知识系统化，进而解决人手不足问题；也可以运用各种数字技术实现自动化及节约劳动力，改革工作方式，让人从事更具附加值的工作，积极推进数字人才的培养。关于人才确保政策，现在日本企业还倾向于录用应届毕业生，未来应着眼于形势变化，通过引入机器或机器人实现自动化与省人化，也需要重新审视人事制度，提高待遇。

2. "互联工业"战略的实施有利于解决制造业较少运用物联网、人工智能等问题，促进新业态发展

在"互联工业"战略背景下，实际运用物联网、人工智能及数据等的制造业企业还较少。图 13 显示了日本制造业物联网和人工智能的引入情况，可以看出，没有引入物联网和人工智能意向的企业占了大多数，接近 43%；既引入物联网又引入人工智能的制造业企业只占 2% 左右。利用数据的制造业企业仅有少数。根据《2017 年通信利用动向调查》，没有引入物联网的理由，排在第 1 位的是商业模式不是很明确，第 2 位是引入成本和运营成本问题。而且，根据经济产业省 2017 年的调查，数据运用于可视化与生产流程的改善方面进展不大，占比都没有超过 20%。具体而言，2016～2017 年，数据运用于个别工程机械运转状态可视化的制造业企业占比平均为 16.45%，同期企业内外部产品及材料可追溯性管理的占比平均为 16.2%，海外企业生产流程数据手机与使用的占比平均为 9.1%。②

① E. Brynjolfsson et al, "Artificial Intelligence and the Modern Productivity Paradox: A Clash of Expectations and Statistics", NBER Working Paper, No. 24001, 2017.

② 「製造業を巡る現状と政策課題—Connected Industriesの深化—」、経済産業省ホームページ、https://www.meti.go.jp/shingikai/sankoshin/seizo_sangyo/pdf/006_03_00.pdf [2020-03-03]。

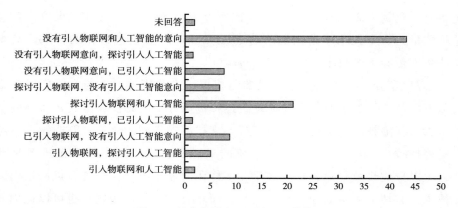

图 13　制造业导入 IoT 和 AI 的状况

资料来源：『平成 29 年通信利用動向調査』、総務省ホームページ、https：//www.
soumu. go. jp/johotsusintokei/statistics/pdf/HR201700_ 002. pdf［2020 - 03 - 03］。

　　"互联工业"战略的核心在于实现数字技术与现有产业"互联"，通过机械、数据、技术、组织等的"互联"，促进制造业相关企业对数字技术的重视及运用，以创造新价值、解决社会问题，进而产生新的产业形态。应当说，日本的"互联工业"战略实现了"人—机—物"等更大范围的互联与深度运算，也会使数字经济从消费领域拓展到智能消费、智能流通与智能生产领域，从而进一步加强日本企业对物联网、人工智能等的运用。

　　3. "互联工业"战略可以解决日本企业相对较低的附加值与利润率问题
　　一方面，日本制造业创造的附加值不高。根据《2017 年制造业白皮书》，日本提出制造业主要面临两个课题。一是克服自身弱项，创造并最大化附加值；二是维持强项，即维持并提高强现场力。为解决这两个问题，需要积极利用 IT、机器人等先进工具。基于此，为了让产业创造并实现附加值最大化，日本提出了与"社会 5.0"相关的概念——"互联工业"。"互联工业"也可以理解为连接所有，去除壁垒，推进融合与变化，结果是产生新的商业模式、创造新的附加值。

　　另一方面，日本企业的利润率与外国企业相比较低。数字化迅猛发展，与提高利润率的思想相比，如何更好地发挥网络效果的思想对于现今时代更为重要。应当说，没有互联，不可能实现创造并使附加值最大化的目标。这里的"互联"并不只是连接人、工厂或是机械，还有数据互联。互联数据的合理利用才是附加值与利润的源泉。事实上，制造业的利润发生了本质上的变化，而"互联工业"战略正是应对这种变化而采取的必要措施。

4. "互联工业"战略可以应对世界范围内不确定性因素增加的问题

近年来，地缘政治学危机、保护主义、网络攻击等不确定性因素增加。此外，企业也面临不连续的技术变革、自然灾害、无法预期的制度变更等各种不确定性。不确定性会阻碍企业的国际化与数字化投资。比如，近年来由于地缘政治学危机与保护主义等，全球价值链出现断裂危机。"互联工业"的理论基础在于共同专业化（co-specialization），因此可在一定程度上应对不确定性。共同专业化指通过与资产间的互补关系创造价值。"互联工业"的意义在于共同专业化价值链的形成，而创新就是共同专业化资产的结合。动态能力强的企业应该把共同专业化的价值链置于自身的支配下，进行纵向联合；动态能力不强的企业则应该强化企业间、产学官的合作。无论如何，如果不进一步推进数字化、提高动态能力，就不可能实现互联。"互联工业"成功的关键在于数字化社区的存在。也就是说，在合作企业间实现社区数字化与平台化对于实现"互联工业"非常有效。而在形成社区数字化方面，政府、独立法人、地方自治体、大学、研究机构等都能发挥作用。

（三）"互联工业"战略的可行性

1. 提高全要素生产率，以新的商业模式推动"互联工业"战略的实施

要变革商业模式，需要提高全要素生产率。首先，在生产制造方面，为了提高全要素生产率，需要进行设备投资、IT及数字化投资。IT及数字化投资指强化数据利用及安全，提供数据转换的必要要素，进而实现大规模定制。其次，在纵览供应链各个环节现状的基础上，进一步推进自动化与节能化，促进数字化。通过实现平台化、云端化、价值链模块化，应对潜在威胁，强化企业内及供应链上企业间的合作。如此，可以提高产品品质，实现整体最优化，最大限度连接客户。最后，在考虑网络效果"互联工业＋"的基础上，重视网络及互联的作用，提高全要素生产率。正如克里斯·安德森（Chris Anderson）所指出的，只有数字经济在制造业方面显现威力之后，数字经济才能被看作真正的工业革命，无论是ICT还是人工智能。①

优化商业模式，促进"互联工业"战略的实施。世界范围内，以生产

---

① 〔英〕克里斯·安德森：《创客：新工业革命》，萧潇译，中信出版社，2015，第8页。

平台为代表，其他行业不断参与制造业，使制造业发生了翻天覆地的变化。在这种背景下，有必要重新审视能够充分发挥自身优势的商业模式。微笑曲线左端的企划与设计及微笑曲线右端的服务是今后需要着力开拓的领域，强化微笑曲线的上游与下游，加强与顾客的接触，构筑能够满足客户高端化及个性化需求的商业模式。事实上，在微笑曲线中间的部分，日本企业的素材生产依旧占据世界领先地位。可以说，通过强化微笑曲线的不同部分，可以创造国际性企业的比较优势。而这需要通过改良软件、硬件与生产流程，促进"互联工业"战略的实施。

2. 在考虑安全性的基础上，推进跨领域与单一领域"互联工业"战略的实施

首先，推进日本制造业跨领域的"互联工业"战略。要实现跨领域的"互联工业"战略，一是把物数字化，诸如把散落在现实中的物加入感应器进而数字化，通过机器的侦测进而数据化。有研究显示，不仅是人工智能，机器人和传感器等高级自动化技术的综合应用也能够提高生产效率。[①] 二是互联，与企业内部、合作企业以及跨产业的企业合作，实现实时数据共享。三是分析和预测，基于数据的汇总、人工智能等的分析预测需求，进而提高全要素生产率。四是创造附加值并实现最大化。通过满足客户需求创造新的价值，创造新的商业模式。

其次，推进日本制造业单一领域的"互联工业"战略。目前，日本单一领域的"互联工业"只在有限的工程内合作。甚至有个别企业连内部信息都没有互联，要与其他企业互联生产则更为困难。价值链前后端信息的交错连接，实现互联非常困难。在这样的情况下，一是需要实现现场的数据化与自动化，通过把技能数字化、服务化，确保新的收益源泉；二是需要实现数据合作平台化，构筑制造、生产数据合作的公开平台，激活合作企业的数据互联；三是需要实现产业链前后端互联，制造产业链前后端开展数据合作，进而顺利实现企业内外的合作。

此外，在"互联工业"社会，为应对安全问题，还需要制定组织方针与对策，调整相关机制。"互联工业"战略中，互联是核心，互联时的安全

---

① Iain M. Cockburn, Rebecca Henderson, Scott Stern, "The Impact of Artificial Intelligence on Innovation", NBER Working Paper, No. 24449, 2018.

确保必不可少。在通过物联网等数字技术把所有人与物互联的产业社会，网络攻击的起点增多，需要确保安全的领域扩大。而且，从物联网获得的大量数据在供应链间流动，互联时网络危险范围扩大，互联企业必须制定充分的组织与机制安全对策。

3. 以系统与整体的思想推动"互联工业"战略的实施

制造业创业企业是实现"互联工业"战略的关键。面对技术革新速度加快，问题更加复杂化，不应该把所有领域都作为竞争领域，而是扩大合作领域，将资源集中于真正的竞争领域。要实现"互联工业"战略，所有必要资源如技术、人才、资金等，都通过单个个体获得是非常没有效率的。企业应形成合作关系，活用彼此的资源，形成互赢关系的绿色系统，进而通过绿色系统实现附加值最大化。从活用资源的角度来看，企业有很多合作对象，但是拥有顶尖技术、人才及优秀经营能力的创业企业，其作为合作方的需求会更多。也可以说，创业企业是实现"互联工业"战略的关键。近年来，作为制造业创新承担者的制造业创业企业受到广泛关注。所谓制造业创业企业指能活用其他企业的资源，以自身优势为核心，在短时间内实现生产并快速成长、开拓市场的企业群。作为"互联工业"战略的承担者，重要的是开发面向制造业企业的产品和服务。制造业创业企业与大型企业不同，能够把制造流程创新作为自身产品，并短时间内实现产品的商业化。从这个意义而言，制造业创业企业在"互联工业"战略方面承担着其他主体不具备的重要作用，需要把制造业创业企业的创新理念与产品应用于制造业全体。当然，创业企业并不能够单独成长，需要相关企业、大学、金融机构、政府等多主体的协助，社会上也需要营建有利于创业企业成长的环境。

地方制造业企业与中小型制造业企业是"互联工业"战略的重要承担者。这些企业通过活用数据和数字技术可以提高 TFP，转换商业模式。应当说，在推进"互联工业"战略方面，最有效果的是供应链整体数据交换的连接。就这点而言，地方企业与中小企业的应对显得特别重要。同时，需要对中小企业引入 IT、机器人、物联网等数字技术教学，进行相关人才培养。在地方企业与中小企业推进"互联工业"战略，可以通过引入物联网、机器人削减人工费，解决劳动力不足问题；通过人工智能使技术可视化、数据化，实现对年轻人的技术传承；通过连接生产设备实现多类型生产，获得新客户，增加收益。

总之，在实现"互联工业"战略方面，日本需要灵活运用制造业优秀的技术能力与现场力，以解决方案创造附加值并实现最大化；日本还需要提高系统与整体解决问题的能力，通过持续的改善活动，创造以人为本的产业社会。

五 "互联工业"战略对中国制造业发展的启示

其一，促进制造业企业对物联网、大数据、云计算等技术的应用，提高中国制造业的 TFP。运用不同实证方法测算中国制造业 TFP，结果显示中国制造业的 TFP 处于下降趋势。[①] 对中国制造业 TFP 下降这一现象的解释主要有两方面。一是制度方面的原因，有学者认为强政府制度及相关产业政策过度地干预了制造业的发展；二是后发国家技术积累的规律，有学者指出，根据中国经济发展阶段、后发国家优势及需求结构的变化，在技术难以进一步突破的状态下，技术积累的自然规律将导致中国制造业 TFP 下降。[②] 中国制造业提高 TFP，一是加强中国制造业整体原始创新能力，增强创新驱动内生动力，优化产业技术创新体系；二是扩大物联网、大数据、云计算等先进技术的应用范围，创造新的生产力和新的商业模式，对积极应用这些技术的企业给予政府补贴或减税；三是构建全产业企业信息平台和共享数据库，重视数字生产要素在经济发展中的作用，以数字生产要素壮大经济发展新动能。

其二，以新一代信息技术、智能制造技术等推动中国数字经济新业态发展。新一代信息技术主要包括新一代通信网络技术、物联网技术、三网融合、新型平板显示、高性能集成电路和云计算。这些技术在新一轮工业革命与浪潮中将处于核心与主导地位。数字化、网络化、智能化应作为制造业创新驱动、转型升级的制高点、突破口和主攻方向。[③] 根据

---

① 江飞涛、武鹏、李晓萍：《中国工业经济增长动力机制转换》，《中国工业经济》2014 年第 5 期。

② 黄群慧、贺俊：《中国制造业的核心能力、功能定位与发展战略——兼评〈中国制造 2025〉》，《中国工业经济》2015 年第 6 期。

③ 余东华、胡亚男、吕逸楠：《新工业革命背景下"中国制造 2025"的技术创新路径和产业选择研究》，《天津社会科学》2015 年第 4 期。

中国信息通信研究院发布的《中国数字经济发展白皮书（2017）》，中国发展数字经济面临的主要问题包括新型生产力发展尚处于初级阶段、数据资源开发利用水平低、人才等还无法适应数字经济发展的需要。为解决这些问题，一是通过数字生产要素与其他生产要素的组合，推动新型生产方式发展，推动数字经济新业态发展；二是着重培养数字人才和相关技术性人才，为数字经济的发展打下坚实的人才基础。

总之，制造业是中国的立国之本、兴国之器。中国制造业依旧大而不强，在自主创新能力、资源利用效率、信息化程度等方面与日本差距明显。中国应该坚持把创新摆在制造业发展全局的核心位置，完善有利于创新的制度环境，加强顶层设计，加快建立以公共服务平台和工程数据中心为重要支撑的制造业创新网络，推进信息化与工业化深度融合，促进大、中、小企业协调发展，加强质量品牌建设，优化产业结构，实现"中国智造"。

（审校：叶　琳）

《日本文论》（总第6辑）
第 130～162 页
© SSAP，2021

宇野弘藏现状分析论的现代
发展及局限性研究[*]

张 杨[**]

内容提要： 日本马克思主义经济学的宇野三阶段理论是日本马克思主义经济学思想史上独具特色的方法论，也是当代日本学者对现代资本主义展开批判的重要理论基础。宇野三阶段理论可分为原理论、阶段论和现状分析论三个有机组成部分，其中的现状分析论也可以看作现代资本主义论，三者结合形成独具日本特色的政治经济学理论体系。现代的现状分析论已经超越了宇野派的应用范围，成为日本马克思主义经济学的共性研究成果。对现状分析论的现代探究需要从抽象的经济学说中挖掘、整理、归纳出具体的经济理论，再运用具体的经济理论去批判复杂的、特殊的现代资本主义发展现状。现代宇野派的现状分析论也存在现状批判有余、未来见识不足的缺陷，值得进一步分析与商榷。

关 键 词： 日本马克思主义经济学 宇野三阶段理论 现状分析论 资本论 政治经济学理论

作为"脱亚入欧"的发达资本主义国家，日本既符合资本主义发展的一般特征，又具有自身独特的发展规律，日本马克思主义经济学家宇野弘藏将其称为"纯化"与"不纯化"的结合。尤其是近年来，美国主导的新自由主义思潮对日本的经济、社会、文化等层面都产生了很大的影响，"公"

---

　* 本文为北京高校中国特色社会主义理论研究协同创新中心（中国政法大学）及北京市社会科学基金重点项目"当代资本主义的系统性危机和发展趋势研究"（编号：19LLKDA012）的阶段性成果。

　** 张杨，政治经济学博士，北京大学马克思主义学院马克思主义理论博士后，主要研究方向为中外马克思主义政治经济学理论。

的成分被逐渐排除，传统的终身雇佣制、年功序列制等企业管理方式也被瓦解。由此，日本马克思主义经济学也受到了西方学界相关思潮的影响，出现了一些具有共性的特征或者说趋向。但是，日本马克思主义经济学相较西方马克思主义经济学而言，具有自成体系的研究框架，由此不能把日本马克思主义经济学完全等同或者完全放在西方马克思主义经济学的范式内去研究。例如，宇野理论就是基于马克思主义经济学方法论，在日本社会科学研究中创造了自身的独创体系。

对于当代世界马克思主义思潮，习近平总书记指出："他们中很多人对资本主义结构性矛盾以及生产方式矛盾、阶级矛盾、社会矛盾等进行了批判性揭示，对资本主义危机、资本主义演进过程、资本主义新形态及本质进行了深入分析。"[①] 习近平总书记还明确强调："对国外马克思主义研究新成果，我们要密切关注和研究，有分析、有鉴别，既不能采取一概排斥的态度，也不能搞全盘照搬。"[②] 对现代日本宇野理论的相关研究，有助于从独具资本主义发展特色的日本这一国别视角出发，加强对现代资本主义的批判、厘清现代资本主义的发展界限，并且从理论上丰富与拓宽马克思主义经济学的研究思路。

一　宇野弘藏的三阶段理论

日本马克思主义经济学中宇野派的创始人宇野弘藏创立了三阶段理论（简称"宇野三阶段论"或"宇野理论"），依据唯物史观为经济学的研究提供了可批判借鉴的适用原则与方法。三阶段论是宇野理论的核心，包括原理论、阶段论、现状分析论。原理论构成纯理论的体系，阶段论关注资本主义在世界历史中的发展阶段，现状分析论则是对世界各资本主义国家发展的具体分析。现状分析论实际上就是现代资本主义论，三者有机结合形成了独具日本特色的政治经济学理论体系。宇野弘藏将阶段论置于原理论与现状分析之间，作为两者的桥梁，按照各个阶段中心国家的资本积累方式，把资本主义的发展分为重商主义、自由主义、帝国主义三个阶段，在阶段论的框架下结合原理论进行现状分析。

---

① 习近平：《习近平谈治国理政》（第 2 卷），外文出版社，2017，第 67 页。
② 习近平：《习近平谈治国理政》（第 2 卷），第 67 页。

（一）原理论

宇野弘藏的原理论虽基于《资本论》，但又有别于《资本论》的构成，根本区别在于原理论对流通形态论的确立。原理论分为流通论、生产论、分配论，在其结构中流通论位于开端，并成为原理论最明显的特征。原理论中的流通论围绕商品、资本、货币展开，并由《资本论》第 1 卷的第 1 篇和第 2 篇构成，生产论对应《资本论》第 1 卷第 3 篇至第 2 卷结束，分配论则由《资本论》第 3 卷中资本竞争所产生的剩余价值分配的部分组成。

马克思在《资本论》序言中指出："我的观点是把经济的社会形态的发展理解为一种自然史的过程。"[①] 在宇野派学者看来，《资本论》中的经济理论除了对现实分析具有有效性之外，对资本主义社会的分析也具有纯粹化的倾向。《资本论》论证的是资本主义的整体性，而宇野弘藏的原理论是去除错综复杂的历史条件及非商品经济关系，得出资本主义运行的一般原理即市场原理。原理论假定社会中有资本家、劳动者、地主三大阶级，并且劳动力可全部商品化，各个资本在竞争中可以顺利周转与循环，实现社会扩大再生产。宇野弘藏指明："原理论的目标就是还原资本主义在整个世界范围内的样态，找到资本主义经济运动法则的纯粹形式。"[②] 但随着帝国主义阶段到来，纯粹资本主义的原理开始从资本主义的历史阶段中分离出来，特别是不在原理论研究范围内的主导产业性质、国家作用、世界市场的历史性变化等，只能通过阶段论来研究。

原理论的关键在于对资本主义做纯粹假设。在宇野弘藏看来，马克思在《资本论》第 3 卷中就明确强调对资本主义的运行方式做纯粹资本主义假设的必要性。马克思指出："我们在理论上假定，资本主义生产方式的规律是以纯粹的形式展开的。实际上始终只存在着近似的情况；但是，资本主义生产方式越是发展，它同以前的经济状态的残余混杂不清的情况越是被消除，这种近似的程度也就越大。"[③]马克思在《资本论》法语版的注释中也指明："为了对我们的研究对象在其纯粹的状态下进行考察，避免次要情况的干

---

① 　马克思：《资本论》（第 1 卷），人民出版社，2004，第 10 页。
② 　宇野弘藏『宇野弘藏著作集　第 10 卷』、東京大学出版会、1973、32 – 33 頁。
③ 　马克思：《资本论》（第 3 卷），人民出版社，2004，第 195 ~ 196 页。

扰，我们在这里必须把整个贸易世界看作一个国家，并且假定资本主义生产已经到处确立并占据了一切产业部门。"① 宇野弘藏就此指出："在经济学的理论研究中，我们总是使用'在纯粹的资本主义社会里'这样的表达。这个表达的确非常重要，但是我们必须思考它的内涵。毋庸置疑，每一个国家都不是纯粹的资本主义国家，纯粹只是为了理论研究所进行的抽象。但纯粹资本主义作为经济规律具有哪些性质，是不能够进行简单化处理的。"② 在宇野弘藏看来，马克思对纯粹资本主义假设具有二重性，即马克思除了认为作为特殊历史阶段的资本主义社会是纯粹资本主义之外，还强调资本主义是一个从产生到发展再到消亡的历史过程。宇野弘藏认为，纯粹资本主义理论与资本主义必然灭亡的历史进程的研究有所对立，原理论就是要去除资本主义产生、发展、消亡的过程，通过资本主义运动的原动力即价值和使用价值的矛盾去寻找解决问题的关键。在他看来，在理论上构建资本主义社会自身所形成的各种纯粹关系是作为历史性社会科学的经济学的题中之义。③

基于此，宇野弘藏的原理论致力于在理论上对资本主义社会进行统一的把握，《资本论》中展现的一般原理与历史的、具体的过程相分离，挖掘纯粹资本主义的基本形态。原理论的研究将商品经济独自的展开过程作为研究对象，在此基础上抽象出纯粹资本主义的理论，这被宇野弘藏看作解释资本主义循环往复的法则。在他看来，商品经济一元结构完全可以概括资本主义的全部法则，这种对现实的"纯化"倾向若无限延长，必然可以清晰地再现资本主义发展的界限。宇野派的后继者伊藤诚进而从经济基础的变革视角出发，研究新自由主义的产生，并且十分重视厘清资本主义的发展界限。④

总之，原理论是在《资本论》的基础上进行的"纯化"，把利润最大化主义上升为资本主义一元化原则，去除资本主义积累所带来的贫困化倾向等原理以外的内容，把资本循环与资本周转作为可以反复适用的基本原则。原理论还主张经济理论的科学性应与意识形态性相区别，科学、客观地认识世界，不能被意识形态性所取代，并试图从阶段论的视角来"纯化"原理论。

---

① 马克思:《资本论》（第1卷），第670页。
② 宇野弘藏『宇野弘藏著作集　第10卷』、358页。
③ 宇野弘藏『宇野弘藏著作集　第10卷』、160页。
④ 伊藤誠『資本主義の限界とオルタナティブ』、岩波書店、2017、3頁。

为了避免有人质疑这是不承认意识形态以及实践的意义，宇野弘藏强调，应反对"理论有缺陷的""与事实相反的""作为科学论证不足"① 的意识形态性，而追求科学的理论一贯性。

此外，宇野理论认为在对具体存在的资本主义进行"纯化"抽象的原理论基础上，还需要阶段论再现资本主义产生、发展、消亡的过程，并且需要现状分析论对资本主义的发展现状进行深入分析与探究。

（二）阶段论

宇野弘藏认为："《资本论》是针对资本主义这一社会的发展所进行的纯粹化资本主义研究。当然，根据 17 世纪和 18 世纪以来的历史事实得出资本主义发展的一般原理是必不可少的，但是历史的发展绝不会按照一成不变的纯粹化逻辑发展……因此，经济学除了原理的研究以外，还要明确资本主义的发展阶段。"② 樱井毅对此强调："阶段论的设定清晰地展现出宇野理论的形成过程，可以说是宇野理论的核心。"③

宇野弘藏在研究马克思主义发展史的过程中，辩证地提出了阶段论。具体来说，19 世纪末以伯恩施坦为代表的马克思主义修正派以马克思的学说没有阐明新的资本主义发展阶段为由，指出马克思学说在阐明新的发展阶段上的不适用性，其继任者且号称"正统派"的考茨基也持有这样的观点。宇野弘藏则主张如果不对资本主义发展所出现的任何新现象进行本质的分析，而强求用《资本论》去指明新的发展阶段，这种观点是错误的。他指出："鲁道夫·希法亭的《金融资本》和罗莎·卢森堡的《资本积累论》重新从帝国主义的诸现象出发解明时代特征。时至今日，卢森堡对《资本论》的修订已经没有太大影响了，而希法亭的研究以及深受其影响的列宁的《帝国主义论》进一步完善了马克思主义关于帝国主义的理论。但是《帝国主义论》与《资本论》之间的关系并不明确，因此不能原封不动地从表面去理解《资本论》，应对《资本论》的基本理论进行纯粹化处理。与此同时，帝国主义不仅阐明了 19 世纪末以后的资本主义发展阶段，而且把由金

---

① 宇野弘藏『宇野弘藏著作集　第 10 卷』、61 頁。
② 宇野弘藏『経済原論』、岩波全書、2001、10 頁。
③ 桜井毅『宇野理論と資本論』、有斐閣、1979、6 - 7 頁。

融资本所产生的帝国主义阶段作为由初期商人资本所产生的重商主义、由中期产业资本所产生的自由主义阶段之后的最后一个发展阶段。与原理论不同，阶段论是以发展阶段为主要特征构筑的。"① 可见，宇野弘藏深受希法亭的《金融资本》和列宁的《帝国主义论》的影响，注重对资本主义发展阶段的研究，并继承与发展了马克思关于资本主义一般原理应当从资本主义的特殊历史规律中探寻的方法论。在宇野弘藏看来，资本主义自由竞争必然引起垄断的理论还停留在资本主义一般原理的层面，应进一步找到使《帝国主义论》与《资本论》直接联系起来的方法，为此可以把阶段论作为宇野理论中连接《帝国主义论》与《资本论》的桥梁。

基于此，宇野弘藏的阶段论把资本主义的发展按照世界史的阶段划分为重商主义、自由主义、帝国主义，在发展阶段的基础上运用原理论对资本主义的发展现状进行分析。其中，重商主义阶段是 16～17 世纪英国的商人资本通过羊毛工业而兴起的阶段；自由主义阶段是以 18 世纪在英国率先展开的产业革命为基础，逐渐形成以棉纺织业为中心的产业资本所支配的阶段；帝国主义阶段则是从 19 世纪末到 20 世纪前半段形成以重工业和金融资本为主要特征的垄断组织形式的阶段。与《资本论》中从商品开始展开对资本主义的分析不同，宇野的阶段论认为从中世纪的封建社会向资本主义社会过渡，除了要以商品经济关系的演变为基础，还要格外关注政治、法律、宗教、文化等不同领域的交互作用。宇野弘藏指出："资本主义的发展阶段的划分应把以资本为中心的经济发展过程对应地反映在上层建筑的变化上，使经济政策的变迁在上层建筑的变迁中得到体现。"② 他进一步指明："必须彻底明晰可以代表每个资本主义发展阶段的典型国家以及国家间的相互关系。"③简言之，商人资本、产业资本、金融资本是在资本主义发展的各个阶段中起特殊支配性作用的资本形态，阶段论认为从商人资本到产业资本再到金融资本不完全是自身演化的结果，具有代表性的典型国家在这一演化过程中也起了决定性作用。这样的国家具备特有的资本积累结构，而且对其他资本主义国家的发展走向也会产生重大影响。樱井毅认为："宇野理论所特有

① 宇野弘藏『経済原論』、11 頁。
② 宇野弘藏『宇野弘藏著作集　第 9 卷』、東京大学出版会、1973、50 頁。
③ 宇野弘藏『宇野弘藏著作集　第 7 卷』、東京大学出版会、1973、40 頁。

的阶段性规定的最大意义在于，认识到国家在《资本论》的基本原理中所起到的关键作用。"①

（三）现状分析论

在帝国主义阶段，资本主义国家发展力量的变化以及社会主义政权的诞生，更加需要利用下一阶段的研究方法来进行具体研究。在这一时期，英国在海外投资以及对殖民地的支配力等方面都受到了前所未有的挑战。其中，最大的挑战莫过于列宁领导十月革命取得胜利并建立了人类历史上第一个社会主义国家苏联。第一次世界大战结束后，苏联对资本主义的阶段性发展造成了极大的冲击。面对向社会主义过渡的历史趋向以及日本等新兴资本主义国家的发展状况等具体动向，阶段论更加需要通过现状分析来进行具体研究。从这个角度来讲，现状分析的研究对象是现代资本主义以及社会主义从产生到发展的趋向。可见，现状分析的展开，不仅要分析资本主义的运行规律，还要对社会主义的发展趋向进行研究。河村哲二就明确指出："从马克思经济学说史的视角出发，'三阶段论'这样一种经济学的研究方法对于带有独自发展色彩的宇野理论来说是最主要的理论特征。宇野的基本判断是现代资本主义正处于向社会主义转变的进程。宇野理论构筑起在这个转变过程中对现代资本主义进行研究的理论，其中涵盖了国家垄断资本主义论、福利国家论、世界经济论等理论。"②但是，宇野三阶段论对于资本主义向社会主义转变的基本认识受到 20 世纪末苏联解体、东欧剧变的强烈冲击。对此，河村哲二等宇野理论的继承者通过发展三阶段论，对多国籍跨国公司引导的 21 世纪全球资本主义的发展进行了全新的现状分析。

正如宇野弘藏所指出的，"现状分析是要解决无限的、复杂的、个别的具体情况"③，现状分析论是在资本主义发展阶段论的框架下，解决各个国家、地区乃至经济主体等存在的特殊性问题。日本在现代资本主义发展进程中也出现了一般性与特殊性相统一的特征。特殊性主要指日本存在的终身雇佣制、年功序列制以及小农经营方式等非资本主义或"不纯化"资本主义

---

① 桜井毅『宇野理論と資本論』、9 頁。
② SGCIME 編『世界経済の構造と動態Ⅰ』、御茶の水書店、2004、8 頁。
③ 宇野弘藏『経済学方法論』、東京大学出版会、1962、63 頁。

的元素。比如，日本传统的终身雇佣制之所以被逐渐废弃，是因为在新自由主义思想的影响下采取一定期限内的非正式雇佣，才能加大对劳动力的剥削，企业才能够更好地实现利润最大化。再如，农业受到季节更替和自然环境变化的约束较大，随着资本主义工业发展起来的雇佣关系很难对小农经营产生直接的影响。

二　现状分析论的拓展与创新

现状分析已经成为 21 世纪日本马克思主义经济学的重要理论。现状分析也可称作"现状分析论"或"现代资本主义论"，其理论来源之一就是宇野理论的三阶段论，但现代的现状分析论已经超越了宇野派的应用范围，成为日本马克思主义经济学的共性研究成果。日本马克思主义经济学者在对现代资本主义展开批判的过程中，也常以《资本论》的经济学基本原理为理论源泉，以现代资本主义发展阶段为参照基准来展开现状分析。现状分析论就是要在资本主义发展阶段论的框架下，具体分析与解决在总的发展阶段框架下一国资本主义发展与变迁等特殊性问题，并做到对现代资本主义研究的一般性与特殊性相统一。可以说，现状分析论使日本马克思主义经济学的理论本身实现了升华，也使学派间的对话与融合成为可能。

（一）现状分析论对现代资本主义发展阶段的再划分

柴垣和夫等日本马克思主义经济学者认为，宇野理论在现代资本主义批判的层面需要进行部分修正，即对阶段论和现状分析论的界限与作用进行再界定。

宇野弘藏把阶段论的界定范围设定为第一次世界大战结束后，主要界定标志是俄国十月革命的爆发。宇野弘藏在 1954 年发表的《经济政策论》中指出："俄国革命爆发后的资本主义发展就需要把现状分析作为世界经济论来研究。"[1]此后，1971 年《经济政策论》再版时，宇野弘藏又指出："第一次世界大战后的资本主义作为与社会主义相对抗的资本主义，需要在世界经

---

① 　宇野弘藏『経済政策論』、広文堂、1954、231 頁。

济论即现状分析的基础上加以研究。"①宇野理论倾向于认为即使二战后资本主义经济高速发展，但是其经济与意识形态的扩张仍不会阻碍社会主义国家的发展趋势。然而，现实是社会主义国家和资本主义国家都出现了变化与转折。苏联解体、东欧剧变使社会主义在世界版图上所占面积及影响力都出现了断崖式下降，但中国通过改革开放以及实施有中国特色的社会主义市场经济体制等走上了适合本国国情的社会主义发展道路，并取得了举世瞩目的巨大成就；而资本主义在二战后也经历了从凯恩斯主义盛行到伴随全球化进程的新自由主义蔓延，特别是 2008 年全球性金融危机的爆发使资本主义发展的趋势更加复杂。由此，日本学者普遍认为应修正宇野理论中把俄国十月革命作为区分阶段论和现状分析论的标志，将对抗社会主义的资本主义现状分析转变为资本主义自身发展阶段的对比性研究。

在新自由主义阶段与古典资本主义阶段、凯恩斯主义阶段的对比性现状分析中，针对现代资本主义的新现象，日本学者以《资本论》的经济学基本原理为理论源泉，以现代资本主义发展阶段为参照基准，展开了现状分析，即现代资本主义论。②例如，加藤荣一在发展宇野三阶段论和大内力国家垄断资本主义论的基础上，构筑了福利国家的系统理论。他以阶段论为基准，将划分阶段的标准聚焦在资本主义制度内的福利制度的产生与发展上，进一步把资本主义的发展分为"前期资本主义""中期资本主义""后期资本主义"三个阶段。在加藤荣一看来，资本主义国家为了与社会主义阵营对抗，在吸收诸多社会主义要素的基础上实施了一些福利政策。加藤荣一的这一认识继承了宇野弘藏的观点，他所说的"社会主义因素"包括"劳动基本权利以及男女平等参政等权利的保障、以'完全就业'为目标的经济政策以及'计划经济'的导入、基于民众生存权的社会保障制度等"。③

具体来说，"前期资本主义"指一战以前的资本主义发展阶段，在该阶段，资本主义展现出以自由竞争为主要特征的纯粹资本主义发展倾向。"中期资本主义"指一战后到 20 世纪 70 年代的带有组织化资本主义倾向的福祉资本主义阶段，所谓的"福祉国家"在本质上仍是宇野理论中与社会主义

---

① 宇野弘藏『経済政策論　改訂版』、広文堂、1971、267 頁。
② 伊藤誠『「資本論」を読む』、講談社学術文庫、2006、99 頁。
③ 桜井毅・山口重克・柴垣和夫・伊藤誠『宇野理論の現在と論点：マルクス経済学の展開』、社会評論社、2010、183‒184 頁。

相对立的资本主义，是一种公私混杂的社会经济形态。"后期资本主义"指20 世纪 80 年代新自由主义开始盛行，资本主义又出现复归古典资本主义的趋势，也就是所谓的"阶段逆流"。加藤荣一把复归"前期资本主义"的"后期资本主义"阶段作为深化研究现状分析理论的首要任务，并且高度重视两者的比较分析。有观点认为，因为福利国家论是研究"与社会主义相对立的资本主义"发展状况，所以苏联解体之后该理论就不适合继续用于研究现代资本主义。但是，在加藤荣一看来，对福利国家论的研究不但不应就此终结，反而恰恰是"后期资本主义"阶段即"后福利资本主义"需要研究的内容。①

（二）现状分析论与资本主义经济批判的两个维度

西方经济学与马克思主义经济学都有原理论与应用的结合，都具有现状分析的重要功能，但是马克思主义经济学的现状分析与其他经济理论有所不同。在伊藤诚看来，马克思主义经济学是以劳动者或社会弱者为中心并为其谋解放的成体系的经济学说，在批判资本主义的基础上，仅仅把资本主义当作一个特殊的历史阶段。②纵观日本马克思主义经济学者对现代资本主义的批判，可以明确他们充分继承了马克思批判资本主义经济的两个重要维度，即剩余价值论和生产过剩的周期率。

批判资本主义的第一维度是剩余价值理论。资本主义实现了生产力的高度发展，创造了人类历史上以往任何时代都无法比拟的财富，但是这种财富的绝大部分仍被大资本家所独占，占世界人口绝大部分的劳动者的生活状况却与生产力的发达、社会财富的积聚等景象形成了鲜明的对比。按照历史唯物主义的观点，资本主义体制显然不是人类理想的制度。林直道指出："资本主义只是在法律形式上的平等，但在这种平等背后隐藏着现实且巨大的不平等，资本主义给人类带来的自由具有'二重性'。"③马克思也说："自由劳动者有双重意义：他们本身既不像奴隶、农奴等等那样，直接属于生产资料之列，也不像自耕农等等那样，有生产资料属于他们，相反地，他们脱离

---

① 桜井毅・山口重克・柴垣和夫・伊藤誠『宇野理論の現在と論点：マルクス経済学の展開』、196 頁。
② 伊藤誠『資本主義の限界とオルタナティブ』、45－48 頁。
③ 林直道『現代資本主義論集』、青木書店、1994、5 頁。

生产资料而自由了，同生产资料分离了，失去了生产资料。商品市场的这种两极分化，造成了资本主义生产的基本条件。资本关系以劳动者和劳动实现条件的所有权之间的分离为前提。"[1]日本学者高度评价剩余价值论是《资本论》不朽的科学功绩，认为马克思所描述的由资本主义积累一般法则所造成的贫富两极差异的理论依然适用于现代资本主义批判。[2] 因为在现代资本主义国家中，决定经济社会发展的绝大部分财富依然被少数大的垄断资本家及金融资本家所占有，而占人口绝大多数的劳动者以及农民或城市自营业主在生产资料层面仍然"一无所有"；榨取劳动者的剩余价值仍然是产业资本家、商业资本家、借贷资本家、土地所有者等有产阶级的利润源泉。

　　现代资本家除了依靠巨额的垄断资本来榨取剩余价值之外，又增加了一些新的获利来源。林直道认为，现代资本主义有若干鲜明的新获利来源，其中包括"创业者所得"和通过政府减免税收获得的暴利。"创业者所得"是希法亭在《金融资本》中提出的概念，具体指大的垄断企业会利用雄厚的垄断资本以及低廉的股票面额来出资收购具有发展潜力的新上市公司的股份，并通过具体操作按照股票面额十几倍的市场价格出售，赚取巨额利润。在现代垄断资本主义国家制度下，垄断企业可以从政府一侧得到巨额订单、税收减免、低利息融资、补助金等多渠道的巨额利润，而这些利润也是变相来自劳动者的私人财产。[3]

　　批判资本主义经济的第二个维度是生产过剩的周期率。马克思说："资本主义生产所生产出的商品量的多少，取决于这种生产的规模和不断扩大生产规模的需要，而不取决于需求和供给、待满足的需要的预定范围。"[4]不破哲三曾经引用马克思的这段话来说明现代资本主义的生产方式依然不会进行与事先确定的需求量相匹配的生产，而是仅仅为生产而生产，并不断追求生产规模的扩大，最终必然导致生产过剩。[5]

　　林直道等日本学者通过比较马克思之前的经济思想，得出马克思主义经济学在批判资本主义现实问题时所体现的真理性与科学性。马克思主义经济

---

①　马克思：《资本论》（第1卷），第821页。
②　鹤田满彦·長島誠一『マルクス経済学と現代資本主義』、桜井書店、2015、15頁。
③　林直道『現代資本主義論集』、8頁。
④　马克思：《资本论》（第2卷），人民出版社，2004，第88页。
⑤　不破哲三『マルクス「資本論」発掘・追跡・探究』、日本出版社、2015、176頁。

学之前的经济理论只是认识到资本主义生产方式下无节制的生产过剩与劳动者消费能力极其有限之间的矛盾，这种经济理论在林直道看来只是一种消费不足的理论，只不过是从表面上解释了资本主义生产方式中的长久趋势，但是并没有深入考察这种生产方式内部的周期性、阶段性。实际上，马克思主义经济学理论即便是对资本主义经济增长以及暂时繁荣时期也具有强大的阐释力，这就很好地解释了现代资本主义的劳动者阶层为什么有时能够购入部分奢侈品用于生活享受的现象。① 现代资本主义经济所经历的危机、萧条、复苏和高涨四个内在阶段，即使不再像自由竞争资本主义阶段那样按照每隔十年的规律循环，也依然是按照这四个内在阶段不规则地运动。马克思曾说："正如天体一经投入一定的运动就会不断地重复这种运动一样，社会生产一经进入交替发生膨胀和收缩的运动，也会不断地重复这种运动。而结果又会成为原因，于是不断地再生产出自身条件的整个过程的阶段变换就采取周期性的形式。"② 可以说，资本主义的生产方式在利润最大化主义的驱使下，不断地用暴力破坏的手段寻求再生产的平衡。

（三）现状分析论与"逆流"假说

伊藤诚把宇野三阶段论中的现状分析论运用于现代世界经济论研究，并把现代资本主义概括为"逆流资本主义"。他把现代资本主义的特征界定为新自由主义下的全球化资本主义，并认为在帝国主义阶段利用假设方法对现代资本主义的危机与再生的变化进行再剖析是十分必要的。③

20 世纪 80 年代，主要资本主义国家依据新古典微观经济学加速改变政策基调，新自由主义取代凯恩斯主义，被视为合理、高效的自由竞争市场原理。伊藤诚所谓的"逆流"指在形式上又回到按照古典经济学的观点来进行唯市场化、唯私有化、唯自由化的变革。在伊藤诚看来，开展现状分析时不能忽略对帝国主义发展阶段的考察，而百年来帝国主义呈现出从新自由主义型的国家垄断资本主义阶段向全球资本主义阶段转变的趋势。他指出："在进入帝国主义百年的时间里，强化国家经济职能的倾向被逆转，为了对

---

① 林直道『現代資本主義論集』、5－20 頁。
② 马克思：《资本论》（第 1 卷），第 730 页。
③ 伊藤誠『マルクス経済学の方法と現代世界』、桜井書店、2016、178 頁。

抗社会主义，资本主义国家在战后逐渐转向带有社会民主主义色彩的福利国家，而在市场原教旨主义的指导下，社会的各种规定放松乃至废止，由此来释放资本的再生活力。"①

　　伊藤诚从劳动力商品化日益严重的视角来阐释"逆流资本主义"的产生。二战后，在资本主义高速增长期的尾声阶段出现了劳动力商品价格高涨的现象。为了降低劳动力成本，资本主义世界开展了新一轮的技术革命，涉及各个产业以及经济生活领域。微电子技术和信息通信技术应用的高度化和普及化为新自由主义的政策基调奠定了物质基础。随着自动化发展，虽然生产效率有所提高，但实际雇用的工人数量大幅减少，许多工作已经不再需要熟练的劳动技能和劳动经验，大量劳动者可以轻易地被少量劳动者或机器所替代，劳动者的实际工资受到压制甚至被降低。这种倾向继续发展的结果就是由相对人口过剩所形成的产业后备军进一步扩充，其表现是廉价的小时工、短期工、派遣劳动者等非正式雇佣劳动形态成为主要的雇佣形式，而且女性劳动者充当非雇佣劳动者的倾向也进一步加剧。在伊藤诚看来，如果女性劳动者必须通过非雇佣劳动的形式才能支撑家庭的生活支出，那么就充分说明马克思关于劳动力价值中需要包含维持家庭、子女所必需的生活资料价值的基本原理的适用性进一步扩大。②

　　在阐释"逆流"假说的同时，伊藤诚还利用现状分析论批判了"历史终结论"。苏联解体后，弗朗西斯·福山曾宣称马克思所设想的社会主义已经失败，自由民主主义以及与其相适应的自由主义经济才是人类社会走向繁荣的正确道路，即著名的"历史终结论"。③虽然苏联解体助长了新自由主义的迅速扩散，但是伊藤诚指明，"即使这样，也绝不能说明新自由主义下的全球化资本主义实现了高效且合理的经济秩序"。④ 他运用现状分析论，以日本现代资本主义发展现状为主要研究对象，从侧面反驳了福山的"历史终结论"。

　　第一，唯市场化必然造成产业空心化。日本经济在高速增长期掀起了第二次产业雇佣的高潮，并常年保持平均4%的实际增长速度。此后，为避免

---

① 伊藤誠『マルクス経済学の方法と現代世界』、178－179 頁。
② 伊藤誠『マルクス経済学の方法と現代世界』、179－180 頁。
③ 伊藤誠『マルクス経済学の方法と現代世界』、183－184 頁。
④ 伊藤誠『マルクス経済学の方法と現代世界』、184 頁。

日美之间的贸易摩擦，日本采取了扩大内需的经济政策。这直接导致房地产和金融市场投机行为的盛行，以致从 1990 年开始日本陷入泡沫经济崩溃后长达数十年的经济低迷，其产业空心化现象也日益明显。伊藤诚认为，伴随投机泡沫破裂、内需不足、劳动条件恶化、资产者和无产者贫富差距进一步加大等问题，产业空心化问题也会进一步恶化。①

第二，劳动力商品化的问题不断加深。基于对劳动力商品化的分析，伊藤诚认为新自由主义加深了劳动力商品化，而劳动力商品化又造成社会的病态发展。日本的劳动力商品化使以传统的家族共同体为社会经济纽带的断裂加快。伊藤诚深刻批判了新自由主义下劳动力商品化带来的逆生产社会化，"日本的资本主义从家庭共同体向核家庭分解，核家庭又向单个个人解体，以家庭为单位的消费生活单位被瓦解，雇佣劳动的劳动形式朝着以个人为主的方向发展。由此，作为人类社会基础的社会共同体被进一步摧毁"。②

第三，自然资源与环境危机日益严峻。日本学者高度关注新自由主义下的核能开发、全球气候变暖等资源与环境危机等问题，并进一步批判发达资本主义国家对资源与环境问题的转嫁以及在环境治理和环境污染程度上不相匹配等问题。伊藤诚指出："美国曾主导的'跨太平洋伙伴关系协定'（TPP）实质上是单方向推广新自由主义的市场开放政策，而且该政策对相关区域的自然环境以及农业发展造成极大的冲击，但是'安倍经济学'对这样的危害视而不见。"③

三　现代宇野派对现代资本主义批判的理论探索

可以说，现代宇野派理论仍然是现代日本马克思主义经济学研究中非常重要的理论，也是日本马克思主义经济学者批判现代资本主义的重要理论基础。对此，大黑弘慈强调："宇野弘藏围绕日本资本主义论争的批判，间接地按照自己的思路对《资本论》进行了再构筑。具体来说，宇野弘藏建立了纯粹'资本主义'的构想，既不像'讲座派'那样对日本资本主义的结

---

① 伊藤誠『マルクス経済学の方法と現代世界』、185 頁。
② 伊藤誠『マルクス経済学の方法と現代世界』、185 頁。
③ 伊藤誠『マルクス経済学の方法と現代世界』、185 頁。

构进行永久的特殊性研究，也不像'劳农派'那样重返资本主义一般原理，而是依据世界资本主义实时的变化构筑起新的分析视角。"①伊藤诚具体指明了宇野理论的两大研究领域：一是对《资本论》中所确立的经济学基本原理，如劳动价值论、货币理论、积累理论、再生产理论、利润理论、利息理论、地租理论等问题做进一步阐释；二是依据原理论，对更为具体的资本主义的发展与变迁的阶段以及每个资本主义国家的特殊性和一般性进行分析。②

（一）现代资本主义发展的三个局面

宇野理论的阶段论构筑了重商主义、自由主义、帝国主义三个资本主义发展阶段，并把与社会主义相对立的资本主义阶段称为"现代资本主义阶段"。由于帝国主义阶段资本主义的生产方式不断变化，柴垣和夫主张用"局面"代替"阶段"的分析法来研究现代资本主义。柴垣和夫修正了宇野阶段论中现代资本主义的发展是不可逆的观点，并指出："与宇野阶段论的展开有所不同，现代资本主义从凯恩斯主义下的福利资本主义经济向市场原教旨主义下的新自由主义经济复归。这种复归更适合运用局面的转换代替阶段的转换来研究。"③

柴垣和夫提出的现代资本主义的第一个局面指"美国等西方资本主义国家为了与以苏联为首的社会主义阵营对抗，利用凯恩斯主义构建福利国家，由此在资本主义的内部吸收了许多社会主义的元素"。④ 柴垣和夫指出，不能仅仅把现代资本主义理解为与社会主义相对立的资本主义，还要深刻地认识到资本主义内部由资本运动所产生的矛盾。他认为："随着 20 世纪 70 年代初两次石油危机爆发以及通货膨胀产生，现代资本主义基于凯恩斯主义

---

① 桜井毅・山口重克・柴垣和夫・伊藤誠『宇野理論の現在と論点：マルクス経済学の展開』、106 頁。
② 伊藤誠『マルクス経済学の方法と現代世界』、72-73 頁。
③ 桜井毅・山口重克・柴垣和夫・伊藤誠『宇野理論の現在と論点：マルクス経済学の展開』、191 頁。
④ 桜井毅・山口重克・柴垣和夫・伊藤誠『宇野理論の現在と論点：マルクス経済学の展開』、190 頁。

所构建的福利国家的发展界限不断显露。"①

从此，替代凯恩斯主义和福利资本主义的新自由主义即第二个局面不断展现。面对通货膨胀、经济负增长、大量失业、社会解体等诸多问题，现代资本主义国家企图利用货币主义、民营化、唯市场化等新自由主义手段来复苏资本主义。由此可见，凯恩斯主义对于资本主义的本质要求——劳动力商品化的改良不会改变资本主义唯市场化、唯私有化、唯自由化的本性。但是，在柴垣和夫看来，在第二个局面主导金融全球化的同时，第一个局面下的少数寡头企业组织依然保持强势并实现了由多国籍企业构成的产业全球化，而产业全球化又促使新自由主义和凯恩斯主义并存。

相对于第一个局面和第二个局面，在柴垣和夫看来，第三个局面还没有确切的定义，但可以确定的是超国籍的全球化企业将代替多国籍企业成为时代的核心。柴垣和夫从劳动力商品是资本价值增值的源泉出发，把劳动力商品在全球范围内的移动看作资本主义难以实现的转移形式，并认为第三个局面的核心在于由资本与商品的移动替代劳动力市场的全球化转移，进而避免劳动力在全球配置中受到语言、文化、生活习惯、签证等多方面制约。由此，资本的全球扩张可以打破劳动力供给的制约，并可以回避劳动力工资大幅上涨的需求。柴垣和夫指出："资本的扩张具有二重性。一方面，资本通过海外生产或外包等形式，可以充分利用地理位置较近的新兴工业国的低廉劳动力；另一方面，可以控制本国的劳动力市场，在扩大非正式员工的同时实现抑制工资上涨的目的。"②

柴垣和夫认为现代资本主义就是金融资本的纵向发展时代，并在不同的发展局面下体现不同的金融资本类型。现代资本主义由经营者管控企业（第一个局面）和金融联合大企业（第二个局面）共同支配，未来将由超国籍的全球化企业来支配。其中，第一个局面和第二个局面暴露出资本主义的本性：在第一个局面下，为了对抗来自社会主义阵营的威胁，虽然表面上形成了从业员管理的民主企业即法人资本主义，但实际上企业仍然由"隐蔽的资本家"掌控，而在第二个局面的金融联合大企业的掌控下，金融资本

---

① 桜井毅・山口重克・柴垣和夫・伊藤誠『宇野理論の現在と論点：マルクス経済学の展開』、190 頁。
② 桜井毅・山口重克・柴垣和夫・伊藤誠『宇野理論の現在と論点：マルクス経済学の展開』、194 頁。

追求价值自行增值（G…G'）的本性暴露无遗。[①]

此外，宇野理论的三阶段论不仅是对资本主义的原理、阶段、现状的研究，其中还包含重要的"超越资本主义"的层次。宇野弘藏后期的代表著作《政策论》实质上是整合其三阶段思想的重要著作，全面分析了第一次世界大战后在世界经济发展基础上的资本主义解体的过程。但是，此时宇野弘藏的研究精力非常有限，围绕资本主义解体过程的研究实际上交给了其继任者大内力。大内力于 1970 年出版的《国家垄断资本主义》一书是其研究世界资本主义经济发展的集大成之作。该书继承了宇野弘藏的基本观点，认为国家垄断资本主义的发展阶段也就是资本主义逐渐解体的过程。但自 20世纪 70 年代至今，半个世纪过去了，资本主义发展又出现了向古典资本主义复归等动向，因此对资本主义解体过程的研究又需要在以往研究的基础上进行再审视。日本马克思主义经济学界把大内力对国家垄断资本主义认识的不足归因于其所处时代的局限性，并进一步指明其理论存在的问题。关根友彦认为，大内力把国家垄断资本主义理解为一种超越资产阶级国家的"混合经济"有悖于资本主义的价值规律，并且与资本主义近半个世纪的发展不相符，"混合经济"并没有体现国家垄断资本主义阶段的全面性危机，也没有清晰地展现资本主义发展的界限。[②]在关根友彦看来，大内力的国家垄断资本主义理论拘泥于 20 世纪 50～60 年代以美国为中心的"混合经济"发展模式，其实质是国际货币基金组织（IMF）的成立以及劳动力商品价格的降低使私人投资收益不断增加。[③]

（二）三阶段理论的现代适用性与意识形态性再考

宇野弘藏创立三阶段论的主要原因之一是试图用《资本论》中的基本理论来解释 20 世纪帝国主义的发展特征。三阶段论的原理论对《资本论》中自由竞争阶段的资本主义生产方式进行了原理化即"纯化"处理。但是，

[①] 桜井毅・山口重克・柴垣和夫・伊藤誠『宇野理論の現在と論点：マルクス経済学の展開』、195－196 頁。

[②] 桜井毅・山口重克・柴垣和夫・伊藤誠『宇野理論の現在と論点：マルクス経済学の展開』、216－217 頁。

[③] 桜井毅・山口重克・柴垣和夫・伊藤誠『宇野理論の現在と論点：マルクス経済学の展開』、217 頁。

资本主义发展中又出现了国家垄断资本主义以及二战后的福利资本主义等与资本主义自由化、"纯化"本质相区别的特征。由此，宇野弘藏又在阶段论中把资本主义发展划分为重商主义阶段、自由主义阶段、帝国主义阶段，重商主义、自由主义、帝国主义是每个阶段根本的"纯化"特征。每一阶段也会出现若干"不纯化"的特征，如在帝国主义阶段出现了国家垄断资本主义、福利资本主义等。这就构成了宇野的"纯化"与"不纯化"论。小幡道昭综合马克思和宇野弘藏的理论，认为："资本主义纯化的倾向由于纯化与逆转使资本主义展现出历史发展的界限，并意味着资本主义已经发展到没落期，即'纯化＝崩溃论'以及'不纯化＝没落论'。"①而按照山口重克的理解，马克思主张的是"纯化＝崩溃论"，宇野弘藏主张的是"资本主义的没落需要通过资本主义世界的构成主体的共同行动来实现"，也就是说，"由于现代资本主义呈现出'不纯化＝多样性'的特征，所以资本主义通过'不纯化＝多样化'来延续生命"。②从这个视角来看，宇野理论的定义可以理解为"不纯化＝延命论"。由此，小幡道昭针对"全球化与新兴经济圈的兴盛"等现代资本主义发展阶段的变迁，批判了阶段论，称："'全球化＝新兴经济圈的兴盛'的新型定式的形成是对宇野阶段论原有框架进行根本性变革的契机。"③

在批判宇野三阶段论的基础上，小幡道昭指出，某一理论如果在原理论中无法得到解释，就被去除并推脱到阶段论中去研究，这种做法是错误的。在他看来，原理论在资本主义世界的阶段更替中依然起着重要的作用，"纯化"与"不纯化"论已经不适用于解释当今世界的大转换，而应用变迁论来替代它。④基于此，小幡道昭提出了宇野阶段论的现代变迁及适用性。变迁理论认为现代资本主义发展到现阶段的根本特征是全球化资本主义，新自由主义等特征仅仅是其表面特征。按照宇野弘藏的划分，帝国主义是资本主

① 桜井毅・山口重克・柴垣和夫・伊藤誠『宇野理論の現在と論点：マルクス経済学の展開』、146 頁。
② 桜井毅・山口重克・柴垣和夫・伊藤誠『宇野理論の現在と論点：マルクス経済学の展開』、146 頁。
③ 小幡道昭「純粋資本主義批判―宇野広藏没後 30 年に寄せて―」、『東京大学経済学論集』第 74 巻第 1 号、2007。
④ 桜井毅・山口重克・柴垣和夫・伊藤誠『宇野理論の現在と論点：マルクス経済学の展開』、135 頁。

义发展的最后一个阶段。而小幡道昭却认为："随着 20 世纪末冷战格局的崩溃，资本主义世界的地核也进入了大转换期。其中，地核发生变化的主要动力是冷战结束后资本主义世界从西到东的蔓延之势，并构成了全球资本主义的新地核，而且旧的社会主义国家的崩溃以及发达资本主义国家间新自由主义的蔓延都是在这一地核上的地壳运动。"①

　　除了变迁理论，小幡道昭还提出了宇野理论在二战后的两大现代适用性。第一个适用性是现代资本主义的发展过程中，宇野理论的"不纯化"部分即非市场决定的因素逐渐增加并得到强化。二战后，资本主义的非市场的"纯化"因素不断扩张，殖民地再分割的军事主义与福利国家的资本主义成为最主要的脱资本主义要素，资本主义国家凭借现存的军事力量勉强维持着国家地位。与现存的社会主义制度、国家竞争相比，资本主义国家通过国家财政、金融政策不断调和阶级矛盾。小幡道昭指出："随着宇野理论诠释现代资本主义发展范围的拓展，尤其在资本主义高速增长期，资本主义国家的脱资本主义化倾向更为明显，由此不纯化即可理解为'非革命资本主义化'。"②

　　第二个适用性是在现代资本主义的"衰落阶段"，资本主义发展的空间、区域逐渐缩小。在资本主义自由竞争阶段通过产业革命快速发展的英国在资本主义发展历史上长期处于统治地位；20 世纪以来美国、德国等后进资本主义国家利用后发优势快速发展、超越，在世界范围内瓜分殖民地、从属国。此后，资本主义的大门实际上已经对殖民地和从属国关闭了，也就是说后进的发展中国家不可能通过资本主义制度实现独立自主的富强道路。不破哲三在总结现代资本主义的矛盾时指出："资本主义不可能为政治上获得独立的发展中国家提供经济上自主发展的道路。"③此外，小幡道昭也明确指出："资本主义的不纯化不仅使发达资本主义国家内部的非市场因素不断增加，也使世界上非资本主义制度的国家或地区逐渐增加。可以说，在衰落阶段，从英国起源的资本主义向世界的传播就此断绝，全世界最终不可能完全

---

① 桜井毅・山口重克・柴垣和夫・伊藤誠『宇野理論の現在と論点：マルクス経済学の展開』、134 – 135 頁。

② 鶴田満彦・長島誠一『マルクス経済学と現代資本主義』、43 頁。

③ 不破哲三『激動の世界はどこに向かうか：日中理論会談の報告』、新日本出版社、2009、70 頁。

向资本主义转化。"①由此，二战后发达资本主义国家需要在经济全球化的框架下配置资源，第三世界国家则逐渐意识到作为资本主义的附属，它们是不可能再通过资本主义制度发展来走上摆脱资本主义发展的道路，南北问题进一步深化。对此，小幡道昭强调："从世界历史来看，社会主义诸国的诞生，虽历经曲折但一直延续，这一时期成为资本主义时代向社会主义时代的'过渡期'是完全可以解释的。"②就此而言，宇野理论在围绕冷战结构的分析中树立了独到的学术观点，高度评价了苏联在十分复杂的历史状况下立足社会主义一国胜利论以及二阶段革命论取得的巨大成绩，而且认为苏联在民族解放以及社会主义建设方面给予第三世界国家经济和军事方面的支援以及自我防卫性质的部署。

此外，宇野弘藏的继承者还重新审视了宇野理论对马克思主义经济学的意识形态性的认识。例如，伊藤诚就依据宇野弘藏的学术精神对原理论进行了补充与修复。伊藤诚在所著《读〈资本论〉》一书的序言中指出："我在研究《资本论》的过程中，无论是价值理论还是经济危机理论，都继承并发展了宇野独创性的研究成果。"③但伊藤诚也认为："宇野的原理论并不是仅仅把马克思主义经济学与唯物史观、社会主义意识形态进行严格区分，而是在更高的层次上关注两者的关系。"④虽然宇野理论强调把作为社会科学的马克思主义经济学与作为意识形态的社会主义思想相区别，但伊藤诚认为不能因此就完全否定马克思主义经济学与社会主义意识形态、唯物史观的关系。伊藤诚认为，古典经济学派和新古典经济学派把资本主义放在资产阶级的意识形态框架内，也应该进一步赋予马克思主义经济学体现出的社会主义思想和唯物史观社会科学的理论意义。⑤由此可见，伊藤诚主张正确认识经济学与阶级性、批判性的相互关系，"如果马克思主义经济学的批判性失去了对超越资本主义的经济秩序的构建能力，那么马克思主义经济学将失去其特征与魅力"。⑥

---

① 鶴田満彦・長島誠一『マルクス経済学と現代資本主義』、44 頁。
② 鶴田満彦・長島誠一『マルクス経済学と現代資本主義』、44 頁。
③ 伊藤誠『「資本論」を読む』、24 頁。
④ 伊藤誠『「資本論」を読む』、22 頁。
⑤ 伊藤誠『「資本論」を読む』、19－20 頁。
⑥ 伊藤誠『マルクス経済学の方法と現代世界』、109 頁。

这种经济学的意识形态性还体现在马克思主义经济学研究的直接目标和最终目标上。在伊藤诚看来，马克思主义经济学研究的直接目标是对资本主义的发展阶段开展彻底的批判，最终目标则是要实现超越资本主义、向社会主义的过渡。他指出："由于受到苏联解体的直接影响，日本朝社会主义方向的变革运动也随之进入退潮期，由此现阶段的直接目标就是正确认识世界资本主义与日本资本主义经济发展的现阶段。""宇野的三阶段理论为实现作为社会科学的经济学的最终目标，即为完成超越资本主义、实现社会主义的根本性变革提供理论上的保障。"①可见，宇野三阶段论的终极目标可以理解为向社会主义过渡，但这种过渡不同于"讲座派"的二阶段革命论（分为市民社会革命和社会主义革命二阶段），也不同于"劳农派"主张的直接向社会主义过渡的一阶段革命论。在伊藤诚看来，原理论中含有向社会主义过渡的纲领基础，阶段论的帝国主义最新发展阶段中也含有向社会主义过渡的战略基础，而一国的现状分析论可以依据一国的发展实践来探索具体的过渡战略。伊藤诚主张依据社会主义理论以及向社会主义过渡的战略来为社会主义革命的实践提供理论基础，在理论和实践层面则需要左翼党派发挥主体性作用并发起以争取劳动权益为主的社会运动。②由此可见，伊藤诚作为现代宇野派的领军人物，重视党派的理论及实践，特别强调党派在社会运动层面的主体性地位是无法替代的。

（三）运用原理论进行现状分析的当代视角与风格

在新自由主义的影响下，标榜个人主义的市场竞争甚嚣尘上，大企业纷纷失去垄断价格优势，民营化政策进一步放宽，与此同时工会被不断弱化。资本主义的这些变化也直接导致发达资本主义国家的福利缩减，教育、医疗、保险等领域的个人负担不断加重。宇野派代表性学者伊藤诚批判了新自由主义下资本主义国家的上述变化，并明确指出："在以私营企业为中心的社会，社会两极分化的态势必然进一步恶化，阶级社会的特征非但没有消失反而进一步强化。新自由主义在不同类型的资本主义国家的影响程度虽有不

---

① 伊藤誠『マルクス経済学の方法と現代世界』、108 頁。
② 伊藤誠『マルクス経済学の方法と現代世界』、108 – 109 頁。

同，但也有诸多共性，日本新自由主义的特征尤为突出。"①伊藤诚以资本主义发展的历史阶段为依据，高度关注现代资本主义自我修复的局限性。他明确指出："阐明资本主义世界的诸多变化需要把《资本论》这一经济学的原理论作为参照基准来进行现代资本主义论视域下的现状分析。"②为此，伊藤诚以学者的视角，运用《资本论》中的货币危机理论、劳动力商品化理论、劳动二重性等"纯化"的原理论批判现代资本主义的经济现象，体现了现代宇野派对《资本论》研究的鲜明风格。

1. 货币危机理论的再现

马克思在《资本论》第 1 卷第 1 篇第 3 章中，明确强调了货币作为支付手段所隐藏的直接矛盾，也就是说货币不是作为流通手段而是作为商品的交换价值而独立存在时，生产危机和商业危机都会以货币危机的形式暴露无遗。马克思说："这种货币危机只有在一个接一个的支付的锁链和抵消支付的人为制度获得充分发展的地方，才会发生……在危机时期，商品和它的价值形态（货币）之间的对立发展成绝对矛盾。"③伊藤诚就此问题，具体分析了货币的支付手段使信用主义向拜金主义突变的不同作用。他认为："资本主义在高涨阶段，商品售卖状况良好，即只要商品生产出来就能够换回货币。但随着高涨阶段的发展，市场经济内部的矛盾累积，逐渐转变为危机阶段。在该阶段，无法如期偿还货币，大量商品不得不降低价格甩卖，由此商品销售困难与不能如期支付之间形成恶性循环。"④货币危机实际上也是贯穿《资本论》全卷的重要主线之一，货币作为流通手段可能造成的买卖脱节的矛盾以及作为支付手段可能造成的支付链条中断的问题，共同加深了资本主义的生产危机和商业危机。马克思曾明确指出："这种危机的运动中心是货币资本，因此它的直接范围是银行、交易所和金融。"⑤在此原理的基础上，伊藤诚认为，20 世纪 80 年代后期日本由股市投机和土地价格高涨所产生的巨大泡沫经济以及 90 年代泡沫破裂所引发的经济危机，主要是马克思所阐释的"独立存在的货币危机"理论在起作用，并表示"马克思的货币经济

---

① 伊藤誠『「資本論」を読む』、23 頁。
② 伊藤誠『「資本論」を読む』、99 頁。
③ 马克思：《资本论》（第 1 卷），第 162 页。
④ 伊藤誠『「資本論」を読む』、95 頁。
⑤ 马克思：《资本论》（第 1 卷），第 162 页。

理论在阐释由货币危机所产生的资本主义市场经济的自我破坏性以及反思反复爆发的资本主义泡沫经济和经济危机的根源方面必须得到足够的重视"。①

此外，马克思曾指出，贮藏货币一部分来自货币作为国内流通手段和支付手段的职能，另一部分来自世界货币，而世界货币"始终需要实在的货币商品，真实的金和银"。② 但众所周知，随着资本主义的发展，世界货币早已经不再局限于真实的金银。对此，伊藤诚指出："在国际金本位制的体制下，英镑硬币和英镑汇率曾起着支配国民流通的世界货币的作用，现代世界与金银价值脱钩的美元和美元汇率增加了世界汇率、物价等不安定因素。由此，世界货币的作用呈现出逐渐增强的趋势。"③如果世界货币背离金银作为价值量的基础，结果资本主义的货币危机最终只会加速其自身的灭亡。

2. 劳动力商品化的再批判

伊藤诚认为，马克思关于劳动力商品化的论述，包含了对资本主义生产方式支配下的社会的独特基础的论述。④资本总公式 "$G—W—G$" 中，包含与价值规律的客观要求相矛盾的问题。因为按照价值规律的要求，流通中商品实行等价交换、等量劳动交换，货币的增值也不会发生在流通领域。由此，货币转换为资本的唯一可能就是资本家在市场上找到一种使用价值远远大于价值的特殊商品，即马克思所论证的劳动力商品，这才能够解开资本总公式的奥秘。

《资本论》论述了劳动力的概念、劳动力成为商品的条件等内容。"劳动力"是劳动者自身所具有的劳动能力，是为生产某种使用价值所必须付出的体力和脑力劳动的总和。劳动力成为商品的首要条件是劳动者具有人身自由，与货币占有者在市场上具有平等的法律关系，即劳动力所有者只出卖一定期限内的劳动能力，当然这个期限是法律规定范围内最大的劳动契约期限。伊藤诚围绕日本废除终身雇佣制前后的变化论证了日本劳动力商品化的情况。在传统的终身雇佣制下，大企业的正式员工不断增加，长期保持着较为平稳的劳资关系。但 20 世纪 70 年代以后，由于经济危机以及新自由主义思潮，终身雇佣制逐渐瓦解，劳动力被重新整合，主要体现为非雇佣劳动者

---

① 伊藤誠『「資本論」を読む』、96 頁。
② 马克思：《资本论》（第 1 卷），第 169 页。
③ 伊藤誠『「資本論」を読む』、99 頁。
④ 伊藤誠『「資本論」を読む』、112 頁。

增多以及充分的劳动保障被不断削减。马克思的劳动力商品化理论贯穿整个资本主义发展阶段，并且随着资本主义生产方式的发展越来越适用。在资本主义制度下，劳动者像奴隶一样被终身雇用是绝对不被允许的，资本家要在一定期限内雇用劳动者，这样才会增加对劳动力的剥削频度与强度。劳动力成为商品的另一个条件是劳动者在自由的前提下一无所有，不占有任何生产资料，劳动者只能把自身的活劳动当作商品出卖。在伊藤诚看来，马克思在这部分论述中有两个关键点：第一，劳动力商品与货币占有者或商品占有者既不是自然史的关系，也不是永恒存在的关系，而是资本主义生产方式基础上的特殊阶段的产物；第二，资本不是仅仅通过商品流通和货币流通就能产生的，还必须在劳动力作为商品出卖之时才具备存在的历史条件。正如马克思所说："这一历史条件就包含着一部世界史。因此，资本一出现，就标志着社会生产过程的一个新时代。"①

在劳动力价值的规定方面，马克思指出："同任何其他商品的价值一样，劳动力的价值也是由生产从而再生产这种独特物品所必要的劳动时间决定的。"②在伊藤诚看来，劳动力的价值仅仅表述为"由生产其特殊商品的社会必要劳动时间来决定"还较为抽象。随后马克思对劳动力价值概念的进一步阐释，即"劳动力的价值，就是维持劳动力占有者所必要的生活资料的价值"③，使这个问题得以明确。此后，马克思还就劳动力价值受自然特点以及历史、道德因素的影响等方面进行了补充。伊藤诚认为这一条规定在现实生活中也十分必要。例如，"受自然特点的影响，在泰国生活的劳动者就不需要御寒的衣服；受历史、道德因素的影响，日本的劳动者即使在海外生活也很难离开日本料理"。④ 伊藤诚认为，正是因为劳动力价值受到历史和道德因素的影响，劳动力的价值不是仅仅维持在生存的最低标准，而是劳动力所有者的生活水平具有一定的提升空间。例如，"'在资本文明化作用'影响下，家电等各国劳动者共同的必要生活资料也在逐渐增多"。⑤ 当然，这种劳动者必要生活资料的丰富，正如马克思所指明的，在一定的国家和一

---

① 马克思：《资本论》（第 1 卷），第 198 页。
② 马克思：《资本论》（第 1 卷），第 198 页。
③ 马克思：《资本论》（第 1 卷），第 199 页。
④ 伊藤誠『「資本論」を読む』、119 – 120 頁。
⑤ 伊藤誠『「資本論」を読む』、120 頁。

定时期内是有平均范围的。紧接着，马克思还补充了劳动力价值还应体现劳动力所有者繁殖后代和参加教育或训练的费用。在伊藤诚看来，日本少子化问题的加剧，不仅是因为受到新自由主义下崇尚个人主义的唯市场化作用的冲击，还源于如何使劳动力世代延续、如何"不断由同样数目的新劳动力来补充"① 等问题在理论和现状分析层面都没有得到很好的解决。

伊藤诚充分运用《资本论》中的基本原理，结合资本主义经济发展史尤其是日本资本主义的发展特点，对资本主义市场经济进行批判。对劳动力商品化的批判是马克思对资本主义市场经济所谓"自由""平等"等进行批判的核心环节。资产阶级宣扬资本主义制度下市场上的劳动力买卖是"天赋人权的真正伊甸园"，且真正实现了"自由、平等、所有权和边沁"，②以期伪证资本主义市场经济的自由与平等。而事实是，在市场上的劳动力买卖只是实现了形式上的自由与平等，看似维持了劳动者的私人利益，却掩盖了在市场以外即在生产领域发生的剥削。

3. 劳动二重性的再思考

劳动二重性是理解马克思主义政治经济学的中枢，也是对现代资本主义市场经济展开批判的重要理论，更是进一步构筑市场社会主义的核心理论。具体劳动决定着商品的使用价值，抽象劳动决定着商品的价值，抽象劳动也是价值增值过程的重要一环。伊藤诚高度重视研究马克思的劳动二重性理论，认为通过劳动过程的内在分析可以洞察资本主义生产过程的特殊性。劳动二重性是对西方经济学展开批判的重要理论。因为与马克思主义经济学相比，古典经济学或新古典经济学把劳动过程与资本主义的组织形态混在一起，进而将资本主义经济描述为永恒的形态。伊藤诚认为，对劳动二重性的科学认识可以充分揭露在资本主义制度下劳动者被剥削和被压榨的事实，并在此基础上体现超越资本主义的民主联合的原则。从人类发展史和人类经济生活的视角出发，劳动的社会属性决定了人类的抽象劳动具有同质性。这种抽象的同质劳动又具体体现在不同的具体劳动中。③

伊藤诚还把劳动二重性的原理扩展到计划经济的建构中。伊藤诚根据置

---

① 马克思：《资本论》（第 1 卷），第 199 页。
② 马克思：《资本论》（第 1 卷），第 204 页。
③ 伊藤誠『「資本論」を読む』、132 頁。

盐信雄 1955 年提出的商品价值决定理论，得出在一定的技术条件下生产一单位商品或产品所需的劳动时间，也就是各个生产物在一单位中含有的劳动量，其投入与产出的公式如下：

$$煤\ 1/4kg + 铁\ 1/6kg + 1/3\ 小时的劳动 \rightarrow 煤\ 1kg$$
$$煤\ 1/2kg + 铁\ 1/3kg + 1/3\ 小时的劳动 \rightarrow 铁\ 1kg$$
$$煤\ 1/4kg + 铁\ 1/6kg + 1/5\ 小时的劳动 \rightarrow 棉花\ 1kg$$

在这个投入与产出的体系中，需要再加上煤炭 t_1、铁 t_2、棉花 t_3 这 3 个变量，得出生产煤、铁、棉花各 1 千克需要的劳动时间，即 $t_1 = 2/3$，$t_2 = 1$，$t_3 = 2/5$。

$$1/4\ t_1 + 1/6\ t_2 + 1/3 = t_1$$
$$1/2\ t_1 + 1/3\ t_2 + 1/3 = t_2$$
$$1/4\ t_1 + 1/6\ t_2 + 1/5 = t_3 [①]$$

如上，伊藤诚通过投入和产出的公式与实证把劳动二重性的原理扩展到计划经济的建构中，并为计划经济的必要性提供了数理支撑。这种建构是期望通过含有生产资料的劳动量以及追加的劳动量来确定商品价格，而不再依赖市场供求关系的市场决定作用。

4. 伊藤诚对《资本论》解读的两大认识

21 世纪日本马克思主义经济学研究的代表性主体是宇野派（学派代表）和正统派（党派代表），两者各自坚持本学派的基本理论与观点，共同形成了新时期日本研究马克思主义经济学的两大主体，进而从两条线促进了日本当代马克思主义的发展，形成了互补发展之势。学派和党派在 21 世纪的互补性主要体现在对现代资本主义进行批判的相关研究领域。其中，宇野派以伊藤诚的研究成果最具代表性，正统派则以日本共产党前任总书记不破哲三的研究成果最具代表性。正如伊藤诚所说，"不破哲三站在马克思主义理论家、政治家的立场去解读《资本论》，而我是从一个经济学者的视角去解读

---

① 伊藤誠『「資本論」を読む』、133 頁。

《资本论》"。① 从伊藤诚对《资本论》的解读可以鲜明地看到他对《资本论》研究的两方面认识，他也回应了日本学界对马克思主义经济学的一些质疑。

其一，针对《资本论》的经济理论，既应独立研究，又应与科学社会主义思想相联系。作为现代宇野派的主要代表性人物，伊藤诚受到宇野弘藏学术思想的强烈影响，在解读劳动价值论以及经济危机等理论时继承了宇野独创的原理论、阶段论、现状分析论的学术思想，并在此基础上补充、完善、深化了宇野派的理论。宇野弘藏坚持把《资本论》中反映客观社会科学的经济理论与唯物史观及社会主义意识形态相区别，伊藤诚也主张对《资本论》的研究不能将马克思的社会主义思想和《资本论》的学术理论混同，两者既有联系又相互区别。他认为，《资本论》在方法论上已经超越了古典政治经济学所信奉的无社会变革意识的自然主义偏好，形成了社会思想和社会科学相互联系又相互区别的理论创新。② 两者的联系在于马克思由唯物史观所产生的社会主义思想打破了古典政治经济学的思想禁锢，成为解读资本主义经济内部结构的主线。伊藤诚指出："《资本论》经济学否定了把资本主义作为自然的、合理的、永恒不变的经济形式的意识形态，认为通过社会主义思想和运动来变革资本主义的特殊历史阶段是必要的。"③ 也就是说，伊藤诚重点强调了两者的区别。在他看来，马克思的社会主义思想和《资本论》的学术理论并不在一个数量级上，且两者是相对独立的研究课题。

学界对宇野派的《资本论》研究风格最具争议性的认识也正是其"去意识形态"特征。但是，伊藤诚曾明确强调："宇野弘藏并不是单纯把马克思的思想与理论相区别，也非常关注两者的关系，在其代表性著作《原理论》中，对是否必须以社会主义为目标进行了考证，并在结尾得出'把社会主义作为科学的依据'的结论。"④ 正如伊藤诚所说，宇野弘藏高度关注苏联的社会主义建设，并希望苏联可以成为向未来社会主义过渡的样板。但是随着苏联解体以及世界社会主义运动转向低潮，伊藤诚主张应该重新审视《资本论》中社会主义思想与社会科学的不同层次和作用，并基于苏联解体

---

① 伊藤誠『「資本論」を読む』、14 頁。
② 伊藤誠『「資本論」を読む』、21 頁。
③ 伊藤誠『「資本論」を読む』、21 頁。
④ 伊藤誠『「資本論」を読む』、22 頁。

的历史事实重新审视如何让《资本论》的经济学成为今后科学社会主义的理论基础。从总体上来说，伊藤诚认为《资本论》中的观点、方针、路线充分体现出科学社会主义的基本原则。他把迄今为止的空想社会主义看作对于未来社会乌托邦式的描述，主要原因是空想社会主义仅仅停留在对上层建筑变革的幻想中，并相应地认为唯物史观的经济基础才是决定无产阶级解放的关键，由此社会主义运动的基础、目标才能上升为科学社会主义的理论。①从马克思在序言中阐明唯物史观的基本观点开始，各种对唯物史观的质疑不绝于耳。日本学界对唯物史观的质疑主要集中在认为唯物史观中绝对的经济基础决定上层建筑只是机械地划分了规定与被规定的关系，尤其是过于强调经济决定性作用的经济主义。针对该质疑，伊藤诚指出："资本主义社会的发展就是从经济的下层基础依照市场经济的基本原则所形成的运动形态，与政治、法律、社会思想等上层建筑方面的要素相分离。由此，以近代发达资本主义为研究对象的经济学开始作为独立的学问成为社会科学基础。"②实际上，马克思就是在资本主义社会的经济结构内部发现了阶级社会的统治基础，并鲜明地站在大多数劳动者阶级的立场上，为实现全面的人类解放提供了锋利的科学理论指导。

其二，把《资本论》作为客观的、科学的经济理论来阐明现代资本主义的经济体系和命运。日本学界还有一种质疑认为马克思主义经济学是依据唯物史观及社会主义思想所形成的非客观的经济学。伊藤诚从自己的视角出发对这种质疑反驳道："《资本论》作为经济学巨著，其理论的科学性不能仅仅通过唯物史观或社会主义思想来验证。马克思把唯物史观作为主线，终其后半生吸收了先行研究所得出的所有经济学成果，并进一步解决了许多遗留的问题。可以说，《资本论》全部是依据客观事实与理论阐明资本主义经济的框架和体系。"③

马克思在充分吸收德国古典哲学、法国空想社会主义、英国古典政治经济学的基础上，构建了影响整个人类历史进程的思想与理论。伊藤诚认为，马克思1859年发表的《〈政治经济学批判〉序言》中的三部分内容可以完

---

① 伊藤誠『「資本論」を読む』、18 頁。
② 伊藤誠『「資本論」を読む』、17 頁。
③ 伊藤誠『「資本論」を読む』、19 – 20 頁。

整地概括唯物史观的全貌。① 其中，第一部分是"人们在自己生活的社会生产中发生一定的、必然的、不以他们的意志为转移的关系，即同他们的物质生产力的一定发展阶段相适合的生产关系。这些生产关系的总和构成社会的经济结构，即有法律的和政治的上层建筑竖立其上并有一定的社会意识形式与之相适应的现实基础"。第二部分是"社会的物质生产力发展到一定阶段，便同它们一直在其中运动的现存生产关系或财产关系（这只是生产关系的法律用语）发生矛盾。于是这些关系便由生产力的发展形式变成生产力的桎梏。那时社会革命的时代就到来了。随着经济基础的变更，全部庞大的上层建筑也或慢或快地发生变革"。第三部分是"资产阶级的生产关系是社会生产过程的最后一个对抗形式，这里所说的对抗，不是指个人的对抗，而是指从个人的社会生活条件中生长出来的对抗；但是，在资产阶级社会的胎胞里发展的生产力，同时又创造着解决这种对抗的物质条件"。②

伊藤诚认为，马克思所论述的这三部分内容相辅相成，共同构成了宏伟的唯物史观，并科学阐释了各个社会所包含的基本结构。首先，由政治、法律、宗教、社会思想等所构成的上层建筑，要与由各种社会生产所形成的经济基础相适应；其次，当现存的生产关系与生产力的发展产生矛盾时，新的上层建筑的结构将不断变革；最后，这种变革是人类历史上四个社会阶段必然发生的，而人类的史前时期也将以资本主义的形态而告终并开启无阶级的正史阶段。③ 由此，唯物史观在实质上成为经济学研究的基础，包含马克思对于资本主义生产方式的深刻反思以及对于被异化的大多数劳动者无法成为历史主体的思考。在伊藤诚看来，当今世界的任何一个经济学派，无论是马克思主义经济学派还是非马克思主义经济学派，都应当客观、科学、全面地研读《资本论》，并在学术上掀起反复讨论、交流《资本论》的热潮。例如，20 世纪 70 年代以来围绕马克思价值论，学界大规模展开了关于转型问题的争论，其中萨缪尔森、森岛通夫等非真正马克思主义学派的经济学家对《资本论》理论的繁荣也做出一定贡献。④

---

① 伊藤誠『「資本論」を読む』、15 頁。
② 《马克思恩格斯文集》（第 2 卷），人民出版社，2009，第 591～592 页。
③ 伊藤誠『「資本論」を読む』、16 – 17 頁。
④ 伊藤誠『「資本論」を読む』、20 – 21 頁。

四 现状分析论的局限性分析

现代宇野派继承了宇野的三阶段理论，其终极目标是在原理论、阶段论、现状分析的三阶段论的基础上谋求向社会主义过渡。伊藤诚等现代宇野派的代表性学者认为，资本主义的现代性需要以资本主义发展的阶段论和现状分析论来进行研究，并主张应该重新审视《资本论》中社会主义思想与社会科学的不同层次与作用，以此来重新讨论如何让《资本论》成为今后科学社会主义的理论基础。但是，现代宇野派的现状分析论也存在现状批判有余、未来见识不足的缺陷，值得进一步分析与商榷。从根本上来说，现状分析论的这一理论缺陷受限于宇野三阶段论的原理论对于经济科学与意识形态性的割裂以及对于"纯化""流通论""生产论""市场机制论"的认识缺陷。①从现状分析论本身所体现出的局限性来说，主要集中在对以下问题的局限性认识。

（一）对资本主义发展现阶段及所带来的问题的局限性认识

现代宇野派中有学者认为，现代资本主义的第二局面即新自由主义阶段已经终结。例如，柴垣和夫提出现代资本主义的三局面分别是凯恩斯主义、新自由主义、凯恩斯主义的复归，并断定："2008 年经济危机之后资本主义国家对劳动政策的修正以及对福利政策的再编都体现出凯恩斯主义的复活，而且体现出新自由主义与福利资本主义之间的可逆性。可以说现代资本主义的第二局面已经终结。"②柴垣和夫的推断从历史和实践的维度来看都超出现阶段的实际情况，目前新自由主义思潮及其影响之广远远超出他的预判。就像柴垣和夫自身所认识到的"现在新自由主义向凯恩斯主义的逆转还具有诸多的不确定因素"，新自由主义并没有退出历史舞台，特别是在"社会主义阵营'威胁'的降低、工人运动的停滞"等状况下，新自由主义仍然在

① 余斌：《评〈宇野理论的缺陷及其对日本马克思主义经济学研究的贡献〉》，载杨伯江主编《日本文论》（2020 年第 2 辑），社会科学文献出版社，2020。
② 桜井毅・山口重克・柴垣和夫・伊藤誠『宇野理論の現在と論点：マルクス経済学の展開』、191 頁。

持续蔓延。[1]

实际上，随着市场经济发展，货币作为支付手段的职能采用更多的赊购赊销的方式，其所引起的经济危机已经形成错综复杂的债务连锁关系，而在资本主义错综复杂的现代信用制度下，买卖脱节与信用关系遭到破坏的风险有所提高，生产过剩的危机非但没有减慢反而迅速提速。显然，新井大辅等日本学者把资本主义从凯恩斯主义向新自由主义的过渡看作资本主义生产发展自身所提出的要求是错误的。虽然凯恩斯主义不是从根本上变革资本主义的生产关系，但其在增加有效需求、提高生产效率、推行福利政策、缓解劳资矛盾等方面曾暂时起到缓解并掩盖现代资本主义矛盾的作用。当然，凯恩斯主义发展到一定阶段必然会产生过剩资本。相对敢于直面生产过剩和工人失业问题的凯恩斯主义，在新自由主义浪潮影响下的现代资本主义的生产过剩问题更为严重、经济危机的破坏性更加猛烈、系统性金融风险的防御力也更为脆弱。由此，对现代资本主义的批判，不能仅仅看到凯恩斯主义和新自由主义间相互变化的现象，更应洞察这种更迭与逆转越是频繁越能说明资本主义的内在矛盾和存在界限。可以肯定的是，这种相互更替局面的出现不可能无限制地循环，最终会展现资本主义所存在的界限。由此可以得出，研究现代资本主义的界限与研究其阶段与局面同等重要。

（二）对马克思主义经济学的核心问题及解决资本主义基本矛盾的局限性认识

针对马克思主义所揭露的资本主义制度的基本矛盾即生产资料日益社会化的需求与资本主义生产资料私有制之间的矛盾，宇野理论认为这一基本矛盾是劳动力商品化所导致的资本主义矛盾。宇野理论提出的马克思主义经济学的核心问题即劳动力商品化问题，实际上只是剩余价值论的核心，而劳动的二重性作为理解政治经济学的枢纽和劳动价值论的核心才是马克思主义经济学核心的出发点。柴垣和夫也没能跳出宇野理论的这一缺陷。他认为，在资本主义制度下对劳动力商品的特性进行扬弃需要克服三方面的内容，"一是作为劳动力商品价格的工资无法由劳动者自身所决定，而是在市场上由其

---

[1]　桜井毅・山口重克・柴垣和夫・伊藤誠『宇野理論の現在と論点：マルクス経済学の展開』、192 頁。

他规律所决定；二是工人如果不出卖劳动力商品就会失业；三是在劳动力商品的消费过程即劳动过程中要听从资本家的命令，也就是出现劳动的异化"，要想解开这三方面的矛盾，需要"实现工人的工资由工人自己决定，充分保障劳动者的权利并且避免出现失业的现象，在劳动过程中保障劳动者的主体地位"。①柴垣和夫对劳动力商品化的认识存在明显的问题，而这种问题是由第一点决定的。具体来说，第一点问题在于劳动力的价值是由生产和再生产劳动力所必需的劳动时间决定的，而市场供求关系仅仅是使劳动力价格围绕价值上下波动的一个因素。在资本主义生产方式下，工人的工资绝不可能由工人的主观意愿来决定，工人作为特殊的商品只能由生产、维持和延续劳动力所必需的生活必需品的价值决定。

此外，柴垣和夫还自创了一个反马克思主义的"灰色地带的社会科学"② 理论。所谓"灰色地带的社会科学"理论指在资本主义向社会主义过渡期，现代资本主义内部出现了许多中性概念，这些中性概念即"公"与"私"之间的混合概念逐渐增多，成为现代社会科学研究的重要课题。举例来说，如日本新入职的员工对"劳动者"概念的意识逐渐淡薄，对"经营者""资本家"概念的意识却逐渐浓郁，他们认为位于末端的"劳动者"完全可以升为顶端的"经营者"。③柴垣和夫提出的"灰色地带"无非把现代资产阶级国家看作代表全民利益的、超阶级的国家，把资本主义国家的福利制度看作超阶级、超历史的普适制度，而把社会主义国家的国有化看作暴力与专制的代表。这实际上是在鼓吹随着资本主义社会多元化和个体化的发展，原有的工人阶级和资产阶级已经趋向解体，用"阶级消失论""阶级斗争熄灭论""阶级分析方法过时论""历史终结论"等抽象的社会科学研究方法来掩盖现代资本主义的各种矛盾和问题。④而事实是，恩格斯在《共产党宣言》1883 年德文版序言中指出："每一历史时代的经济生产以及必然由此产生的社会结构，是该时代政治的和精神的历史的基础。"⑤可见，只要资

---

① 柴垣和夫『マルクス＝宇野経済学とともに』、日本経済評論社、2011、89 頁。
② 柴垣和夫『マルクス＝宇野経済学とともに』、88 頁。
③ 柴垣和夫『マルクス＝宇野経済学とともに』、90 - 91 頁。
④ 参见唐辉、张俭松《对马克思主义阶级分析方法"过时论"的批判性思考》，《马克思主义研究》2016 年第 4 期。
⑤ 《马克思恩格斯文集》（第 2 卷），第 9 页。

本主义生产资料私有制以及其作为一种社会发展形态没有质的改变，现代资本主义国家作为资产阶级压迫与统治工人阶级的工具就不会改变。综上所述，"离开阶级话语和阶级分析，就无法正确认识当代资本主义社会"①。

（三）对社会主义的实现路径及发展阶段的局限性认识

现代宇野派学者普遍认为，通往社会主义的道路绝不止一种，苏联式的社会主义模式仅仅是对社会主义进行了极其狭义的理解。于是，他们经常强调"广义社会主义"概念，即他们希望通过议会选举、高福利保障、政治权利民主化、生产资料社会化等变革来实现广义的社会主义。伊藤诚曾指出："广义社会主义指对于资本主义体制的扬弃需要对资本主义体制内的个人主义及其所带来的弊端进行平等主义的改革或者通过议会进行变革，当然还可以包括更为激进的通过非议会选举方式进行社会改革的方式。"②宇野派学者寄希望于把《资本论》的原理论作为变革资本主义的理论根据，然后运用资本主义的发展阶段论以及由此产生的现状分析论阐明不同类型的资本主义特质，在此基础上、在更宽广的视阈下对社会主义的方法论进行研究。③在他们看来，在世界社会主义运动的低潮期更应重视广义社会主义即社会民主主义道路。可以说，宇野三阶段论作为现代日本宇野派学者洞察现代资本主义社会的独具特色的理论逻辑，在资本主义批判层面具有一定的方法论启示，但是在这个理论框架下对"广义社会主义"的认识具有违背科学社会主义基本原则的局限性。

（审校：叶　琳）

---

① 姜辉：《论当代资本主义的阶级问题》，《中国社会科学》2011 年第 4 期。
② 伊藤誠『マルクス経済学の方法と現代世界』、284 頁。
③ 伊藤誠『マルクス経済学の方法と現代世界』、283 – 285 頁。

《日本文论》（总第 6 辑）

第 163～183 页

© SSAP，2021

日本环境史研究会的学术
对话与史学研究创新

陈 祥 吕腾飞*

内容提要：环境史研究兴起之后，日本学界积极尝试开辟具有日本特色的环境史研究创新之路。2010 年 5 月，日本来自不同学科的学者联合发起成立了环境史研究会。环境史研究会发展为日本专门从事环境史研究的团体，学术交流主题十分丰富，涉及的环境史研究领域广阔，并形成了关注中国环境史、殖民地区历史、乡村和森林以及紧扣学术发展最新动向的研究特点。环境史研究会逐步呈现出制度化、规范化的发展趋势，也面临新兴跨学科研究需要深化学科研究发展的严峻挑战。环境史研究会的种种学术努力和发展经验值得中国环境史学界加以关注。

关 键 词：国际环境史 日本环境史研究会 日本环境史 跨学科研究

环境史研究兴起于 20 世纪六七十年代的美国，经过半个多世纪的努力，环境史研究在世界范围内取得了长足的发展。日本作为东亚地区的发达国家，其环境史研究的兴起几乎与美国同步，最初是开启了公害问题史的研究，而后与国际环境史学发展潮流形成相互借鉴、相互促进的格局，走出了一条颇具日本特色的环境史研究创新之路。比较而言，中国环境史研究起步较晚，加之中国学术界偏向于研究日本环境问题史，中国对日本的环境史研

---

* 陈祥，文学博士，中国社会科学院日本研究所副研究员，主要研究方向为日本问题、环境史和近代日本侵华史；吕腾飞，清华大学人文学院历史系世界史专业博士研究生。

究本身的关注长期不足，对日本史学界如何开展环境史研究也缺乏系统性的梳理。①

有鉴于此，本文将日本的环境史研究会作为研究对象，梳理其成立、发展历程以及相关研讨会主题和学术关注点，以期弄清环境史研究在日本日趋发展成熟之后日本学界的研究反思与研究思路，以及日本环境史研究的最新动向与学术发展方向。日本环境史研究会成立于 2010 年，虽然成立时间不长，但会聚了大量日本环境史研究方面的专家学者。梳理和分析日本环境史研究会的科研情况和创新情况，不仅有助于我们打开认识日本环境史发展的新视角，还有助于我们把握近 10 年来日本环境史学界的发展动向，这是对日本新史学研究的有益补充。

一　日本环境史研究会概况

环境史研究在美国兴起后迅速在全世界扩散，日本传统学科几乎同时受到这股新史学的影响，相关学科领域陆续开启了"XX 环境史"或"环境 XX 史"的研究思路，逐步汇聚形成了今天的日本环境史学。②日本的环境史研究从一开始就走了一条不同于美国及西方之路，各学科合力推动形成一股强大的环境史研究热潮之后，"日本环境史研究"作为一个独立的学科和研究方向呈现出呼之欲出的状态。2010 年 5 月，村山聪、古井户宏通、藤原辰史、福田惠、户石七生、竹本太郎等人联合发起成立了"环境史研究会"，成为日本专门从事环境史研究的团体。他们以环境史研讨会的形式，努力推动日本环境史研究向前发展。截至 2020 年 12 月，环境史研究会共举办了 22 次研讨会，来自日本 40 余所大学或研究机构的超过 50 位研究人员相继参与了环境史研究会的研讨活动。毫无疑问，经过 10 年的发展，环境史研究会已经成为日本环境史研究领域不可忽视的组成部分，为日本环境史研究的发展做出重要贡献。

---

① 笔者基于这种学术研究情况，曾对 2011 年东日本大地震以后日本历史学研究会历届年会上有关环境史的研究专题展开过论述，还梳理过日本学界"里山"问题研究的学术史。但是，上述研究对象都是属于相关学科从事环境史研究情况的探讨，还缺乏对日本环境史学界研究情况的深入梳理。这也成为本文创作的重要前提与学术背景。参见陈祥《2011 年东日本大地震以来日本环境史学的发展与创新》，《学术研究》2020 年第 2 期；陈祥《日本"里山"研究的环境史追问》，《史学理论研究》2020 年第 6 期。

② 参见陈祥《日本环境史学的研究与发展》，《学术研究》2013 年第 4 期。

（一）环境史研究会的成立及特点

作为日本环境史研究会的核心发起人之一，村山聪教授早在 21 世纪初就积极推动日本环境史研究与西方环境史研究对接。他于 2006 年在名古屋大学大学院社会环境学研究科举办的主题为"日本环境史的相关问题"研讨会上，发表了题为"工业废弃物与繁荣的备赞濑户岛屿：丰岛经济快速增长的时代"的报告。此时，村山聪已经意识到传统日本公害史研究需要朝着国际化的环境史研究转向，他围绕香川县丰岛的工业废弃物问题与日本人口变化、经济发展的关系展开了分析。2008 年，村山聪《日本内海被污染的岛屿》（"A Polluted Island in the Inland Sea of Japan"）一文发表于牛津大学神户研究所举办的"欧洲和日本环境史比较研究国际会议"论文集上。[①] 2009 年，村山聪在第一届世界环境史大会（WCEH）上做了题为"日本水文化的跨国思想史——明治维新、丰稔池连拱坝和伊势湾台风"（"A Transnational Intellectual History of Water Culture in Japan：Meiji Restoration，Hounenmultiple‐arch Dam and Typhoon Isewan"）的报告。该报告论述了跨国科技知识网络在水文化形成过程中的重要作用，以丰稔池连拱坝以及为保护日本免受伊势湾台风灾害而修建的海堤为例，介绍了明治时代以来日本修建的各种港口设施和河道工程，阐释了砖石与现代技术的结合方式。[②] 2009 年 12 月，村山聪在第二届国际水文化研讨会上做了题为"寻求以社区为基础的环境教育模式——日本和德国的水文化比较"的报告，对比分析了日本和德国在维护水环境方面的不同举措，特别是两国基于社区的地方水环境开发的异同点。[③] 由此可见，2006 年村山聪就已意识到环境史研究的重要性，并将环境史研究视角融入自己的研究，借助环境史理论开拓新的研究项目。正是不断深入地开展环境史研究，村山聪将环境史研究作为自己的研究重心，为日后发起成立日本环境史研究会奠定了学术基础。

---

① Tsunetoshi Mizoguchi, ed., "The Environmentl Histories of Europe and Japan", Initiative for Attractive Education of Graduate School, Graduate School of Environmental Studies, Nagoya University, 2015, pp. 109 – 116.

② 「2009 年度実績報告書」、科学研究費助成事業データベース、https：//kaken. nii. ac. jp/ja/report/KAKENHI – PROJECT – 21653026/216530262009jisseki/［2021 – 01 – 06］。

③ 「研究業績一覧」、http：//rfweb. ed. kagawa – u. ac. jp/project/wiki/muras/wiki. cgi? page = % B8% A6% B5% E6% B6% C8% C0% D3［2020 – 01 – 06］。

2009 年 8 月，第一届世界环境史大会在丹麦首都哥本哈根召开。这次会议对历史学新学科——环境史研究而言，是一次前所未有的全球性学科大聚会，标志着环境史研究在全球范围内进入了一个新的发展阶段。此次大会对日本的环境史研究也产生了极大的刺激作用，并促使其孕育新的契机、谋求新的发展。由于东亚地区的学者在世界环境史学会（ICEHO）现有成员中的代表性不强且话语权不足，会议期间，来自日本和中国等国家的研究人员在中国台湾"中研院"副院长刘翠溶的带领下，互相交换了意见，并成立了东亚环境史协会（AEAEH），以共同推动东亚区域的环境史研究。有鉴于此，村山聪向日本环境史学者发出了加入东亚环境史协会的倡议书，与东亚环境史协会网站①相对应，也建立了互动平台——日本的环境史研究会网站②，供日本环境史学者分享信息、参加研究会议和发起研究项目，为此后发起成立日本环境史研究会奠定了组织基础与技术支撑。

为筹备东亚环境史协会第一届研讨会，以村山聪为代表的日本学者讨论了日本环境史研究学者应该如何参与其中、如何组织学科建设。2010 年，村山聪担任香川大学教育学部教授，因为在经济史、日本近世史和德国史等方面有长期的学术积累，他对这些研究领域有着深厚的学术影响力。面对日本环境史学者需要集合力量进行研究交流、创新发展的现实需要，以及学科自身发展的内部需要，村山聪计划牵头组建日本环境史研究会，以聚集日本环境史方面的专家学者，用环境史的理论推进多学科的交叉发展。成立日本环境史研究会，首先要解决的问题就是寻找研究会的核心成员，以便共同促成研究会的建立和维持研究会的日常运转。时任东京大学研究生院农业生命科学研究科讲师的藤原辰史对农业经济学、农业科学技术发展、食物文化、日本殖民时期的农业发展都颇有研究；藤原辰史也是德国史方面的研究专家，与村山聪同为日本德国学会的成员。2010 年，日本德国学会围绕德国的环境政策和绿色产业革命，举办了题为"德国是环境大国吗"的研讨会。藤原辰史作为评论员参与了本次研讨会。研讨会期间，他与村山聪就组建日本环境史研究会进行了深入交流。日本环境史研究在很大程度上有赖于日本的世界史学科发展，并深受国际环境史研究潮流的影响，特别是从事德国史

① Association for East Asian Environmental Histor，http：//www.aeaeh.org［2021 - 01 - 17］.
② Living Spaces Project，http：//dlpweb.ed.kagawa - u.ac.jp/main/［2021 - 01 - 17］.

研究学者的学术建树起了重要的推动作用。

此外，多位日本环境史研究会发起人的研究也存在诸多共同之处。比如，森林、林业研究是环境史研究的题中之义，更是环境史研究会的重要学术纽带。藤原辰史所在的东京大学研究生院农业生命科学研究科有多位从事森林和林业研究的学者，他们也成为日本环境史研究会的重要发起人。古井户宏通是农业生命科学研究科的副教授，主要研究林业和森林，是日本森林学会和林业经济学会成员。竹本太郎彼时刚刚入职东京大学，是农业生命科学研究科的助教。竹本太郎也是日本森林学会和林业经济学会成员，对森林史和殖民时期朝鲜林业史有强烈的研究兴趣，2010 年申请了"殖民地绿化技术和理念对日本的影响"研究课题，主要研究领域是朝鲜的森林政策。户石七生也是东京大学研究生院农业生命科学研究科的助教，和村山聪都是比较家族史学会的成员，对日本农村地域社会有深入研究。户石七生还参与日本社会经济史学会的活动，研究中世纪欧洲的产业革命，而村山聪则是社会经济史学会的评议员之一。另外，曾任东京农业大学共生科学技术院讲师的福田惠也是发起人之一，其主要研究领域是日本农村社会学和日本民俗学，同时对日本农业、森林和林业等领域有着不俗的研究成果。

由此可见，以藤原辰史、古井户宏通、户石七生、竹本太郎为核心的东京大学研究生院农业生命科学研究科的青年研究团体，与村山聪分别通过日本德国学会、比较家族史学会、日本社会经济史学会等组织形成了密切的学术关联性，他们的研究领域有很高的重合度。进一步而言，日本传统学会在促进新兴学科发展方面起了重要作用，不仅为日本环境史研究会提供了重要的人脉，还为其提供了新的研究点。

东京大学研究生院农业生命科学研究科对日本森林、林业等环境史主题有着深入的研究，是东京日本环境史研究方面颇具代表性的研究团体。在村山聪与这一青年研究团体一同发起成立环境史研究会之后，日本环境史研究作为新兴的交叉学科，开启了快速发展时期。具体而言，村山聪作为日本学界环境史研究的前辈，通过自身在学界的影响力，极力联合东京地区高校的青年学者组建日本环境史研究会，对促进日本环境史研究起了重要的推动作用。而这些青年学者来自不同的研究领域，分别从事森林、林业、日本农村社会等研究，但是基于自身学科发展的需要和环境史发展的现实需要，共同会集到环境史研究下开辟新的研究领域，成为日本环境史研究的重要有生力量。这也在无形之中成为日本环境史学科发展的一大特点。

2010 年 3 月，一封邮件群发给了东亚环境史协会中的日本学者，介绍了日本环境史研究会的发起人、入会方式和第一次研讨会的召开时间，这就宣告了日本环境史研究会成立。

（二）环境史研究会的组织运行

笔者根据环境史研究会网站上记载的研讨会发起和召集信息，再通过查询留言记录以及村山聪的介绍，梳理出环境史研究会的大体情况及其与东亚环境史协会的关系。

2011 年，东亚环境史协会已有 249 名会员，包括中国大陆学者 68 名、中国台湾学者 58 名、日本学者 55 名、北美地区学者 38 名、欧洲学者 14 名、澳大利亚学者 8 名、韩国学者 5 名、菲律宾学者 3 名。其中，日本 55 位学者中有 41 位是日本环境史研究会成员。①另外，通过对互动网站上会议召集信息和邮件等相关信息的梳理，可以对研讨会的相关主题、报告人的报告主题和参会人员等信息形成一个较为清晰的轮廓。下文将总结和梳理这些信息，了解环境史研究会的整体运作情况。

环境史研究会成立之初，成员的加入是采取自主报名的方式，对研讨会参与人数也有一定的限制。环境史研究会的活动组织依托香川大学地球和发展科学国际联合会（ICEDS）的环境史研究项目，并由该研究项目为环境史研究会的研讨会等科研活动提供部分经费。

2010 年 5 月 15 日，日本环境史研究会第一次研讨会在东京大学农学部召开。村山聪、竹本太郎等研究会发起人在研讨会上做了环境史相关主题报告，与会日本学者参与了主题讨论。此后，学术研讨会成为环境史研究会的主要活动形式，通过邀请研究会成员进行环境史研究主题报告分享、研讨的方式，加强了日本环境史研究学者之间的交流，营造了良好的环境史学术环境，有利于互助互进。环境史研究会成立后，较为频繁地召开了各种研讨会，甚至有过一年召开四次研讨会的活动频率。2019 年 3 月 23 日，环境史研究会召开了第 22 次研讨会，此后由于突如其来的新冠肺炎疫情，研究会

---

① 村山聪「第 1 回東アジア環境史学会閉幕」、Living Spaces Project、http：//dlpweb. ed. kagawa - u. ac. jp/main/?paged =4 ［2021 - 01 - 08］。

相关活动不得不推迟。

通过现有公开的研究会资料，笔者整理了截至 2020 年 12 月的 22 次研讨会与会成员名单，从中可以看到大部分与会成员来自东京地区，少部分学者来自京都、大阪等地。研讨会联络人主要是村山聪、竹本太郎、藤原辰史等发起人，负责就研讨会主题进行沟通，通知研讨会召开的时间、地点等事务性工作，是研究会持续运作的核心成员。22 次研讨会中有 16 次在东京地区举办，5 次在京都举办，1 次在大阪举办（见表 1）。由此可见，研究会的活动中心地主要是东京地区，日本环境史研究会已经成为以东京为中心、辐射全国的学术组织。从研讨会的规模看，一般由两三位学者发表报告，时长为四五个小时。其中，第 8 次研讨会和第 22 次研讨会的规模较大，与会学者较多、持续时间长、报告内容相对多样。从历次参会的学者资料看，参与环境史研究会研讨会的大部分学者来自日本各地的高校和研究机构，还有一部分是国外学者，参与人员数量众多，涉及高校和研究机构范围广，带有一定的国际性和代表性。这也说明了要准确把握日本环境史研究的动向，环境史研究会是不可或缺的研究对象之一。

表 1　环境史研究会研讨会的召开时间、联络人、地点

召开时间	届次	联络人	地点
2010 年 5 月 15 日	第 1 次	村山聪	东京大学农学部 1 号馆
2010 年 7 月 24 日	第 2 次	村山聪	东京大学农学部 1 号馆
2010 年 10 月 2 日	第 3 次	竹本太郎	东京大学农学部 1 号馆
2010 年 12 月 18 日	第 4 次	竹本太郎	东京大学农学部 1 号馆
2011 年 5 月 14 日	第 5 次	竹本太郎	东京大学农学部 1 号馆
2011 年 7 月 23 日	第 6 次	竹本太郎	东京大学农学部 1 号馆
2011 年 12 月 17 日	第 7 次	竹本太郎	东京大学农学部 1 号馆
2012 年 3 月 17 日	第 8 次	村山聪	大阪府劳动中心
2012 年 7 月 21 日	第 9 次	竹本太郎	东京大学农学部 1 号馆
2012 年 10 月 7 日	第 10 次	竹本太郎	东京大学农学部 1 号馆
2013 年 4 月 6 日	第 11 次	藤原辰史	京都大学人文科学研究所
2014 年 3 月 8 日	第 12 次	竹本太郎	东京大学农学部 1 号馆
2014 年 7 月 19 日	第 13 次	藤原辰史	京都大学人文科学研究所
2014 年 10 月 18 日	第 14 次	竹本太郎	东京大学农学部
2015 年 4 月 1 日	第 15 次	藤原辰史	香川大学教育学部
2015 年 6 月 6 日	第 16 次	竹本太郎	东京大学农学部

续表

召开时间	届次	联络人	地点
2016 年 7 月 9 日	第 17 次	竹本太郎	东京大学农学部
2017 年 2 月 12 日	第 18 次	濑户口明久	京都大学人文科学研究所
2017 年 7 月 23 日	第 19 次	竹本太郎	东京大学农学部
2018 年 4 月 4 日	第 20 次	藤原辰史	京都大学人文科学研究所
2018 年 11 月 23 日	第 21 次	竹本太郎	驹泽大学
2019 年 3 月 23 日	第 22 次	濑户口明久	京都大学人文科学研究所

资料来源：笔者根据环境史研究会网站（http：//dlpweb. ed. kagawa – u. ac. jp/main/）发布的会议信息整理。

二　日本环境史研究会的学术主题特点

根据日本环境史研究会公开的资料，笔者整理了环境史研究会 22 次研讨会报告，从中可以发现，环境史研究会研讨会的交流主题十分丰富，涉及的环境史研究领域广阔，包含环境政治史、农业环境史、森林环境史、环境社会史、气候史、环境经济史、能源史、军事环境史、环境思想史、植物环境史、医疗环境史、海洋环境史、动物环境史、河流环境史、山脉环境史、食品环境史、灾害环境史等，体现出以下特点。

（一）主题的交叉性和跨领域研究

环境史研究会历次研讨会的主题呈现出多样性和交叉性。利用环境史研究会提供的交流平台，日本国内大批史学研究才俊会聚到环境史研究的框架下，从环境史的视角出发，在各自学科的基础上融合发展出一些新的跨领域交叉型学科。

在环境史众多分类下的新研究领域中，环境史研究会研讨会上发表数量最多的研究报告是围绕环境政治史和农业环境史展开的。环境政治史研究有别于以往的政治史研究，侧重对环境政策的追溯，也有对环境政策史研究的重要性和研究方法的探讨。喜多川进在第 3 次环境史研究会研讨会上发表的题为"环境政策史研究的构想和意义"的报告中指出，近年来日本对环境问题的关注度提高，各学科都对环境政策的内容和实际应用进行了研究，但对环境政策制定过程的研究不足。在喜多川进看来，人们很少关注政治、社会和经济背景下环境政策诞生的历史等问题，因此他在报告中讨论了环境政策史这一新的研究领域的潜力和意义，认为亟待从历史的角度来研究环境政策的发展。喜多川进重点介绍了德国的垃圾减量政策，在案例分析的基础上，讨论了环境政策历史的意义和挑战。在关注环境政策史研究方法和意义的同时，参会学者也通过案例研究对环境政策进行追溯和探讨。环境政策史研究既是学科交叉的结果，也是基于现实社会需要的政治史自身发展的衍生。喜多川进在环境史研究会上发表了最新研究思路后，于 2015 年出版了《环境政策史论——德国容器包装废弃物政策》，对上述的思考做了进一步完善。①

同样在第 3 次环境史研究会研讨会上，村松弘一关注了近代中国地方政府的绿化政策。他在题为"近代陕西省的植树和绿化政策"的报告中，介绍了 20 世纪 30 年代国民政府时期陕西省的造林、绿化、再造林政策，比较了国民经济委员会、省政府、西京筹备委员会等不同级别政府的规划和实施情况。同时，村松弘一还收集了相关历史资料，尝试从环境史的新视角重新审视国民政府时期的政府行动和绿化政策，以史为鉴探讨黄土高原各地区生态环境保护方法。如上，在环境政策史研究的框架下，环境史研究会的学者从理论和不同地区的个案等多个角度开展研究，显示了研讨会主题的交叉性。

此外，濑户口明久在第 8 次环境史研究会研讨会上，通过分析 20 世纪 30 年代日本各阶层的自然保护运动，探讨了自然和都市的关系。②将环境史的视角融入社会学研究领域的环境社会史研究，也体现了环境史包罗万象、学科交叉的特点，展现了环境史学科研究需要进行跨领域融合的学术发展趋势。

（二）长于"微观"研究而缺少对"宏观"问题的探索

环境史研究会的研讨会在主题设计上体现出日本环境史研究相关学者长

---

① 参见喜多川进「環境政策史研究の構想と意義」、環境史研究会第 3 回ワークショップ、Living Spaces Project、http：//dlpweb. ed. kagawa - u. ac. jp/main/?paged = 6 ［2021 - 01 - 17］；山川肇「（書評）喜多川進著『環境政策史論—ドイツ容器包装廃棄物政策の展開—』」、『廃棄物資源循環学会誌』第 28 巻第 1 号、2017、93 頁。

② 瀬戸口明久「都市と自然—1930 年代日本における自然保護運動と社会階層—」、第 8 回環境史研究会ワークショップ、Living Spaces Project、http：//dlpweb. ed. kagawa - u. ac. jp/main/?paged = 4 ［2021 - 01 - 07］。

于对日本乡村、林业、社区关系等进行"微观"的个案探究，但缺乏对气候变化、自然保护运动、自然观等"宏观"课题的把握和探究。下文将以历次研讨会涉及的森林史研究情况为例展开论述。

在第 1 次环境史研究会研讨会上，竹本太郎和户石七生就围绕森林史的研究方法发表了研究报告。竹本太郎的研究对象主要是从明治时期作为学校基本财产而设置的"学校林"。"学校林"最初作为学校建设用料和财政补助的特殊保护林，二战期间被用作凝聚军国主义"爱国心"的造林地，二战后又成为国土复兴、绿化运动的主角。竹本太郎从被人们所忽视的"学校林"角度，对近代以来日本林木与国家命运关系进行了个案研究。[①]户石七生的研究主要是日本中世、近世的村落社会，涉及日本近世村落养子习俗、零细农的"共济机制"等。[②]

胁野博围绕森林主题，曾在研讨会上做了题为"从地图看近世白神山地区的森林和植被利用"与"日本近代前期的森林资源开发和日本人的自然观"的报告。白神山虽然是日本著名的世界自然遗产，但近代早期对白神山的研究很少，山地状况至今不明。胁野博利用山图等资料开展个案研究，探讨了近代早期白神山的植被和森林利用情况。同时，梳理了日本近代前期林业和森林产业发展以及森林资源开发情况，以日本林业政策、林业史的几个事例来分析日本人的自然观，即"慈悲、敬畏自然，以谦虚之心面对生灵"。[③]胁野博的两次会议发言从研究方法到具体个案研究，体现了日本学者更注重细致的个案研究，重视对日本地方、区域社会开展具体的环境史案例研究。胁野博还对秋田藩的林业与林业政策做了十分扎实的个案研究。[④]　这

---

① 参见竹本太郎「熊本県南小国町における学校林の存続要因」、『東京大学農学部演習林報告』第 116 号、2006；竹本太郎『学校林の研究』、農山漁村文化協会、2009。

② 参见戸石七生「近世南関東の養子慣行—秦野市旧横野村宗門改帳と明治戸籍の分析を中心に—」、『農業史研究』第 37 号、2003；戸石七生「日本における小農の成立過程と近世村落の共済機能—『自治村落論』における小農像批判—」、『共済総合研究』第 76 号、2020。

③ 参见脇野博「絵図から見た近世白神山地の植生と林野利用」、第 4 回環境史研究会ワークショップ、Living Spaces Project、http：//dlpweb. ed. kagawa - u. ac. jp/main/?paged = 5 ［2021 - 01 - 11］；脇野博「日本前近代の森林資源開発と日本人の自然観」、第 7 回環境史研究会ワークショップ、Living Spaces Project、http：//dlpweb. ed. kagawa - u. ac. jp/main/?paged = 4 ［2021 - 01 - 11］。

④ 参见脇野博「秋田藩林政と森林資源保続の限界」、『徳川林政史研究所研究紀要』第 43 号、2009；脇野博「一九世紀秋田藩林政と近代の秋田杉」、『徳川林政史研究所研究紀要』第 45 号、2011。

些个案研究无法体现日本学界在环境史研究领域的深邃感，也常常被人诟病为日本环境史研究的薄弱环节。偏重于"微观"研究造成日本环境史研究缺乏对环境史研究的理论探索，是日本学界在环境史研究领域的短板。

（三）密切跟踪并开展国际环境史研究

环境史研究会的学者不仅在环境政策、森林、乡村、社会等方面注重对日本环境史进行相关研究，还关注世界各国和地区的环境史课题，不断拓展日本环境史研究的国际视野。

首先，环境史研究会较为关注英、美两国的环境史研究。比如，水野祥子关注世界大战期间大英帝国的自然保护思想。[1]她以20世纪30年代大英帝国科学家、官僚为研究对象，探讨了大英帝国环境危机论的形成过程。她认为，两次世界大战之间的全球化环境危机论强调人类受到来自自然的负面影响，人类的错误活动带来土壤侵蚀等自然灾害，而且这种受害的危机感日益高涨并在全球不断扩散。很多殖民地科学家认为应该保护的最为重要的资源是土壤，而从世界各地报告的土壤侵蚀和沙漠化现象引导出世界土地所能达到的生产力极限的认识，于是对能否养活持续增长人口持悲观的态度。[2]再如，池田佳代关注美属关岛地区的水资源问题和军事环境问题中的制度因素。池田佳代论述关岛文官开展的基础设施建设，说明其与联邦的人种政治存在密切关联，制订建设计划后，岛上道路、水、电等基础设施领域的建设就遭到各种阻挠。围绕公共自来水系统对岛上居民的社会影响，池田佳代分析了美国国防部和环境局之间的不同想法。[3]

环境史研究会还关注欧洲其他国家以及中国、韩国、印度等国家的环境史研究。渡边裕一另辟蹊径，在研讨会上报告了自己在撰写博士学位论文时

① 水野祥子「大戦間期イギリス帝国における保全思想」、第4回環境史研究会ワークショップ、Living Spaces Project、http：//dlpweb. ed. kagawa－u. ac. jp/main/? paged＝5 ［2021－01－11］。
② 水野祥子「大戦間期イギリス帝国におけるグロバールな環境危機論の形成」、『史林』第92巻第1号、2009、127－128頁。
③ 参见池田佳代「軍事環境問題の制度的要因に関する考察—アメリカ領グアム島の水問題を事例に—」、第11回環境史研究会ワークショップ、Living Spaces Project、http：//dlpweb. ed. kagawa－u. ac. jp/main/?paged＝3 ［2021－01－11］；池田佳代「グアム統合軍事開発計画の人種政治的側面に関する考察—グアム島公共水道システムを事例に—」、『広島平和科学』第33号、2011。

挖掘的德国奥格斯堡市立文书馆所藏《森林书记会计簿》（1563～1607年）。渡边裕一通过分析该会计账簿，明确了面临木材不足问题的奥格斯堡市参事会是如何渡过16世纪后半期的"能源危机"的。①村松弘一则关注了中国西北地区的开发和社会对环境的认知。②竹本太郎以日本殖民统治时期朝鲜总督府山林科科长斋藤音作作为研究对象，收集整理了东京大学森林科学研究所和东京大学图书馆保存的相关文献，并前往韩国拜访斋藤音作的后人，收集整理了相关回忆录和照片，以探究斋藤音作的绿化思想。③小川道大以印度马哈拉施特拉邦在殖民化进程中的社会经济变化为切入口，考察了殖民当局在19世纪为推进军马繁育和生产而实施的新政策，并论述了因为大部分肥沃土地被浦那市武官占有，民众被迫开发内陆农业来弥补土地不足的历史进程。④

　　从上述环境史研究会历届研讨会的学术主题可以看出，环境史研究会为日本环境史发展规划了一个宏大的学科建设框架，旨在让更多的相关学科加入环境史研究领域。总体而言，环境史研究会认为需要以海纳百川的姿态推动日本环境史研究不断向前发展。跨学科领域的融合、对具体问题展开深入研究并积极吸收国际环境史研究的最新成果，也从侧面说明了日本环境史研究正处于快速发展、构建学科的道路上。

三　环境史研究会的关注与思考

　　环境史自诞生以来，经过半个多世纪的发展，如今已形成在全球范围蓬

---

① 渡邉裕一「会計簿が語るアルプス環境史—研究の展望—」、第12回環境史研究会ワークショップ、Living Spaces Project、http：//dlpweb. ed. kagawa-u. ac. jp/main/？paged＝85 ［2021 – 01 – 11］。

② 村松弘一「近代中国における西北開発と環境への認識」、第8回環境史研究会ワークショップ、Living Spaces Project、http：//dlpweb. ed. kagawa-u. ac. jp/main/？paged＝4 ［2021 – 01 – 11］。

③ 竹本太郎「朝鮮総督府山林課長・齋藤音作の緑化思想」、第8回環境史研究会ワークショップ、Living Spaces Project、http：//dlpweb. ed. kagawa-u. ac. jp/main/？paged＝4 ［2021 – 01 – 11］。

④ 参见小川道大「19世紀前半のインド西部の植民地化に伴う社会経済変化—軍馬の飼育と土地利用に注目して—」、第13回環境史研究会ワークショップ、Living Spaces Project、http：//dlpweb. ed. kagawa – u. ac. jp/main/？cat＝7 ［2021 – 01 – 11］；小川道大『帝国後のインド—近世的発展のなかの植民地化—』、名古屋大学出版会、2019。

勃发展之势。由于环境史研究必须采用国际化与本土化相结合的方法，全球范围内不同国家和地区的环境史研究关注点也有所差异。从东方、西方的维度看，两者的环境史研究关注点有所不同。1990 年后美国环境史研究侧重于城市环境史、环境种族主义史、生态女性主义史和环境技术史。与普遍认为环境史发源于美国的认识不同，英国环境史学家认为，英国的环境史研究是英国深厚的环境研究基础和大英帝国多元学术文化交流孕育而生的。与美国环境史研究相比，英国环境史研究的关注点在于农业生态史研究以及工业和城市环境史研究。英国的环境史研究还十分关注英联邦和英帝国环境史研究。①

再看东方世界，中国经过 40 余年的改革开放，经济总量跃居世界第 2 位，然而以经济建设为中心的同时，中国的环境问题也日益严峻，坚持科学发展观、实现人与自然的和谐共处成为可持续发展的题中之义。基于学科的发展和现实的迫切需要，中国的环境史研究虽然起步较晚，但是发展迅速。近年来，中国的环境史研究着眼于环境思想文化、农业环境史、古代城市环境史、自然景观变迁史、疫病史、灾荒史、西部环境史和森林环境保护史等方面。环境史在中国学术界形成了一个交叉或者说多学科的研究领域。与西方和中国的环境史关注点相比较，日本的环境史研究最初是研究公害史，而后又逐渐侧重研究农业和农村环境史、文明论的环境史等。②

进入 21 世纪，随着世界环境史大会的召开和东亚环境史协会的成立，世界环境史研究联系更加紧密，东亚地区的环境史研究交流频繁。2011 年东日本大地震发生之后，日本学界对环境史的关注也与日俱增。在国际局势和国内需求下，日本学界对环境史的研究日益迫切，应运而生的环境史研究会的研究关注点在一定程度上反映了日本环境史研究的最新成果和学术发展方向。笔者希冀通过梳理环境史研究会的研究关注点，窥见日本环境史研究的学术倾向。

（一）对中国环境史研究的持续关注

环境史研究始于西方，西方环境史研究的关注点也一直在其自身。英国

---

① 包茂红：《环境史学的起源和发展》，北京大学出版社，2012，第 18、32～44、66 页。
② 包茂红：《环境史学的起源和发展》，第 164～175、194～206 页。

学者根据自己国家独特的环境变迁提出了英国的环境史理论。法国学者在一定程度上继承了年鉴史学的传统，认为环境史仅是社会发展的一部分，需要对它进行结构分析。美国因为缺乏前现代历史，出现了把环境史等同于环保运动史的倾向。相对于欧美学界对环境史的研究存在侧重西方环境史的特点而言，日本环境史研究除关注自身外，也着眼于东亚，更关注中国环境问题。早在 2010 年，环境史研究会网站就转载了中国北京大学包茂红教授发表的一篇报告《环境史与世界史的编撰——中国的实践和构想》，详细介绍了中国环境史研究情况。①

纵观环境史研究会举办的 22 次研讨会，有 9 次会议出现过中国环境史研究的相关内容，可见日本环境史学者对中国环境史进行了持续关注。在环境史研究会第 2 次研讨会上，原宗子就分享了中国环境史研究的现状和课题，指出中国环境史研究在环境史研究会研究课题中占有重要的一席。原宗子在此之前已经发表了诸多有关中国古代环境史的研究成果，并出版了专著《"农本"主义和"黄土"的形成——古代中国的开发与环境（2）》②。她从"农本主义"入手，考察大面积种植单一农作物的"大田谷作"与历史之间的关联性，分析了关中、黄土高原地区的环境和社会经济之间的关系，认为谷物生产导致黄土地肥力下降，如果不利用森林、草原、海洋等自然创造的有机质，就无法提高谷物产量。杉本宪司对原宗子的学术观点进行了点评，他认为过去对中国环境史的研究往往更关注生产用具的改进、生产关系的变化、谷物生产性的提高等，这种以社会发展指标为中心的研究方式缺乏对环境要素的具体考察，不足以全面考察中国古代的环境变迁，而原宗子补充了这一视角。③

从地域划分上看，日本学者对中国环境史的研究比较关注中国北方地区的森林、农业、草场等（见表 2）。福原弘太郎在第 19 次环境史研究会研讨会上发表了题为"农业气候因素对扩大冷季型水稻种植的影响：20 世纪后

---

① 包茂紅「東文研セミナーのご案内　『環境史と世界史の編纂─中国の実践と構想から─』」、Living Spaces Project、http：//dlpweb. ed. kagawa‐u. ac. jp/main/？cat = 7&paged = 4 ［2021‐01‐17］。

② 原宗子『「農本」主義と「黄土」の発生─古代中国の開発と環境（2）─』、研文出版、2005。

③ 杉本憲司「〈書評〉原宗子著『「農本」主義と「黄土」の発生─古代中国の開発と環境（2）─』」、『東洋史研究』第 65 巻第 2 号、2006、318 頁。

半叶中国黑龙江省的案例"的报告，指出在中国东北黑龙江省，自20世纪80年代以来，稻谷生产一直在扩大。以往的农业经济学和历史学研究将这种扩张归结为一系列农业技术，如从日本引进的田间育苗栽培技术，但这些技术对稻谷生产扩大的贡献没有得到定量的研究。气象学上也有一些研究认为，20世纪后半叶以来，全球变暖趋势明显，有利于水稻的生长，但没有对技术转型的研究。福原弘太郎认为黑龙江省水稻增产的原因在于，利用农业气象学的方法，引进和推广栽培技术、作物品种，提高温度和日照等气候资源的利用率。永井理纱关注中国东北地区的自然资源，在研讨会上分享了从明代到二战前中国东北地区的农业发展过程，以及森林和草原面积减少的情况。中尾正义探讨了游牧民族与中国古代王朝的战争历史，将中国西北地区沙漠地带绿洲水源（冰川融雪、降水）的多寡与当地荣辱盛衰的关系作为突破口，分析了过去绿洲水源的干涸和今天持续干涸的绿洲。①

表2 环境史研究会历次研讨会中涉及中国环境史研究的报告

日期	发表者	报告题目
2010年7月24日	原宗子	中国环境史研究的现状和课题
2010年10月2日	村松弘一	近代陕西省的植树和绿化政策
2011年5月14日	井黑忍	消失的水和出现的碑刻——从历史用水方式看环境与社会
2011年7月23日	中尾正义	绿洲之水濒临干涸之际
2011年7月23日	栗山知之	20世纪40年代以来中国华北地区农村的土地资源利用变化——以渭河平原祝家庄为例
2012年3月17日	村松弘一	近代中国的西北开发和环境认识
2012年7月21日	萧建业	20世纪30年代和40年代"满洲"的能源资源管理
2014年7月19日	都留俊太郎	林本源甘蔗生产经营和二林蔗农事件
2014年10月18日	相原佳之	从案件史料看清代中国山地的利用和管理
2016年7月9日	平野悠一郎	曾在日本留学的梁希在近代中国森林政策中发挥的作用
2017年7月23日	福原弘太郎	农业气候因素对扩大冷季型水稻种植的影响：20世纪后半叶中国黑龙江省的案例
2017年7月23日	永井理纱	近现代中国东北地区的自然环境

① 「第19回環境史研究会ワークショップのご案内（詳細）」、Living Spaces Project、http://dlpweb. ed. kagawa - u. ac. jp/main/ ［2021 - 01 - 17］。

从时间跨度来看，环境史研究会对中国环境史的关注主要集中在近现代时期。村松弘一考察了 20 世纪 30 年代国民政府时期陕西省植树和绿化政策以及近代中国西北地区的开发以及对环境的认识。栗山知之以中国渭河平原祝家庄为例，分析了 20 世纪 40 年代以后华北农村土地资源利用的变化情况。萧建业（Victor Seow，华裔美国学者）考察了 20 世纪 30～40 年代伪满洲国的能源资源管理等。纵观环境史研究会学者研究中国环境史的相关报告，可以看到日本学者的中国环境史研究话题主要涉及中国的自然资源开发利用、农业发展、生态保护等领域。

（二）关注殖民统治地区环境史研究

西方环境史研究特别是英国环境史研究，注重对殖民地物质与文化史的研究，丰富了环境史的物质、技术和文化等方面。而在非洲和其他前殖民地，环境史研究不但深化了民族主义史学关于殖民地人民具有历史创造力或历史首创精神的观点，还把生态破坏和殖民主义联系起来，加深了对殖民主义的认识。[①]

环境史研究会成员也存在相似的研究倾向，他们的研究成果较多地涉及了日本殖民统治地区的环境史研究。例如藤原辰史、中山大将、格里高利·巴顿、布雷特·班尼特等学者主要从农业和农林资源等角度探讨日本对殖民统治地区的农林资源管理。日本学者对殖民统治地区环境史研究存在科技史取向，总体侧重于对农业、林业技术发展情况的考察。同时，日本学者还借助环境史研究框架探讨绿化思想和民族身份认同等人类文化学方向的话题，反映了环境史研究的文化取向。殖民统治地区环境史研究填补了以往殖民统治地区政治史、军事史、社会史研究的不足。虽然日本学界对殖民统治地区历史的研究中加入了环境史研究的种种学术创新，但也存在一些明显的不足，尤其是对战争的反思不够彻底，过度强调近代环境"开发"，缺乏对殖民统治地区环境掠夺的反省。

（三）关注"乡村"和"森林"主题

与西方环境史研究和中国环境史研究相比，日本的环境史学者更擅长从

---

① 包茂红：《环境史学的起源和发展》，第 18、69 页。

"细致入微"的研究视角入手，更关注乡村和森林等生产空间、生产资源以及与人类生产生活息息相关的历史叙述。

环境史研究会有一批学者从事农业史研究，他们的农业环境史研究大多聚焦古代日本的乡村地区，尤其是近世时期（江户幕府时期）的日本乡村。村山聪从环境史的角度对近世时期的天草渔师町和凑町崎津两个地区的史料进行了对比研究。①平下义记对广岛县比婆郡奥门田村的地主栗本家族进行了个案研究。通过考察明治初年到 19 世纪 90 年代栗本家保存的农民租金收据和记录（日文称为"小作料領収帳"）以及每块耕地收获量的收成估算表（日文称为"収穫見積帳"）等资料，平下义记厘清了该村落内部农户的构成，进而从历史文献研究层面揭示了每个农民拥有土地情况的变化，从而明确了近代日本地主与佃户关系的特点。②栗原健一则关注日本近世多次困扰农村社会的粮食安全问题，他以出羽秋田郡（现在的秋田县北秋田市）小猿部南冈市村地区的村庄为例进行个案研究，分析了近世后期日本农村存在的"五升备米"和"乡备米"的备荒情况。③藤原辰史在研讨会上做了题为"生态殖民主义：日本帝国水稻品种的改良"的报告，探讨近代日本在侵略扩张过程中通过强制推广并改良水稻种植技术来构建东亚水稻"共荣圈"的过程，阐释了近代日本的生态殖民主义。④

除了关注农村问题，环境史研究会也十分重视森林主题的相关研究，在研讨会上有关森林环境史的研究报告数量也相对较多。如前所述，胁野博曾围绕森林主题做了两个报告。石井宽则尤为关注森林法，指出在考察各国森林政策的历史和发展进程时，必须了解已制定的森林法的特点。他认为，近代德国森林法受法国大革命的影响很深，1811 年黑森州、1833 年巴登州、

---

① 村山聡「近世天草漁師町・湊町崎津の比較史料学的環境史研究」、第 1 回環境史研究会ワークショップ、Living Spaces Project、http：//dlpweb. ed. kagawa – u. ac. jp/main/？p = 31 ［2021 – 01 – 16］。

② 平下義記「明治前期、中国山地農村における地主小作関係の再検討—広島県比婆郡奥門田村を事例に—」、第 12 回環境史研究会ワークショップ、Living Spaces Project、http：//dlpweb. ed. kagawa – u. ac. jp/main/？paged = 2 ［2021 – 01 – 16］。

③ 栗原健一「近世における山村の食糧確保」、第 12 回環境史研究会ワークショップ、Living Spaces Project、http：//dlpweb. ed. kagawa – u. ac. jp/main/？paged = 2 ［2021 – 01 – 16］。

④ 藤原辰史「エコロジカル・コロニアリズム—帝国日本における水稲の品種改良—」、第 8 回環境史研究会ワークショップ、Living Spaces Project、http：//dlpweb. ed. kagawa – u. ac. jp/main/？p = 68 ［2021 – 01 – 16］。

1852 年巴伐利亚州、1875 年和 1879 年韦登堡州分别制定了森林法，然而德意志帝国的国家森林法制定却屡遭挫折。石井宽不仅介绍了 19 世纪德意志各邦的森林法，还着重分析了 1942 年"帝国森林法案"对战后德国森林保护与立法的深远影响。①

　　从上述研究报告可以看到，环境史研究会学者的农业环境史研究大多聚焦史料分析、个案研究，深挖日本农村、农业的环境史相关问题。这种强于个案研究、精于史料考据的史学研究体现了日本环境史研究与西方环境史所强调的大历史研究的不同之处，日本学界在环境史研究过程中更偏重于微观、细致研究，反映了日本环境史研究注重细节、具体案例的研究方法和研究态度。相对而言，日本环境史研究对于环境问题的宏观考察较弱，这或许也是日本史学研究的一贯特点使然。

（四）关注环境史研究的最新动向

　　环境史研究会成立后，一直关注学术界发展的最新动向，将环境史研究与时代发展紧密结合，积极尝试推进环境史研究的创新发展。2017 年 2 月第 18 次环境史研究会研讨会在京都召开，此次研讨会以"'人新世'与环境史"为主题。"人新世"（anthropocene）概念来自地质学和地层学，以此论证人类活动对地球造成的深刻变化，进而说明地球已经进入一个新的地质时期。此次研讨会的召集人濑户口明久对此做了特别说明。濑户口明久指出，近年来，"人新世"概念已经成为热门话题，这一概念不仅在自然科学领域，在环境史和环境思想领域也引起了人们的关注。但地质年代等自然界的时间与人类历史学的时间有些区别，自然科学与人文社会科学研究环境史的方法差异也可能是对时间的感觉不同造成的。"人新世"可能是一个打破两者之间障碍的概念。因此，在本次研讨会上思考了什么是"人新世"以及环境史上的"时间"将走向何方的问题。②

　　环境史研究会的学者关注学术界新产生的概念，并尝试从环境史角度寻

---

① 石井宽「ドイツ各邦の森林法と 1942 年の帝国森林法案」、第 7 回環境史研究会ワークショップ、Living Spaces Project、http：//dlpweb. ed. kagawa – u. ac. jp/main/？p = 68 ［2021 – 01 – 16］。

② 「第 18 回環境史研究会ワークショップのご案内（詳細）」、Living Spaces Project、http：//dlpweb. ed. kagawa – u. ac. jp/main/？m = 201702 ［2021 – 01 – 16］。

找结合点，寻求新的突破。除了濑户口明久围绕"人的时间"阐释环境史上的时间概念外，林龙马以"植被史的时间，气候变化的时间"为题，解读了植被史和气候变化史的时间问题；篠原雅武从解读查克拉巴蒂的《历史的气候：四篇论文》谈起，分析了"人新世"的意识形态化。与会的学者借助"人新世"概念，打破传统的历史观念，重新思考环境史研究中的时间概念，为日本环境史探索了新的研究话题。①

另外，2012 年 7 月第 9 次日本环境史研究会研讨会上，渡边洋之做了题为"论近现代日本捕鲸业的组织结构"的报告，论述了近现代日本捕鲸业从网捕式到挪威式、母船式捕鲸技术的引入与提升。在这种技术革新的过程中，捕鲸船从业人员的世袭制、身份制等传统的捕鲸组织开始崩溃，形成了跨国界的产业结构，由此论证了捕鲸业并不存在所谓日本传统文化的连续性、正当性的说法。②2018 年 4 月第 20 次环境史研究会研讨会以"摄影如何捕捉核时代：丰崎博光和新井卓的理论与实践"为主题，邀请丰崎博光和新井卓两位摄影师展示自己拍摄的"核"主题照片，探讨核能时代的表象和特征。该研讨会积极寻求通过照片展览、观赏的新形式，激发学者开展多元维度的环境史研究。③ 由此可见，随着时代的发展和学术界研究主题的变化，环境史研究会积极关注学术发展的最新动向，以研讨会为平台，推进环境史研究不断自我更新、把握环境史研究的发展方向。

综上所述，与西方环境史研究和中国环境史研究的关注点不同，环境史研究会所呈现的日本环境史研究取向是：对东亚环境史特别是中国环境史研究保持持续关注；对日本殖民侵略地区和日本殖民帝国时期的农业技术进步和林业发展展现出浓厚的兴趣；乡村和森林研究始终是日本环境史研究的重要组成部分；结合学术前沿的研究成果和研究热点，丰富日本环境史研究主题、调整环境史研究的发展方向。原宗子在第 8 次环境史研究会研讨会上向

① 「第 18 回環境史研究会ワークショップのご案内（詳細）」、Living Spaces Project、http：// dlpweb. ed. kagawa－u. ac. jp/main/？m＝201702［2021－01－16］。

② 参见渡邊洋之「近現代日本捕鯨業の組織構成について」、第 9 回環境史研究会ワークショップ、Living Spaces Project、http：//dlpweb. ed. kagawa－u. ac. jp/main/？paged＝3［2021－01－16］；渡邊洋之「近代日本捕鯨業における技術導入と労働者」、渡邊洋之『捕鯨問題の歴史社会学—近現代日本におけるクジラと人間—』、東信堂、2006。

③ 「第 20 回環境史研究会ワークショップのご案内」、http：//dlpweb. ed. kagawa－u. ac. jp/ main/［2021－01－16］。

环境史研究会年轻学者提出环境史研究应该注意的三个重要方向：超越一国史观和发展阶段论、将种族和性别作为研究对象、融入自然科学的理解与思考。①因此，环境史研究会的学术关注点，不仅是历史学科体系在环境问题方面的延伸，而且是对社会发展的某些微观领域、技术体系的跨学科研究，更是一种历史观的体现。

四　环境史研究会的经验和面临的挑战

日本环境史研究会成立初期的学术活动相对松散，每次会议讨论没有预先设计主题；但随着研究会活动步入正轨，开始定期组织有明确主题的专题研讨。比如，第 7 次研讨会主题是"森林"，第 8 次研讨会主题是"灾害、环境"，第 10 次研讨会主题是"动物"，第 18 次研讨会主题是"环境史上的'人新世'与时间"，第 19 次研讨会主题是"中国东北地区"，第 20 次研讨会主题是"如何用照片捕捉核时代"，第 21 次研讨会主题是"帝国林业网络与知识生产"，第 22 次研讨会主题是"天明、天保时期东北地方的气候和人口"。研讨会主题日益明确，专题讨论的组织形式也越发清晰，表明环境史研究会呈现出制度化、规范化发展趋势。这种事先进行的主题设计往往与当时的学界动向、社会现实有着密切联系，说明了环境史研究会推动环境史学科发展和更好地服务于现实社会需求的美好夙愿。长期的专题研究，一方面为日本传统史学研究提供了平台和再讨论的可能，让日本环境史研究在专题研讨中深化并持续创新发展；另一方面，整合了不同学者和不同学科研究，深化学科研究发展，推动日本学者以环境史研究为视角深化和拓展历史研究。

环境史研究会也存在一些遗憾和不足之处。村山聪在第 8 次环境史研究会研讨会后的总结中写道："在研究会的发展中，我意识到'连接'所包含的'节点'（人）的活动越来越重要。这也提醒了我，在环境史研究中，作为'节点'的人的能力和个性是极其重要的，同时明晰这种不同于'单一

---

① 村上聪在对第 8 次日本环境史研究会研讨会的总结中，谈及原宗子在会上对环境史研究的方向性思考，参见「環境史研究会第 8 回ワークショップ」、Living Spaces Project、http：//dlpweb. ed. kagawa－u. ac. jp/main/?paged＝4［2021－01－16］。

要素'行为的'集体现象'和'复合现象'的产生机制也很重要。"①首先，环境史研究会存在人员分散和成员变动频繁的问题。实质上，除了少数研究会发起人之外，参与研究会活动的成员并不固定，大多数与会学者只是在自己研究之余关照过环境史研究并参与了一两次研讨活动，没有形成良好的可持续研究与学术交流状态。其次，环境史研究会缺乏学科体系的支撑，只是学科有交集的学者进行的初步自我尝试，环境史学科尚未完全构建，且研究缺乏可持续性。2020 年，虽然新冠肺炎疫情让人们重新认识到环境保护的重要性，但也冲击了本就脆弱的环境史研究会的研讨活动，造成环境史研究会在较长一段时间内处于停摆状态。最后，日本环境史研究相较于西方环境史研究而言，更偏重对具体问题的研究与考证，缺乏从理论与思想角度开展的学术探索。这也造成了大多数环境史研究会学者长于通过文本和资料分析进行环境问题史的考据研究，而短于进一步突破史学的桎梏、真正实现自然科学与史学融合的研究和思考。

考察环境史研究会的种种学术努力，可以看到日本学界已经初步形成了一个规模较为庞大的环境史研究团队，虽然成员之间的组织架构还远不如传统学科的学会组织那么严密，但是这种同一学术圈学者的聚集营建了良好的环境史研究氛围，促进了环境史研究会不断发展、不断扩大影响，使环境史意识深入其他学科、融入其他史学问题研究，也丰富了日本的环境史研究方法。同时，环境史研究会通过研讨会的形式，为日本环境史学者提供了交流平台，通过紧跟潮流的主题设定，推动了日本环境史研究朝着精细化、专业性的方向发展。环境史研究会是考察日本环境史研究不可缺失的一环，研究会的学者为日本环境史研究的创新与发展做了诸多努力，值得中国环境史学界持续关注。

（审校：李璇夏）

① 「環境史研究会第 8 回ワークショップ」、Living Spaces Project、http：//dlpweb. ed. kagawa - u. ac. jp/main/?paged = 4 ［2021 - 01 - 16］。

《日本文论》（总第 6 辑）
第 184 ~ 198 页
© SSAP，2021

大自然之岁时记：石牟礼道子的
"他者论转向"[*]

〔日〕 野田研一/著　　杨晓辉　王紫娟/译^{**}

内容提要： 自石牟礼道子的《苦海净土——我的水俣病》问世，探究"石牟礼文学"与水俣病问题的关联成为学术热点之一。石牟礼道子具有强烈的近代批判倾向，很容易让人认为其文学创作的重点置于前近代的、略带陈腐的事件和范式之上，由此也导致人们大多从前近代民俗视角解读其《苦海净土——我的水俣病》以外的其他作品。非怀旧式的"他者论转向"研究方法是从生态文学论或生态批评的视角来考察石牟礼道子的文学世界，其最后一部长篇小说《春城》是以"天草、岛原之乱"为主题的历史小说，描绘了人类作为"自然的存在"体现的存在范式。为了将人类描述成在被历史动摇时从未改变过的"自然的存在"，石牟礼道子发挥了对自然这一他者的文学想象力，将从自然和人类的"关系场"的视角描绘以自然为食、被自然所拥抱、被自然苛责的人类群像。

关 键 词： 生态文学　石牟礼道子　他者　生态批评

石牟礼道子（Ishimure Michiko，1927 ~ 2018 年）是日本著名生态文学

---

* 本文是2019年度国家社会科学基金重大项目"丝路文化视域下的东方文学与东方文学学科体系建构"（编号：19ZDA290）的阶段性成果。本文译自「大自然の歳時記—石牟礼道子の他者論的転回—」、『现代思想　臨時増刊号』第7号、2008年5月、107 – 119頁。

** 野田研一，日本立教大学名誉教授，原日本文学、环境学会会长，广东外语外贸大学客座教授，主要研究方向为生态文学。杨晓辉，广东外语外贸大学教授、博士生导师，主要研究方向为日本文学、生态角度的跨学科比较文学研究；王紫娟，广东外语外贸大学硕士研究生，主要研究方向为日本文学。

作家，生于熊本县天草郡，其创作的《苦海净土——我的水俣病》（1969年）被誉为"20世纪的世界文学"①。该书因揭露了"水俣病"而备受关注，并被译为多国语言在全世界广为传播。水俣病出现于20世纪50年代，是工业废水污染导致的汞中毒公害病，对日本熊本县水俣地区的居民造成了难以弥补的身心伤害，被认为是日本公害问题的原点。石牟礼道子一生的创作几乎都以熊本县水俣、天草等为背景，其最后一部著作长篇历史小说《春城》也以"天草、岛原之乱"为主题。

一　自然的"他者化"

20世纪90年代以来，生态批评成为迅速步入正轨的环境文学的研究对象，并在岁月的长河中呈现出丰富多彩的态势，其最基本的主题及理论之一即自然他者论。在这一理论的初期阶段，将原生自然和次生环境的对立作为研究重点的野生、荒野等问题受到人们关注，或者被作为人类问题的投影、作为表象的拟人化等问题加以认知。究其根本，两者都是批判人类中心主义，共同之处在于自然的"他者化"视角。

将自然的"他者化"与自然的"人类化"概念相对照，有时也运用"世界化"这一概念。在野生、荒野问题上，有人反对随意将"自然"纳入文化领域的做法；在拟人化问题上，也能窥见反对将文学表象中自然的"内化"等同于"人类化"的论点。这种"脱人类化"或者"脱人类中心主义"的视角，即本文"他者化"视角的根本所在。

20世纪美国具有代表性的生态文学作家爱德华·阿贝（Edward Abbey）认为，作为文学表象的自然，极易陷入人类中心主义的陷阱。他非常明确地指出：

> ……假使我们是大小宇宙的探索者，就要留意一些众所周知的危险，其中就有混同观察对象和观察者的心理，在不描述外部现实的情况下创建思考的人类的镜像这一危险。②

---

① 池澤夏樹「世界文学の作家としての石牟礼道子」、藤原書店編集部編『花を奉る—石牟礼道子の時空—』、藤原書店、2013、335 – 338頁。

② アビー・エドヮード『砂の楽園』、越智道雄訳、東京書籍、1993、240頁。

从表面上看，"混同观察对象和观察者的心理"是在描写自然，实际上陷入"创建思考的人类的镜像这一危险"。爱德华认识到这种危险与语言带来的表象之本纠缠在一起且难以分开，要想避免这种危险，除了舍弃语言别无他法。即便如此，也继续选择书写自然。在生态批评还未真正进入学界研究视野的年代（1963 年），法国作家阿兰·罗布 - 格里耶（Alain Robbe-Grillet）就完成了对被作为"人文主义"（人类中心主义）批判、被惰性化的隐喻和象征等自然表象的批判，也因此卷入一场论争。

> 即使置身这个湮没于事物之中的世界，对于人类而言，那些东西是不断、无限地接近自己本身的映像，它们不过是镜子。那些被驯服得非常安静的东西其实是人类用自己的眼光来审视自身。①

能够认识到阿兰·罗布 - 格里耶的思想具有生态批评前沿性的人不多。然而，文学表现上的人类中心主义批判并不是站在人类的角度审视自然，它的着力点是从人类的角度解放自然。②文学表现上的人类中心主义批判即"他者化"的理念，一方面联系了荒野保护的问题，另一方面加剧自然与文化的二元对立，将"超越论"的自然认识相对化。

"他者化"是以人类中心主义批判为基础的生态批评的基本命题。"他者化"不是简单的疏远关系，而是认识到自然的主体性、固有性、自立性；不是将自然置于客体的位置，而是将其定位为主体的存在。

虽然笔者也将"他者化"的系谱命名为"他者论转向"，但这是超越 19 世纪浪漫主义自然观的尝试。③如前所述，如同阿兰·罗布 - 格里耶尝试进行人文主义批判那样，"他者论转向"之后的生态批评是承接浪漫主义的后浪漫主义

---

① アラン・ロブ － グリエ「自然・ヒユーマニズム・悲劇」、アラン・ロブ － グリエ『新しい小説のために』、平岡篤頼訳、新潮社、1967、79 頁。

② 有关阿兰·罗布 - 格里耶的激进的人类中心主义修辞的论述，参见野田研一『交感と表象—ネイチヤーライティングとは何か—』、松柏社、2003。此外，从文学风景论视角探讨阿兰理论的研究并不多，具有代表性的有 Susan E. Lorsch, *Where Nature Ends: Literary Responses to the Designification of Landscape Cranbury*, New Jersey: Associated University Press, 1983。

③ 有关"他者论转向"，参见野田研一「『もののけ姫』と野生の〈言語〉—自然観の他者論的転回—」、野田研一『失われるのは、ぼくらのほうだ—自然・沈黙・他者—』、水声社、2016。

的尝试。在这个意义上，不得不说《瓦尔登湖》（1854 年）的作者亨利·D. 梭罗（Henry David Thoreau）和《砂之乐园》（1968 年）的作者爱德华是完全不同的类型。①以此为背景的生态批评中的"他者论转向"如何与石牟礼道子的文学展开交锋，正是本文要探讨的问题。

二 《春城》与《沉默》的交错性

这两年来，笔者阅读了石牟礼道子的《春城》（原名为《魂之鸟》，1999 年初版），也读过远藤周作的《沉默》②（1966 年），还阅读了大冈升平的《野火》③（1952 年）和国木田独步的《武藏野》④（1898 年）。⑤《春城》中存在某种力量，想弄清这种力量是笔者读这些书的缘由之一。如果想解读《春城》，就需要参阅同样以"天草、岛原之乱"或"隐藏的天主教"为题材的《沉默》，后者是在日本近代文学的自然记述上有很大改变的一部范例。从这个角度而言，还可以继续探讨《野火》与《武藏野》的差异。⑥原本毫无关联的《春城》和《沉默》、《野火》和《武藏野》不知从何时起出现了交错的画面。《沉默》于 2016 年被拍成电影，塚本晋也参演了这部电影，他也是影片《野火》（2015 年）的导演，这种偶然性似乎就带有某种暗示。对于塚本晋也来说，两部作品的交集意味着演员和导演这两

---

① 如果想了解 20 世纪后半叶的爱德华·阿贝是如何看待梭罗式的 19 世纪的话，可参考《与亨利·梭罗一起顺流而下》一书，该书从比较的视角论述了形而上学或超越论的否定等后现代主义的认识论。参见 Edward Abbey, *Down the River with Henry Thoreau*, Plume Book, 1991。
② 《沉默》是日本著名作家远藤周作的长篇小说，曾获第二届谷崎润一郎长篇小说奖，写于 1966 年，由新潮社出版。该小说基于 17 世纪的日本历史事实创作，描写了在江户幕府禁教的时代背景下，一名葡萄牙传教士来到日本所经历的有关上帝和基督信仰的种种纠结。——译者注
③ 《野火》是大冈升平的最杰出作品，是作者以二战中的亲身经历和深刻体会为题材创作的反战小说。——译者注
④ 《武藏野》是日本自然主义文学先驱、日本著名作家国木田独步的传世杰作。近年来，该作多被作为"自然写作"的代表性作品评介。——译者注
⑤ 参见遠藤周作『沈黙』、新潮文庫、2014；大岡昇平『野火、ハムレット日記』、岩波文庫、2015；国木田独步『武藏野』、新潮文庫、2003。
⑥ 这是从《武藏野》的"游民"文学到《野火》的"哨兵"文学的一个研究设想。《野火》中提及"武藏野"是一大线索。石牟礼道子对"游民"文学提及不多。参见野田研一「武藏野の道のように—大岡昇平『野火』を再考する—」、野田研一編『科学研究費報告書：日本のネイチャーライティングにおける交感表象の歴史的様相』、立教大学 ESD 研究所、2018。

种身份的差异，也许是一种偶然。但是对于笔者而言，两部电影的交错揭示了一个深刻的本质问题。

笔者观看电影《沉默》之后并没有什么特别的兴奋感，原因在于这是一部没有深度、如同二次元画面一般、平淡的电影，感觉就像是在舞台布景前上演的戏剧一样。笔者之所以有如此想法，直接原因之一是电影里两位偷渡上岸的传教士一边逃命一边向当地天主教徒索要食物，饱受饥饿之苦的两位传教士狼吞虎咽地吃着东西，但吃的是什么，却没有明确描写出来。这个场景给笔者留下了深刻印象，他们吃的食物好像是鱼，模糊的意象暗示了这部电影想要表达什么或不想表达什么。①在观赏电影之后，笔者感觉《春城》和《沉默》这两部作品在一定程度上有较大差异。可以说，如果本人没有读过《春城》的话，也不会有这种异样的感觉。这种差异是什么呢？直截了当地说，在《沉默》一书中几乎没有关于人类日常生活的记述，而在《春城》里有许多对人类日常生活的描写。比如，《沉默》里根本没有"正在吃什么"的记述，而在《春城》中对食物的描写则多到显得有些累赘。读过《春城》，再拿起《沉默》，就可以发现，《沉默》对"食物"描写极少也暗示着缺少对人类日常生活的关心。远藤周作摒弃了在石牟礼道子作品中作为重心的部分。"人活着不仅仅是为了面包"，这是基督教的思想基础，甚至可以说是宗教的思想基础。石牟礼道子作品则关注"只为面包而活"的人，这种有别于"人活着不仅仅是为了面包"的刻画恰恰反映了这部作品的主题。②

《春城》和《野火》之间又存在何种关联？这是以《沉默》为媒介才能把握的问题，可以说《沉默》处于《春城》和《野火》之间的位置。在《沉默》这部作品中，对传教士来说，日本是一片未知的土地；而对《野火》中的田村一等兵来讲，菲律宾也是未知的土地。就这层意义而言，《野火》和《沉默》是异文化和由异文化构建的自然之间对峙的故事。《野火》之所以定名为《野火》，是因为这是一部极难识别所指符号、无法识别真相的不合逻辑的小说。《沉默》亦如此，不单单是神灵的沉默，还可以转换成

---

① 没有明确描写吃的食物，这未必不可以当作一种视觉表达。换言之，可能该画面是两位传教士侧面视角的影像化。既然《沉默》是关于异文化冲突的影片，那么对于制作人而言，把穿梭于两种文化之间看到什么或看不到什么这一现象视觉化就不是不可思议的了。

② 在此指出两部作品的差异性并非批判远藤周作，因为两者原本就是创作意图不同的作品。

异文化和由异文化建构的大自然的沉默。

另外，《春城》与《野火》、《沉默》是基于截然不同的甚至可以说相反的立场来书写的。如果将该立场换成"看见"或"被看见"的话，《野火》和《沉默》就是从"看见"这个角度写的，而《春城》是从"被看见"的角度写的。具体而言，《野火》是从被田村一等兵射杀的当地女性的视角来书写的。围绕《野火》的主人公田村一等兵，狂欢主义（kannivalism）问题渐渐浮现出来，但这个问题本身的暧昧性可以说正是难以弄清楚所指符号和真相问题①，所以从这个意义上可以说"野火"和"狂欢主义"是极其相似的。当然，《春城》就是从了解该问题的角度来书写的。

三　形与影的关联

一个比较私密的话题是，石牟礼道子指出自己的幼年时期有三个世界——与外婆 Omoka 相处的世界、与妓女相处的世界以及自然界，她把这三个世界当作自己的世界，真是条理清晰的图解。把自己归属于这三个世界就等同于表明将自身置于彻底异化的存在者的世界，从中能够强烈地感受到石牟礼道子认为自己就是被异化的存在，这种深刻的自觉在这三个世界中展现出来。

与外婆 Omoka 相处的世界就是家族关系的世界。同时，由于外婆患有精神疾病，被唤作"精神病殿下"，就这个意义而言，外婆在社会上是被异化的存在。②而在外婆身边徘徊的小女孩就是石牟礼道子自身。比如，在石牟礼道子自传作品《山茶花海记》中，石牟礼道子这样写道：

> 疯癫的外婆总是被戏弄。"精神病殿下！"小孩子站在村口嘲笑着，拿小石子砸向外婆。外婆有时候跟在如她影子一般幼小的孙女的身后，也就是我的身后，有时候那小小的、摇晃的影子与外婆的身影重合在

---

① 在小说《野火》中不确定人是否吃了人肉。这种不确定性和"野火"的不确定性是相对应的。

② 石牟礼道子『椿の海の記』、朝日新聞社、1976、100 頁。

一起。①

　　从这一段书写中即可窥见大冈信所说的"不允许第三者置喙的、严肃的血亲世界"。②其中引人注目的不仅仅是被无邪的孩子丢石头取笑的疯女人形象，跟在外婆身边的"幼小的孙女"形象更引人注目。特别是外婆把幼小的孙女当作自己的影子，幼小的"我"也这么认为，从"幼小的孙女"的"影子"和外婆的身影重合的表述可以分析出这一现象。这时，外婆和孙女对于社会来说构筑了一个"守护和被守护"的关系。外婆的"影子"是"我"，"我"的"影子"也是外婆，真是十分精彩的表述。二人主客不分，表达了这种不可分割的关系，"外婆是我，说不定我也是外婆"。③这种关系是在外婆和"我"之间形成的，一个有具体形态，另一个是影子。这种相互关系可以说是石牟礼道子所描写的所有"关系"的原型。④比如，石牟礼道子的散文集《遗物之声——作为古层（母层）文化的风土》中收录的《遗物之声》就是对形和影关系的明确、公式化的记录。

　　　　以前这里的灵魂会突然出现，像是与生者形影相伴一般。那个时候，周围的景色也就拥有了意义。这个宇宙就是生活的场所。前生与来世就在这里对接。换言之，这种世界的遗物是不是自己呢？我想死去的水俣病患者需要的就是这样的自己还活在这里的证明吧。⑤

　　在"生者"的世界里，"灵魂"伴随"生者"左右，如同形和影的关系一样。在这个生者和死者、"存在"和灵魂的关系不可分割的世界里，"周围的景色"也不是单纯的景色，而是带有一定意味的景色。石牟礼道子用"宇宙"一词来表达。也就是说，"生者"即"我"，存在于未出生以前的世界和死后的世界之间的连接处。因为讲述了"存在"和灵魂不可分割

---

① 石牟礼道子『椿の海の記』、23 頁。画线部分为笔者添加，下同。——译者注
② 石牟礼道子『椿の海の記』、284 頁、解説。
③ 石牟礼道子『椿の海の記』、176 頁。
④ 石牟礼道子曾于 1962 年撰写的《爱情论初稿》中感怀："从少女时代始，就有一位白发苍苍的老婆婆蜷缩在我的身体之中。"该文收录于石牟礼道子『石牟礼道子全集』（第一卷）、藤原書店、2004。
⑤ 石牟礼道子『形見の声—母層としての風土—』、筑摩書房、1996、197 頁。

的关系，在这种意义上，就有了这种包括自己在内的所有存在者（诸存在）是那个"世界的遗物"的认识。

外婆和孙女的亲密关系对"形影相伴"关系甚至是"诸存在"和"诸关系"都起到很大的支撑作用。个体和个体的关系在时间概念上也有了一个转换。如果反向追寻这种抽象化，在石牟礼道子2001年发表的《煤中的玛利亚——岛原、椎叶、不知火游记》中就有这样的表述，这篇小文是为了撰写《春城》去采访时写的。

那时有吸食被斩首百姓的血液的草。这种草枯枯荣荣，直至今日依旧柔和地环拥着这座半岛。我看见艾蒿，看见芦竹，看见灰烬深处绽放的山茶花。①

这里的艾蒿、芦竹、山茶花都是"自然物"或者说"事物"。为什么看这些自然物？到底能看见什么东西？眼前的某种自然物是"形"，并且不管哪一种都有不可分割的"影"。"形"是现世的存在，而"影"则是背负着过去时光而形成的。石牟礼道子将其称为"历史的时间"。②自然物的内部存在潜在的"历史的时间"。艾蒿、风草、芦竹和山茶花等植物自身就存在于具有现在即过去、过去即现在的二重性的"历史的时间"中。

草木既是过去，也是现在。从存在的形式来说，既是此岸也是彼岸的存在者。石牟礼道子将这种双义性称为"遗物"。对石牟礼道子来说，整个大自然就是"遗物"形态的存在。"我看见艾蒿，看见芦竹，看见灰烬深处绽放的山茶花"的行为，意味着诸"存在"是"遗物"的世界，是"遗物"看到"宇宙"建构世界的行为。这样一来，诸"存在"分别因"遗物"而联系起来，这就是作为宇宙的世界。

四 "簪子"意象的寓意

如同外婆"精神病殿下"的世界是被异化的一样，妓女世界的"扇子"

---

① 石牟礼道子『煤の中のマリア—岛原・椎葉・不知火紀行—』、平凡社、2001、96－97頁。
② "历史的时间"的说法，参见石牟礼道子『煤の中のマリア—岛原・椎葉・不知火紀行—』、58頁。

是另一个难以名状的、远离社会的世界。连接这两个圈子的是篇幅很短却又很细腻丰富的故事《山茶花海记》，这是一个围绕"簪子"的极具象征性、暗示性的故事。

某一天，幼小的孙女"我"对外婆说"佛前的花开了"。孙女"我"看见莲花的花蕾后这样告诉双目失明的外婆，这是传递季节变化的语言。说完这句话，孙女"我"开始帮外婆梳头。小女孩模仿烟花柳巷的发型给外婆梳头。这时，外婆反复地将"白无垢"的婚礼衣服（自己嫁过来时穿的衣服，实际上已经发黄变成了茶褐色）叠起又抖开。①绑发绳的时候，外婆对发髻的样式提了要求。"你能不能帮我弄成新娘子的发型啊？"嫁人时的记忆在她的脑海中渐渐浮现出来。梳完头后，孙女"我"想去内院采摘荠菜，因为"在发髻的两侧插上这个，发型才算完成了"，这是"荠菜"做成的簪子。

"外婆，晃晃头。"孙女"我"说道。随风摇曳的荠菜果实发出"沙啦沙啦"的"凄凉寂寞"的声音。接下来的场面是这样的：

> "这是这个世上无常的声音啊……"外婆歪着头，喃喃说道。我也将脸凑近外婆，模仿着这个声音……沙啦、沙啦……是这个世上无常的声音。捂住耳朵倾听的话，在荠菜果实的声音的彼岸，那不为人知的寂寞的世界茫然扩展。②

这是将石牟礼道子文学中特有的寂寞感塑造得非常成功的一段。③从中我们可以感受到，因为失败的婚姻而患心理疾病的外婆的不幸，和靠近外婆的小女孩所听见的荠菜簪子幽寂的声音，以及另一边广阔无边又寂寞的不为人知的世界。接下来的故事中，两个人的共鸣和被卖掉从天草岛来到这里的16 岁女孩 PONTA 被中学生杀死的殉情事件有着紧密的联系。④

---

① 石牟礼道子『椿の海の記』、79－82 頁。
② 石牟礼道子『椿の海の記』、83 頁。
③ 石牟礼道子「人生的予感」、石牟礼道子『椿の海の記』、17 頁。
④ 该文细致地从"反复"修辞和交流形式的视角，论述了外婆与"我"的共鸣关系的重要性。对石牟礼道子而言，她与外婆的关系是对外关系的原型，参见山田悠介『反復のレトリック—梨木香歩と石牟礼道子と—』、水声社、2018。

之后，人们真切地听到在弥留之际卖春少女发出的惨叫声："妈……妈……"我听见闪着牡丹色光芒的簪子沙啦一下掉在榻榻米上的声音。在血泊中，那个声音跌撞而出。①

被少年杀害的女孩 PONTA 的簪子发出"沙啦"的声音，掉落在血泊中。幼小的孙女"我"给外婆梳的"发型"是模仿烟花柳巷里拿着"扇子"的妓女的发型，荠菜簪子是模仿妓女的花簪。而在第四章"十六岁女郎"的故事中，"荠菜"簪子和"闪着牡丹色光芒的簪子"的呼应关系成为中心轴。"沙啦沙啦"的"这个世上无常的声音"将外婆和幼女"我"的世界与另一个"扇子"女人的世界连接起来。

玩"扮新娘"游戏的幼女"我"，将外婆的世界、"扇子"女人的世界和"我"自身的世界连接起来。玩耍的世界以残酷的现实为背景，通过簪子的"沙啦"声音，将两个世界连接在一起。②在被疏远的人们之间涌动着沉默的共鸣关系，潜藏在其中的有关歧视与被歧视、完美婚姻和不完美婚姻的故事，穿过"不为人知的寂寥的世界"，将幼小的"我"带到原初的寂寥世界。

五　大自然之岁时记

对于石牟礼道子而言，如果人类关系的世界即家族和社会是一种非常疏远的、不幸的场合，那么作为第三世界的自然就是与其截然相反的甚至异样的、非常幸福的世界。石牟礼道子如此描述幼年时的自己："我经常待在尚未与人类有交集的另一世界。"在《山茶花海记》的第一章"海角"当中，前面的 9 页里提到了很多植物名，如杨梅、羊齿蕨、蕨菜、臭梧桐、楤木、樟树、花叶如意、石椿、野杜鹃花、山茶、珍珠白、橘子树、番薯、鸡屎藤、库库拉藤蔓、茱萸、萨斯波、野葡萄、山茨、野木瓜、女郎花、芒草、桔梗、胡枝子花、葛藤花、马兰花、野菊花等。

① 石牟礼道子「人生的予感」、石牟礼道子『椿の海の記』、90 頁。
② 可以认为"折扇"前的"花魁道中"的联想潜藏在孙女"我"的梳头发游戏中，参见石牟礼道子『椿の海の記』、258 頁。

　　石牟礼道子作品的特征之一就是有许多对植物或自然物的描写。此处即便限定为植物，仅仅几页也提到了令人眼花缭乱的 27 种植物。这种以植物为中心的自然的溢出感，就如同"家家户户的生活是遵循大自然的法则"那样，非常具体、真实地表现了出来。"通往大海的山路两旁可以采到莲蓬、蕨菜和山椒。沿着山路到海边，一整日都下海的话，就可以背着足够吃一周的多种多样的食物回家。春季的大海和大山就已经如此，到了秋天还会有更多种类的东西。所谓岁时记讲述的不是日历上的浅薄的东西，而是家家户户遵循大自然法则的生活。"①

　　石牟礼道子文学中的自然观之本，不仅是在日历上的体现，而且是与生活和季节无缝对接的大自然的"岁时记"。非常明确地描写这种"岁时记"的作品是石牟礼道子的历史小说《春城》。这种"岁时记"中，食物丰富的世界，与外婆、女孩、"我"三者相连的不幸的现实之间存在对立的关系。

　　　　从水俣湾眺望天草，我思考的是，即使这是一座没有米、没有水、只有饥饿、没有工作、贩卖人口的岛，也有贝、有鱼，还有可以吃的草木。为什么要把人卖到这里来呢？一旦被卖过来的话，不会被人瞧不起，被骂是来"卖淫"的吗？创造出如此这般的世界。而自身已僵化的这座岛屿，在孕育着未知的谜题的同时，绽放着微弱光芒，与天空融为一体，在大海的彼岸升腾而出。②

　　"从水俣湾眺望天草"这个视角，表明这是被骂为"精神病殿下"的外婆和被骂为"卖淫"女孩的 PONTA 等人的出生地重合的地方。这是对天草的怀疑。天草是一个物产丰饶的地方，但也是不断孕育不幸的"原乡"，石牟礼道子一直背负着这种怀疑。

六　《春城》的特异性

　　经过长时间的酝酿，将"从水俣湾眺望天草"这个视角具体化的作品

---

① 石牟礼道子「人生的予感」、石牟礼道子『椿の海の記』、119 頁。
② 石牟礼道子「人生的予感」、石牟礼道子『椿の海の記』、119 頁。

就是《春城》。这是一部以历史事件"天草、岛原之乱"为媒介，深刻描写了"孕育着未知的谜题的同时，绽放着微弱光芒，与天空融为一体，在大海的彼岸升腾而出"的天草岛的不幸和矛盾交织的小说。

从 1976 年《山茶花海记》出版到 1999 年《春城》问世，历经 23 年，作者石牟礼道子的年龄也从 49 岁增至 72 岁。从这一点思考，很容易理解石牟礼道子在 1999 年《春城》出版发行时说的"30 多年前"的含义。①这部小说是石牟礼道子的长篇代表作之一，给人留下深刻印象。

"天草"是家人出生的原乡，对"天草"的归乡愿望促成了有关幻想家园"天草"的连续剧出现。虽然说《春城》就是概括了这种结构的作品，但笔者的注意力放在稍微有所偏离的其他问题上，即越是重读这部小说，就越觉得不可思议，这种强烈的感受导致笔者开始关注这个问题。那么，有这种"不可思议的感觉"的小说是什么样子？具体来说，笔者觉得推动故事情节展开的并不是人类，也不是人类关系，而是单纯的大自然在推动着故事情节展开。通常来说，小说的创作动因在于人类以及与人类相关的社会关系，但是这部《春城》里面有约百种植物出现，这些多种多样的自然物发挥了很大的作用。②其中植物出现次数最多的是在第一章"早崎的濑户"和第五章"菜种云"，每章都出现了 20 种以上的植物。

举个例子，在第一章"早崎的濑户"中出现的 20 种植物是涩柿子、龙珠、溲疏（也叫"卯花"）、杏、麦子、南瓜、艾蒿、杨梅、花叶如意、蕨菜、葛藤、蕨吾、栲树、鹿尾菜、鸡冠菜、梅子、朴树、榕树、旋花、凌霄花。第一章描写了石牟礼道子母亲及其家人从天草下岛的二江湖滨坐"新娘船"到岛原半岛口之津的婆家的移动过程。③首先值得注意的是，早崎的濑户连接着天草和岛原，在两岛之间的地带移动的故事情节设定使故事开头提及的婚姻或者说佛教徒和基督教徒之间的联姻成立。④而且其中详细描写了石牟礼道子母亲及其家人从自家出发，途经早崎的濑户，到达口之津的婆

---

① 石牟礼道子「悪代官にも情が移って」、石牟礼道子『春の城』、藤原書店、2017、768 頁。
② 参见野田研一「『草の道』から『歴史の時間』へ一石牟礼道子の『亡所』探索一」、野田研一・山本洋平・森田系太郎編『環境人文学一文化のなかの自然一』、勉誠出版、2017、47 – 66 頁。
③ 石牟礼道子『春の城』、159 頁。
④ 石牟礼道子「『春の城』執筆を終えて」、石牟礼道子『春の城』、藤原書店、2017。文中第766 頁描写了"出嫁船"的重要性。

家的过程。这一过程就是前文说的"不可思议的感觉"。

　　石牟礼道子母亲在出发前环顾"家的四周"，看到了卯花。接下来，她的视线停留在"还很青涩的杏子"上。此处的卯花指现在，"还很青涩的杏子"指石牟礼道子母亲离家后不久的将来。①这样就将所有的植物作为时间的记号进行解读或者赋予某种意义。在天草二江湖滨行走的一行人经过了"在草鞋底下""柔软蓬松的"蓬蒿地。②"蓬蒿"也通过石牟礼道子母亲心里想的"在蓬蒿地那边干什么呢"，对时间做了另一种解读。接下来，在"麦子的打理"晚了、对雨水不足的担忧等话题之后，又开始了 5 岁的小女孩"娜娜"提出的"蓬饼"这一话题。"那个，大姐姐，接下来是什么时候做蓬饼啊？"③这里也提示了石牟礼道子母亲不在场的时间点，同时意味着与自然物交织融合的时间点。

　　进一步而言，这些植物或者自然物大多数被当地的居民做成了食物。④可以将其视为石牟礼道子文学的第二特征。第三特征则是这些东西以某种形式在人们交往中发挥"赠予""交换"的作用。综合以上信息，可以发现，该作品中出现的大概 100 种各式各样的自然物，其实都在发挥石牟礼道子所说的"大自然之岁时记"的作用。这个"大自然之岁时记"不是形式化的日历，而是体现了现实中鲜活的大自然固有形态的日历。

　　笔者认为，《春城》不可思议之处就在于其"大自然之岁时记"的特性。所谓"大自然之岁时记"，应该说指的是反映自然的季节性变化和气候条件变化、使时间发生微妙变化的特异性，与在整体上不偏离特定规则的同一性之间产生的波动。如果将这称为"自然的运动"的话，主导这部小说的就是"自然的运动"。这个"自然的运动"是季节，播种时，举行仪式、祭事等活动的时间都是通过大自然来决定的，或者说得以可视化（而不是相反的）。"自然动，人即动"构成了这部小说的不可思议之处。

　　一般来说，近代小说的中心是人类、人际关系、社会关系，这是近代小

---

①　石牟礼道子『春の城』、163 - 164 頁。

②　石牟礼道子『春の城』、165 頁。

③　石牟礼道子『春の城』、166 頁。

④　赤坂真理在书评《令人惊讶的普通人之话语》中写道："令人高兴的是，在当时的生活习惯里基督教是怎样被接受的，大家吃什么，季节的味觉在哪，人们怎样培育植物，怎样食用等，这些都被细致地记录下来。"参见石牟礼道子「『春の城』執筆を終えて」、石牟礼道子『春の城』、852 頁。

说的基本原理，是"人动，自然动"，而非石牟礼道子作品中所体现的"自然动，人即动"。概言之，自然总是人类行为和行动的背景。把人类作为前景、自然作为背景的这种构图，借用前文引用的爱德华的话来讲，就是孕育着"混同观察对象和观察者的心理，在不描述外部现实的情况下创建思考的人类的镜像这一危险"。因为自然不是让独立的"他者化"屹立的存在，而是"观察者心理"的"镜像"，也就是投影物。

在颠倒近代小说原理的意义上，石牟礼道子是非常独特的异类作家。①特别是《春城》这部小说，将与自然之间不间断的交感、交换关系描绘得淋漓尽致，既现实又充满想象力。这是将自然不断"他者化"的作家的卓越之处。在这部作品中，推动故事发展的不是人类，反而是大自然推动着人类，使故事发生、发展。描写这个世界里生活的人类，就必须要将与这个世界相对应的自然中心化。自然的中心化就是"他者化"的理论。

因为石牟礼道子使用了极端、近代批判的语言，往往可能被看作拥护近代以前的乐园的浪漫主义者，但这是最大的误解。事实上，她是彻底思考自然"他者化"的后浪漫主义作家。笔者曾指出，文学表现上的人类中心主义批判并不是将自然回收到人类的"视线"里，它的重点是将自然从人类的"视线"中解放出来。石牟礼道子的作品和文学表现非常复杂，在理论上也很严谨，并不是围绕形和影一时思考的东西。不仅如此，其是深刻扎根于个人史，通过拓展思路和思维而形成的他者论、感情论。②毫无疑问，这可以被称为最本质的"想象力"。这是一种让他者永远保持他者形象并能进入内心深处的能力。促使小说《苦海净土——我的水俣病》完成的力量，也是同样的想象力。③

---

① 关于《苦海净土——我的水俣病》，石牟礼道子自己是这样解释的："究竟该用什么文体，我思考了很久，在近代文学的概念中，我觉得没有能表现出这部作品的文体。"笔者对这句话所表达的意义还不甚了解，参见石牟礼道子『魂の言葉を紡ぐ—石牟礼道子対談集一』、河出書房新社、2000、40 頁。

② 他者论和爱情论绝不矛盾，《苦海净土——我的水俣病》就是二者结合之作，参见石牟礼道子『苦海浄土—わが水俣病一』、講談社、1994。

③ 认真分析石牟礼道子的自然他者论，我们会发现她积极地吸收了近年来的人类文化学思想。读者能够强烈地感受到把"透视主义"和"多自然主义"，以及"他性"的原理和将自然作为"主体"来解读的动机相结合的可能性，参见奥野克巳・石倉敏明編集『Lexicon 现代人類学』、以文社、2018。

　　本文以石牟礼道子的《春城》为主要文本分析对象，尝试从生态批评的视角对有关自然的"他者论转向"进行探讨。本文认为，石牟礼文学不仅做出了根源性的社会批判，还蕴含了对近代文学本身的根本性批判。其作品动机指向了"自然动，人即动"的脱人类中心主义的表现世界。而且，如果该表现能实现的话，我们就可以与划时代的作品世界相遇。这种划时代是相对化、闭锁在近代文学尤其是近代小说中的"社会性"原理。此处所说的"社会性"原理主要指以人类社会为中心的人类中心主义思想。换言之，"石牟礼文学"是引入"自然性"原理，而与"社会性"原理划定了明显界线的文学。

　　文学表现上的"他者论转向"是从脱人类中心主义向环境中心主义的转向。这种转向超越了文学如何与自然相向以及如何书写文学与自然相向的"自然观"主体化的水准，促进了自然、人类以及社会的存在范式的根本性转向。在此，被具体拷问的是，"人类他者"和"自然他者"两者的相互关系的状态，以及围绕"自然－人类的关系"的"想象力"是什么的再思考。我们和"沉默的他者"的相互关系是如何交融的？这种交融是可能的吗？对丧失语言能力的水俣病患者的内心世界以及被社会性压抑的人们的想象，再加上这些，另一个"沉默的他者"，也就是对自然的"声音"的想象，我们都可以从石牟礼文学中找到原型。石牟礼文学通过这种"他者论转向"，提出了新的"沉默的他者"文学想象力的问题。

（审校：中　鹤）

Table of Contents & Abstracts

Abstract: After the "Tripartite Intervention" (1895), Kato Takaaki, Hayashi Tadasu, Komura Jutaro and other Japanese diplomatic bureaucrats put forward the idea of cooperation with Britain. Although the diplomatic concept of "consultations with Russia" was still the mainstream at that time, Kato Takaaki, Hayashi Tadasu and others still began to actively contact with British politician leaders. They played a vital role in the process of making, negotiating and concluding the alliance. From 1900 to 1901, when the Eight-Power Allied Forces invaded China, the conflict of interests between Japan and Russia intensified. It was difficult for Japan to obtain superiority to Russia by virtue of its own strength. Used a lot of intelligence analysis, Japan believed that there was little conflict of interest between Japan and Britain on the issue of China, and that Britain has basically no interest in the Korean Peninsula. Moreover, Britain has an obvious intention to contain Russia. The advantages of alliance with Britain outweigh the disadvantages. On the basis of these analyses, when dealing with the China issue,

Japan actively cooperated with the British diplomatic actions, repeatedly emphasized that the two countries share the same interests and diplomatic concepts, and shared the relevant information collected with the British to gain trust and paved the way for the establishment of an alliance. Although Japan was more active in promoting the conclusion of treaties, in the negotiation of specific provisions, Japan hid its intention of aggression, took advantage of the contradiction between Britain and Russia. Japan has reached the treaty terms favorable to itself through clever diplomatic means and rhetoric. The Japan-British Treaty recognized the superiority of Japan in Korea and the reasonableness of adopting certain military means in Korea and northeast China, left room for Japan to interpretation, and reflected the nature of military alliances.

Keywords: The Anglo-Japanese Alliance; Diplomatic Bureaucrat; Contradiction between Britain and Russia; Korean Peninsula; Military Alliance

The Connection and Changes of Japan's Policy towards Axis Powers and the Soviet Union

Tajima Nobuo / 27

Abstract: From the late 1930s to 1945, Japan's attitude towards the Soviet Union experienced a 180 – degree turn from "anti-Soviet and anti-Communist" to allying with Soviet Union and the Communist Party. Examining Japan's policy towards Soviet Union and Axis powers, it can be found that the adjustment of Japan's foreign policy was inseparable from the changes in the international pattern of the Eurasian continent. The Eurasian continental strategy occupied a very important position in Japan's foreign strategy. Japan originally planned to work with Germany separately and then together occupied Central Asia and divide their spheres of influence. However, the variables brought about by the Soviet Union eventually forced Japan to abandon that plan. Japan turned to attempt to win over the Soviet Union against Britain and the United States, the failure of which actually declared the total failure of Japan's foreign strategy.

Keywords: Japan; Soviet; Foreign Policy; Japan-Germany Relationship

Translation and Diplomacy: A Study on Japan-American "Special Interests" in Early 20th Century

Wan Li / 46

Abstract: The phrase "special interests" of the U. S. – Japan Lansing-Ishii Agreement, 1917, has not attracted much attention. Japan translated the term into Chinese phrase "Teshu Diwei" (special position) and enlarged it to political interests. The U. S. , based on the literal meaning, translated and interpreted it as referring only to the "Teshu Guanxi" (special relationship) of industry and commerce out of the geographical proximity. There are deviations in both translation and interpretation. The word is actually the result of the compromise between Japan and the United States, revealing the different intentions of both sides. With regard to Japan's deliberate mistranslation and misinterpretation, China has seen through its attempt to use the agreements signed with third countries to obtain "recognition" in order to achieve the purpose of annexing other countries. China proposed to abolish the agreement at the Paris Peace Conference and Washington Conference, but it was not supported. Words and translation, as the discourse power, can be understood as a special form of violence and a kind of war in an alternative form which are either the dispute itself, a tool to correct previous diplomatic errors, a respite for negotiation, or to conceal the original words, to maintain the national dignity or realize the true intention. Therefore, studying words and translation as historical events or part of them can generate more objective multi-faceted facts and obtain historical arguments more in line with the truth.

Keywords: Japan; Lansing-Ishii Agreement; Special Interests; Translation; Diplomacy

On the U. S. Military's Conception and Practice of "De-Japanization" of Ryukyu (1944 – 1950)

Sun Jiashen / 67

Abstract: At the end of WWII, the U. S. military broke through the Japanese defenses in the Western Pacific for many times. In order to launch landing operations on the Japanese mainland, the U. S. military used the Ryukyu Islands at the southern tip of Japan as a "springboard" for landing. Before the Okinawa battle began. The U. S. military began an anthropological investigation of the Ryukyu Islands, and established a plan to separate Ryukyu from Japan after full demonstration. In the course of the implementation of the plan, the United States defined the Ryukyu Islands as a base to prevent the revival of Japanese militarism for its own strategic interests in the Western Pacific, with the goal of "De-Japanization", assisting administrative separation, financial independence, and cultural education. Trying to portray the "Okinawa prefectures" of the Japanese colonial period before the war into the "Ryukyu people" of the postwar American occupation period, in order to achieve the strategic goal of the United States to establish permanent military bases in the Asia-Pacific region.

Keywords: U. S. Military; Ryukyu; De-Japanization; Traditional Culture

Japan-U. S. Alliance Diplomacy in Japan's Diplomacy

Liang Yunxiang / 86

Abstract: Alliance is a type of diplomatic behavior in international relations often adopted by countries to safeguard their own security, and Japan is no exception. Since Meiji Restoration when Japan began to rise in modern times, Japan has learned to use alliance diplomacy to enhance its position of strength and benefited from alliance diplomacy. After World War II, Japan surrendered and accepted the transformation of the United States and formed an alliance with United States. The alliance has continued to this day, which lasts nearly 70 years. With the alliance with the United States, Japan witnessed different changes during the Cold War and the post-Cold War. Its diplomacy has roughly experienced follow-up diplomacy with the United States, all-round autonomous diplomacy, and political great-power diplomacy. Since the end of the Cold War, Japan has strengthened its alliance with the United States actively in response to the changes of the international situation in the Asia-Pacific region. Under the leadership of the United States, the alliance has been continuously enhanced. In the foreseeable future, the alliance with the United States will remain the unshakable foundation of Japan's diplomacy.

Keywords: Japan's Diplomacy; Japan-U. S. Alliance; Alliance Diplomacy

· Ecnomic History ·

Japanese Manufacturing Performance and the
Connected Industries Strategy

Xu Yuelei / 98

Abstract: The Connected Industries Strategy is a key link and important means for Japan to realize "Social 5.0". At the same time, the implementation of the Connected Industries Strategy also requires a good manufacturing foundation. It should be said that after 2010, especially after the Abenomics was proposed, the Japanese manufacturing industry has gradually returned and its performance has improved. This study takes the Japanese manufacturing industry as the research object and uses panel data of 698 manufacturing sub-sectors from 2010 – 2015 in the Industry Statistical Survey of the Ministry of Economy, Trade and Industry of Japan to conduct an empirical analysis of the root causes of manufacturing development. The conclusion is that from 2010 to 2015, the TFP of the Japanese manufacturing industry basically showed an increasing trend; the growth of the Japanese manufacturing TFP since 2010 is the fundamental reason for the recent better performance of the Japanese manufacturing industry. This article also discusses the possibility, necessity and feasibility of the implementation of the Connected Industries Strategy from the perspective of manufacturing in Japan, and analyzes the enlightenment of the

Connected Industries Strategy to the development of China's manufacturing industry.

Keywords：Japan；Manufacturing Performance；TFP；The Connected Industries Strategy

The Modern Development and Limitation of the Current Situation Analysis Theory in Uno's Three-stage Theory

Zhang Yang / 130

Abstract：As a unique methodology in the history of Japanese Marxist economics and an important theoretical basis for contemporary Japanese scholars to criticize modern capitalism, the Uno's three-stage theory of Japanese Marxist economics should also be paid close attention and studied. Uno's three-stage theory can be divided into three organic components：the original theory, the stage theory and the current situation analysis, of which the current situation analysis can also be regarded as the theory of modern capitalism, and the combination of the three forms a theoretical system of political economy with unique Japanese characteristics. Among them, status analysis can be called modern capitalism theory, one of its theoretical sources is the Uno's three-stage theory, and the modern status analysis theory has gone beyond the application scope of Uno school, and become the common research results of Japanese Marx economics. The modern exploration of the current situation analysis theory needs to excavate, sort out and conclude the concrete economic theory from the abstract economic theory, and then use the concrete economic theory to criticize the complex and special development status of modern capitalism. Of course, the present situation analysis theory of modern Uno School also has the defect of "criticizing the present situation too much and not knowing enough about the future", which deserves further analysis and discussion.

Keywords：Japanese Marxist Economics；Uno's Three-stage Theory；Current Situation Analysis；Das Kapital；Political Economy Theory

· Social History ·

The Academic Dialogue and Historical Research Innovation of Japan Environmental History Research Association

Chen Xiang, Lyu Tengfei / 163

Abstract: After the rise of environmental history research, Japanese scholars actively try to open up an innovative way of environmental history research with Japanese characteristics. In May 2010, the Environmental History Research Association was jointly founded by scholars from different disciplines, and developed into a group specialized in environmental history research in Japan. The topics of academic exchanges are very rich and the research fields of environmental history are very broad. It has formed the research characteristics of paying attention to the research of Chinese environmental history, the research of " colonial history", the research of villages and forests and closely related to the latest trends of academic development. After ten years of development, the research association gradually presents the trend of institutionalization and standardization. At the same time, there are emerging interdisciplinary research, which is facing severe challenges of deepening the development of interdisciplinary research. The academic efforts and development experience of the Japanese Society of environmental history deserve the attention of Chinese environmental historians.

Keywords: International Enviromental History; Japan Environmental History Research Association; Japanese Environmental History; Interdisciplinary Study

Great Nature's Almanac: The Alterity Turn in the Works of Ishimure Michiko

Noda Kenichi / 184

Abstract: The works by Ishimure has been chiefly discussed in relation with the problem of Minamata Disease since she published one of her representative works, *The Paradise in the Sea of Sorrow: My Minamata Disease* (1972). In addition, because the other works than *The Paradise in the Sea of Sorrow* often took up the premodern local folklores as their subjects, and because of the author's unreserved critical statements about the modern society and civilization, the whole of her work has sometimes been impressed as something too stale and too old to the eyes of many modern readers. However, the purpose of this paper is to argue that her literary works do not represent a nostalgic return to the premodern world, but indicate a radical and significant "turn to the alterity or the otherness" of the natural world, which makes her approach unusual and unparalleled. The author's latest novel entitled *The Castle of Spring* (1999) particularly suggests how what is called "alterity turn" decisively works in the story. While taking the form of a history novel about Amakusa-Shimabara Rebellion, this long novel thoroughly depicts the way people exists in the natural world as an inseparable part of it. Ishimure Michiko's purpose lies in drawing the human figures who were perfectly living in accordance with nature despite the human history's intervention. The author's constant gaze upon the relationship between nature and human enables her to write about the human being's great dependence upon and deep connectivity with the natural world.

Keywords: Environmental Literature; Ishimure Michiko; The Other; Ecocriticism

《日本文论》征稿启事

为了促进日本研究学科发展，2019 年日本学刊杂志社创办学术集刊《日本文论》。《日本文论》前身为日本学刊杂志社曾办学术期刊《日本问题资料》（1982 年创刊），以"长周期日本"为研究对象，重视基础研究，通过长时段、广视域、深层次、跨学科研究，深刻透析日本，广泛涵盖社会、文化、思想、政治、经济、外交及历史、教育、文学等领域。《日本文论》以半年刊的形式，由社会科学文献出版社出版发行，2020 年度被收入"CNI 名录集刊"名单。期待广大海内外学界同人惠赐高水平研究成果。

一、《日本文论》将以专题形式刊发重大理论研究成果；注重刊发具有世界和区域视角、跨学科和综合性的比较研究，论证深入而富于启示意义的成果；注重刊发应用社会科学基础理论的学理性文章，特别是以问题研究为导向的创新性研究成果。

二、本刊实行双向匿名审稿制度。在向本刊提供的稿件正文中，请隐去作者姓名及其他有关作者的信息（包括"拙著"等字样）。可另页提供作者的情况，包括姓名、职称、工作单位、通信地址、邮政编码、电话、电子邮箱等。

三、本刊只接受电子投稿，投稿邮箱：rbyjjk@126.com。

四、论文每篇不低于 1 万字。请附 200~300 字的中文及英文摘要和 3~5 个关键词。稿件务请遵守学术规范，遵守国家有关著作、文字、标点符号和数字使用的法律及相关规定，以及《日本学刊》现行体例的要求（详见日本学刊网 http：//www.rbxk.org）。

五、切勿一稿多投。作者自发出稿件之日起 3 个月内未接到采用通知，可自行处理。

六、本刊不收版面费。来稿一经刊出即付稿酬（包括中国学术期刊电子版和日本学刊网及其他主流媒体转载、翻译部分）和样刊（1 册）。作者未收到时，请及时垂询，以便核实补寄。

图书在版编目（CIP）数据

日本文论. 2021 年. 第 2 辑：总第 6 辑／杨伯江主编
. －－北京：社会科学文献出版社，2021.10
ISBN 978 - 7 - 5201 - 9227 - 9

Ⅰ.①日… Ⅱ.①杨… Ⅲ.①日本 - 研究 - 文集
Ⅳ.①K313.07 - 53

中国版本图书馆 CIP 数据核字（2021）第 211003 号

日本文论 2021 年第 2 辑（总第 6 辑）

主　　编／杨伯江

出 版 人／王利民
责任编辑／郭红婷
责任印制／王京美

出　　版／社会科学文献出版社·当代世界出版分社（010）59367004
　　　　　　地址：北京市北三环中路甲 29 号院华龙大厦　邮编：100029
　　　　　　网址：www. ssap. com. cn
发　　行／市场营销中心（010）59367081　59367083
印　　装／唐山玺诚印务有限公司

规　　格／开　本：787mm × 1092mm　1/16
　　　　　　印　张：13.25　字　数：223 千字
版　　次／2021 年 10 月第 1 版　2021 年 10 月第 1 次印刷
书　　号／ISBN 978 - 7 - 5201 - 9227 - 9
定　　价／68.00 元

本书如有印装质量问题，请与读者服务中心（010 - 59367028）联系